AVIS.

ON vend chez le même Libraire, les Curiositez de Paris, de Versailles, de Marly, de Vincennes, de Saint Cloud & des environs; avec les Antiquitez justes & précises sur chaque sujet: Et les adresses pour trouver facilement tout ce que ces lieux renferment d'agréable & d'utile. Ouvrage enrichi d'un grand nombre de figures en taille-douce. Seconde édition, revûë, corrigée, & augmentée. In douze deux volumes. Le prix est de cinq livres dix sols.

NOUVEAU VOYAGE DE FRANCE,

GEOGRAPHIQUE, HISTORIQUE, ET CURIEUX.

Disposé par différentes Routes, à l'usage des Etrangers & des François.

CONTENANT

Une éxacte explication de tout ce qu'il y a de singulier & de rare à voir dans ce Royaume.

Avec les Adresses pour trouver facilement les Routes, les Voitures, & autres utilitez nécessaires aux Voyageurs.

Ouvrage enrichi d'une Grande Carte de la France, & de Figures en taille-douce.

A PARIS, QUAI DES AUGUSTINS,

Chez SAUGRAIN l'aîné, Libraire-Juré de l'Université, prés la ruë Pavée, à la Fleur de Lys.

M. DCC. XX.

Avec Approbation & Privilege du Roy.

AU LECTEUR.

UNe suite de l'inclination que j'ay toûjours euë pour ce qui peut vous faire plaisir, m'a encore engagé à composer ce Voyage. J'en formai le dessein il y a quelques années, en travaillant au *Dénombrement du Royaume*, sur les Mémoires de Messieurs les Intendans & Commissaires de Sa Majesté, départis dans les Provinces; que je donnai au Public en 1709. pour la premiére fois.

La difficulté de l'éxécution consistoit à faire un solide choix d'une vaste matiére, en partie inutile aux Voyageurs. J'ai commencé par donner *les Curiositez de Paris & des environs*; dans un goût qui en a fait connoître l'utilité. C'est sur ce même plan que j'ay dressé ce Nouveau Voyage.

Quoiqu'il ait paru un grand nombre d'ouvrages différens sur la matiére qui fait le sujet de ce Livre, cela ne m'a pas empêché de l'achever; parce qu'aucun jusqu'à présent n'a encore réüni dans un seul, *la Commodité*, *l'Utilité*, & *la Curiosité*. Ainsi j'ay lieu de me persuader que cet assemblage, que l'on

AU LECTEUR.

trouvera dans celui-ci, sera reçû du Public avec satisfaction.

Pour remplir ce dessein, j'ai divisé l'Ouvrage en quatre principaux Voyages, qui serviront à ceux qui viennent d'Italie, d'Allemagne, d'Espagne, d'Angleterre, ou d'Hollande en droiture à Paris. Ils ne seront pas moins instructifs aux Voyageurs François qui voudront aller dans les mêmes Etats.

Outre ces quatre principaux Voyages, qui ont chacun deux Routes différentes, afin de les rendre plus utiles en faisant voir plus de Pays, j'y en ai joints quelques autres, qui n'étoient pas moins necessaires, & sans lesquels on n'auroit pas eu connoissance d'une partie des principales Provinces & Villes de France, parce qu'elles ne se trouvent point sur ces premiéres Routes.

Comme l'utilité & la commodité sont les vûës principales que je me suis proposé; on ne trouvera dans cet ouvrage que ce qu'il est d'une véritable nécessité de sçavoir. Je ne suis point entré dans de longues dissertations sur les Antiquitez de chaque ville; parce qu'outre qu'un Voyageur ne veut pas être chargé de plusieurs Volumes; *André Duchêne* & quantité d'autres Auteurs, avant & depuis lui, en ont amplement traité tant en général qu'en particulier. Je me suis borné

AU LECTEUR.

à instruire le Lecteur de ce qu'il y a de plus singulier, & de plus remarquable à voir dans chaque endroit où il doit passer. Ainsi ce Livre remplit entiérement son titre.

J'ai préféré à dresser les Routes des Frontiéres à Paris, à celles de Paris aux Frontiéres; afin d'être plus intelligible aux Etrangers. Il sera bien plus facile à un François de se servir de ces mêmes routes en rétrogradant, qu'à un étranger qui n'y entendroit peut-être rien. Mais, pour plus grande facilité, on trouvera à la fin de chaque voyage une Route exacte de Paris aux Frontiéres. Les François s'en serviront pour aller, & les Etrangers pour s'en retourner : Alors il faudra seulement chercher dans la Table Alphabétique des Noms des Villes & Lieux, qui est à la fin de ce Volume, ceux dont on voudra connoître les Curiositez.

On aura aussi la satisfaction de se servir utilement de ce Livre, lorsqu'on voudra faire le grand ou le petit Tour de la France. Le grand se fait en partant de Paris, pour voir de suite les Provinces ci-après en cet ordre. L'Isle de France, la Bourgogne, le Lyonnois, le Dauphiné, la Provence, le Languedoc, la Gascogne, la Guyenne, la Saintonge, la Bretagne, la Normandie, & la Picardie; d'où l'on retourne à Paris.

AU LECTEUR.

Par ce Voyage, les principales Villes que l'on void sont, Melun, Fontainebleau, Sens, Auxerre, Dijon, Lyon, Grenoble, Avignon, Aix, Fréjus, Marseille, Arles, Nismes, Montpellier, Narbonne, Toulouse, Bordeaux, la Rochelle, Nantes, Quimper, Brest, Rennes, Saint Malo, Roüen, Caën, le Havre, Dieppe, Abbeville, Amiens, Soissons, &c. Le petit Tour de France, se fait de Paris par Orleans, Blois, Tours, Saumur, Angers, Nantes, Rennes, la Rochelle, Saintes, Bordeaux, Angoulesmes, Périgueux, Limoges, Poitiers, & route jusqu'à Paris.

J'ai orné ce Livre d'une Carte générale de la France, aussi curieuse, que nécessaire; & d'Estampes gravées en taille douce qui représentent une partie des sujets qui méritent le plus l'attention & la curiosité. J'ai préféré dans ce choix ceux qui ont le moins paru sur le papier, à ceux qui se trouvent gravez dans les ouvrages qui traittent de cette matiére.

AVIS.

On prie ceux qui ont quelque inclination ou du zele pour la gloire de leur patrie en général, ou de leur ville en particulier, de fournir au Libraire de nouveaux mémoires sur les Curiositez qu'elles renferment, afin d'en donner connoissance au Public, que l'on suplie d'excuser les fautes qui peuvent s'être glissées dans cette édition.

TABLE
DES VOYAGES
ET
DES DIFFERENTES ROUTES
contenuës en cet Ouvrage.

DE la France en generale, page 1. — VOYAGES & Routes des Frontiéres du Royaume. A PARIS.

Voyage d'Italie en France jusqu'à Paris; par terre, par mer, & par differentes Routes, 19.

Voyage d'Italie à Paris, par mer; paſſant par Toulon, Marſeille, Aix, Arles, Avignon, Pont Saint Eſprit, Valence, Vienne, Lyon, &c. 20. — Ier. VOYAGE D'ITALIE à Paris par mer.

Route de Lyon à Paris, par Moulins, Nevers, la Charité, Coſne, Briare, Montargis, &c. 107. — Route de Lyon à Paris.

TABLE

IV. VOYAGE D'ITALIE à Paris.	*Voyage d'Italie à Paris par terre : arrivant par la Savoie, le Pont de Beauvoisin à Lyon, &c.* 121.
Route de Lyon à Paris, par la Bourgogne.	*Route de Lyon à Paris par la Bourgogne ; passant par Mâcon, Chalon-sur-Saone, Beaune, Nuits, Dijon, Auxerre, Sens, &c.* 134.
Route de Dijon à Paris.	*Route de Dijon à Paris, par Langres, Chaumont, Troyes, &c.* 160.
Route de la diligence de Lyon.	*Route de la diligence de Paris à Lyon, passant par la Bourgogne,* 169.
Route de Paris à Lyon, Marseille, &c.	*Autre route de Paris à Lyon; de Lyon à Avignon; d'Avignon à Marseille; & de Marseille à Nice,* 172.

Ier. VOYAGE D'ALLEMAGNE à Paris.	*Voyage d'Allemagne, à Paris; passant par Strasbourg, Metz, Verdun, Chalons-en-Champagne, Meaux &c.* 176.
Route de Paris à Strasbourg.	*Route de Paris à Strasbourg,* 196.
IIe. VOYAGE D'ALLEMAGNE à Paris,	*Voyage d'Allemagne ou de Suisse à Paris, par Bâle, Montbéliard, Besançon, Dole, Au-*

DES VOYAGES.

xonne, Dijon, &c. 198. — Route de Paris à Besançon.
Routes de Paris à Besançon, 208.
Route de Paris à Dijon passant par la Champagne, 209. — Route de Paris à Dijon.
Route de Dijon Besançon, 210. — Route de Dijon à Besançon.

Voyage d'Espagne à Paris, par Saint Jean de Lutz, Bayonne, Bordeaux, Poitiers, Chatelleraut, Loches, Amboise, Blois, Orleans, &c. 211. — Ier VOYAGE D'ESPAGNE à Paris.

Route de Carosse de Paris à Bordeaux, 237. — Route de Paris à Bordeaux.

Route de Bordeaux à Bayonne & jusqu'aux Frontieres d'Espagne, 239. — Route de Bordeaux à Bayonne, &c.

Voyage d'Espagne à Paris, par Mont-Louis, Perpignan, Narbonne, Carcassonne, Castelnaudari, Toulouse, Montauban, Cahors, Brives, Limoges, &c. 240. — IIe VOYAGE D'ESPAGNE à Paris.

Traverse de Limoges, à Lyon, par Userches, Tulles, Aurillac, Saint Flour, Briou- — Route de Limoges à Lyon.

TABLE

de, Issoire, Clermont, Thiers, &c. 270.

Route de Limoges à Paris. Route de Limoges à Paris, par Clermont, Riom, Gannat, Moulins, &c. 276

Route de Paris en Auvergne. Route de Paris à Clermont, par Moulins, &c. 278.

Suite du second voyage d'Espagne à Paris, ou route de Limoges à Paris, par Argenton, Chateauroux, Romorentin, Chaumont, Orleans, &c. 280.

IIIe. VOYAGE D'ESPAGNE à Paris. Voyage d'Espagne à Paris, par le Bas-Languedoc, passant par Narbonne, Béfiers, Péfenas, Montpellier, Nifmes, le Pont du Gard, Ufés, & route de Lyon, &c. 283.

VOYAGE DE LA ROCHELLE & du Pays d'Aunis à Paris. Voyage de la Rochelle à Paris, passant par Niort, Saint Maixant, Chatellerault, Loches, Blois, Orleans, &c. 306.

Route de la Rochelle à Bordeaux. Traverse de la Rochelle à Bordeaux par Rochefort, Saintes, Royan & Blaye, 311.

Route de Paris à la Rochelle. Route de Paris à la Rochelle, 318.

DES VOYAGES.

Voyage de Brest à Paris, passant par Quimper, Port-Loüis, Vannes, Nantes, Angers, Saumur, Tours, Amboise, Orleans, &c. 319.

Autre route d'Angers à Paris, par la Flèche, le Mans, Chartres, &c. 337.

VOYAGE DE BREST & de Bretagne à Paris.

Route d'Angers à Paris.

Voyage de Saint Malo à Paris, par Dinant, Rennes, Laval, Mayenne, Allençon, Mortagne, l'Abbaye de la Trappe, Dreux, &c. 345.

Routes du Mont S. Michel par Mayenne, & par Caën, 366. & 372.

VOYAGE DE S. MALO & de Bretagne à Paris.

Route du Mont S. Michel.

Voyage des Costes de Normandie à Paris, par Cherbourg, Valogne, Carentan, Caën, Roüen, Magni, Pontoise, &c. 367.

Route de Dieppe, à Roüen, & de Roüen à Paris, 387.

Route de Paris à Roüen, & de Roüen à Dieppe, 389.

VOYAGE DE NORMANDIE à Paris.

Route de Dieppe à Paris.

Route de Paris à Dieppe.

TABLE DES VOYAGES.

VOYAGES D'HOLLANDE ET D'ANGLETERRE à Paris.	Voyages d'Hollande & d'Angleterre à Paris, par la Flandre Françoise, & la Flandre Maritime, 390.
	1. Par Lille, Lens, Arras, Bapaume, Cambrai, Péronne Roye, Senlis, &c. 390.
Route de Paris à l'Isle.	Route de Paris, à Lille, 409.
	Route de Paris à Valenciennes, 409.
	Route de Valenciennes à Bruxelles, 410.
	2. Par Dunquerque, Graveline, Calais, Boulogne, Montreuil, Amiens, &c. 411.
Route de Paris à Dunquerque, & à Calais.	Route de Paris à Dunquerque, Calais, &c. 424.
VOYAGE DE LUXEMBOURG à Paris.	Voyage de Luxembourg à Paris, passant par Rethel, Rheims, Soissons, &c. 425.

Fin de la Table des Voyages.

APPROBATION.

J'AY lû par ordre de Monseigneur le Garde des Sceaux, un Manuscrit intitulé: *Nouveau Voyage de France, Geographique, Historique, &c.* Et j'ai crû que l'impression en seroit trés-utile & trés-instructive, également aux Etrangers comme aux François. FAIT ce 18. Decembre 1718.

MOREAU DE MAUTOUR.

ERRATA.

Page 22. lig. 28. Brignalle, *lisez* Brignolle. p. 96. l. 5. magnique, *lisez*, magnifique p. 238. l. 25. Balme, *lisez* à la Palme, p. 321. l. 13. Cornouaille, *ajoûtez*, Poste. p. 322. l. 12. Hennebon, *ajoûtez*, Poste. p. 341. l. 27. du Duché de ce nom, *lisez* du Duché de Chartres.

AU RELIEUR.

La grande Carte de la France se doit placer ici, vis-à-vis le commencement de la matière, page 1
La vuë de Marseille, 26
La vûë de Lyon, 73
L'Horloge de S. Jean de Lyon, 81
L'Eglise Cathedrale de Strasbourg, 179
L'Horloge de Strasbourg, 181
La vûë du Pont du Gard, 301
La vûë de la Rochelle, 306
La vûë de S. Malo, 345
La vûë du Mont S. Michel, 372
La vûë de Roüen, 377
Le Portail de l'Eglise de Rheims, 428

NOUVEAU

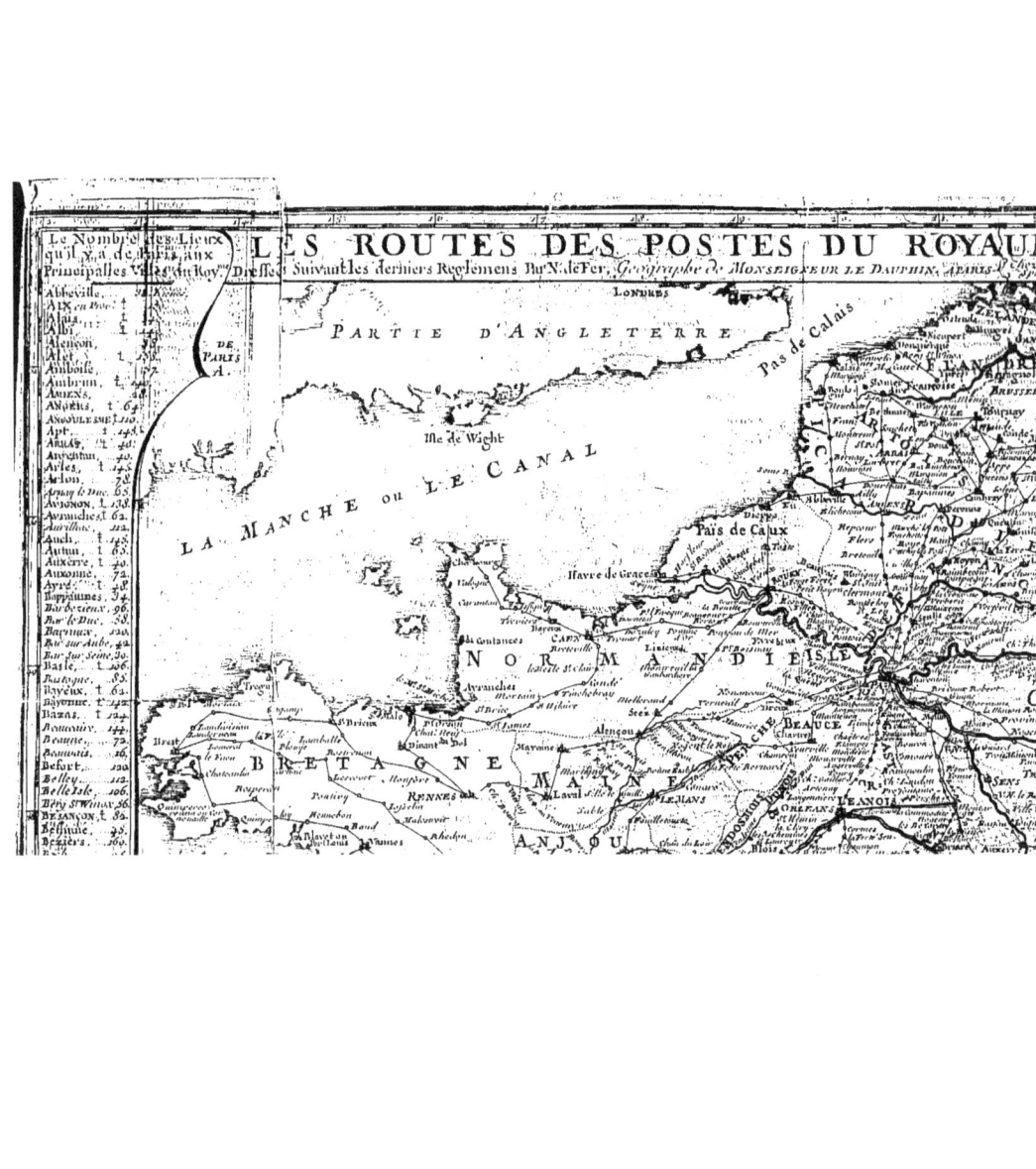

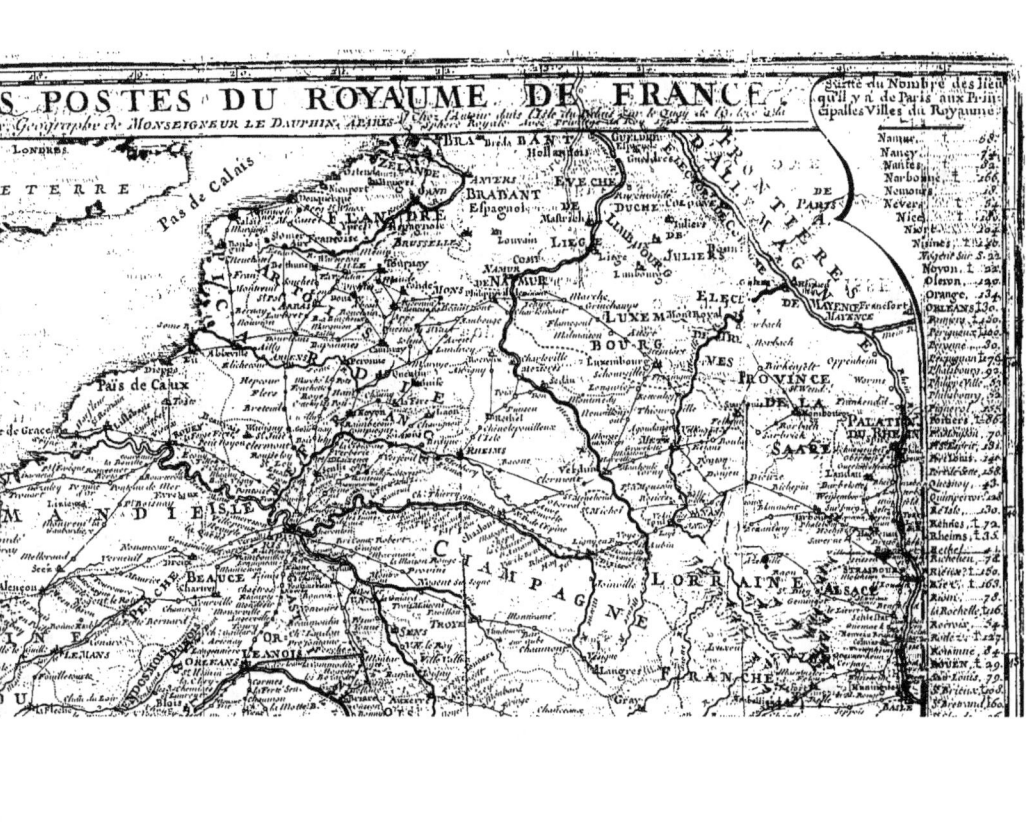

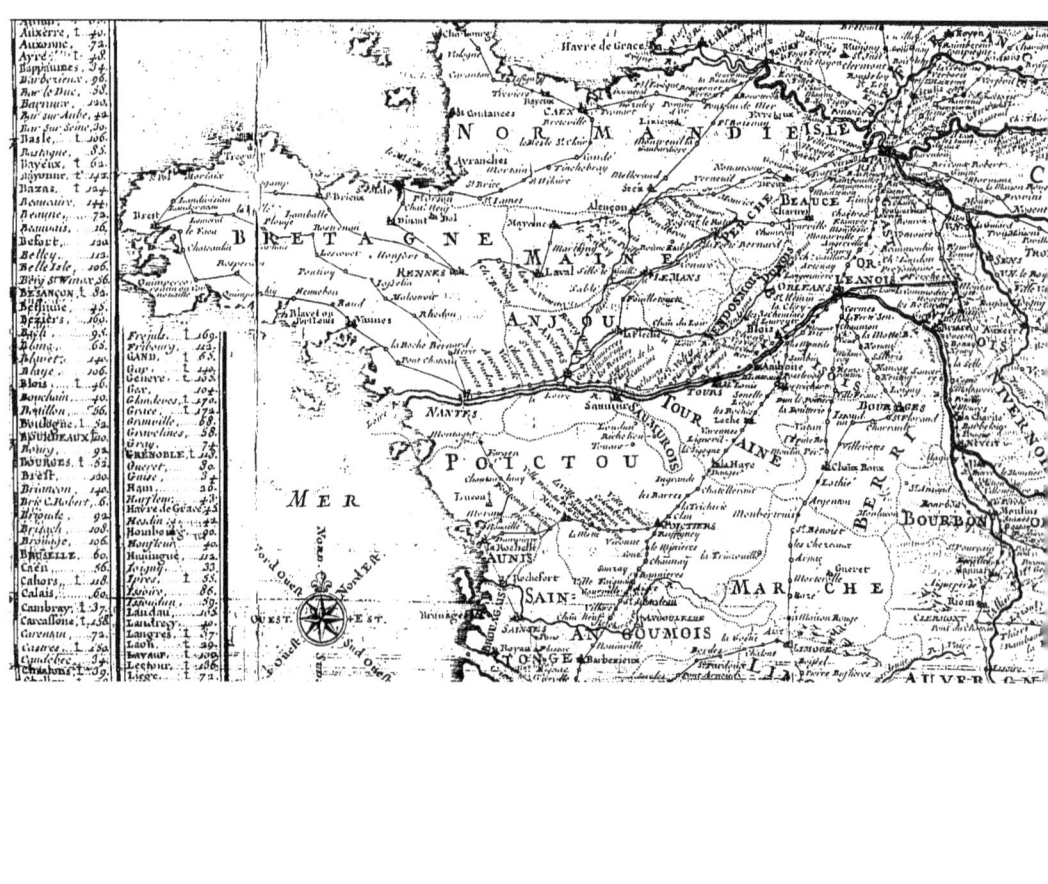

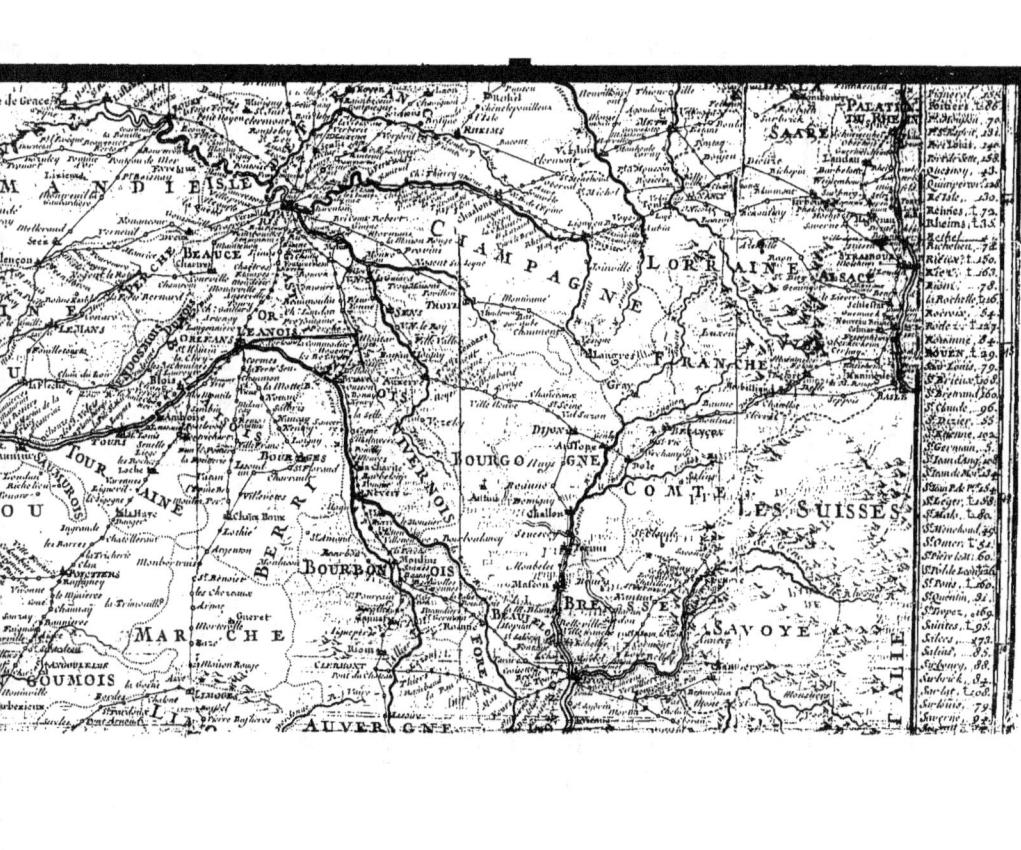

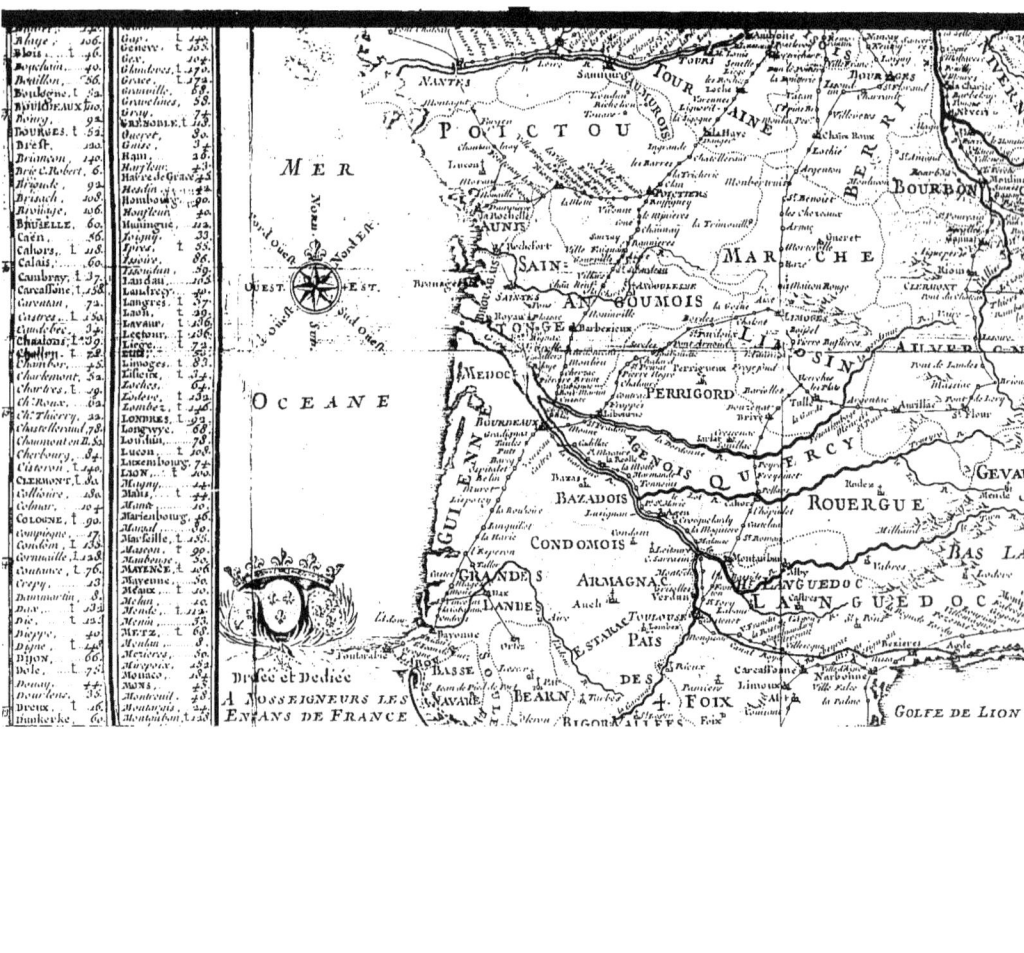

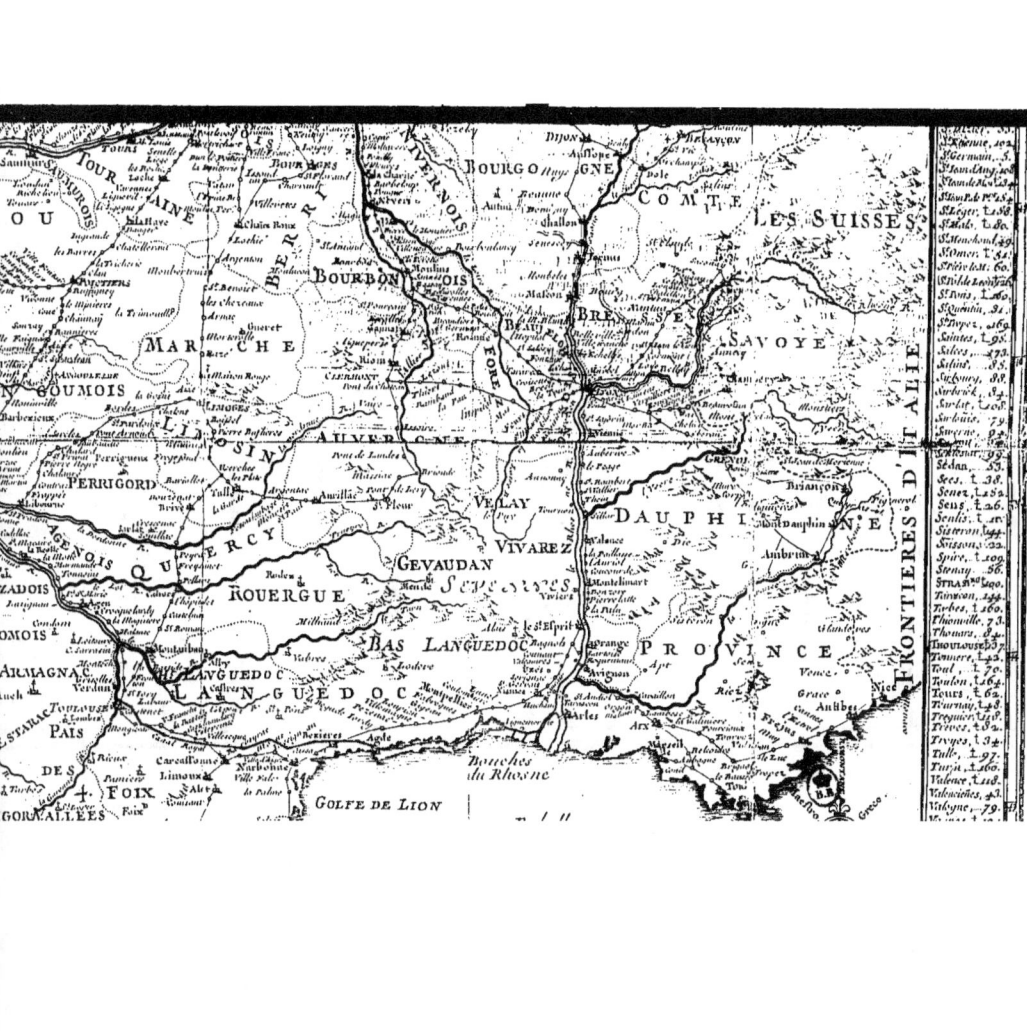

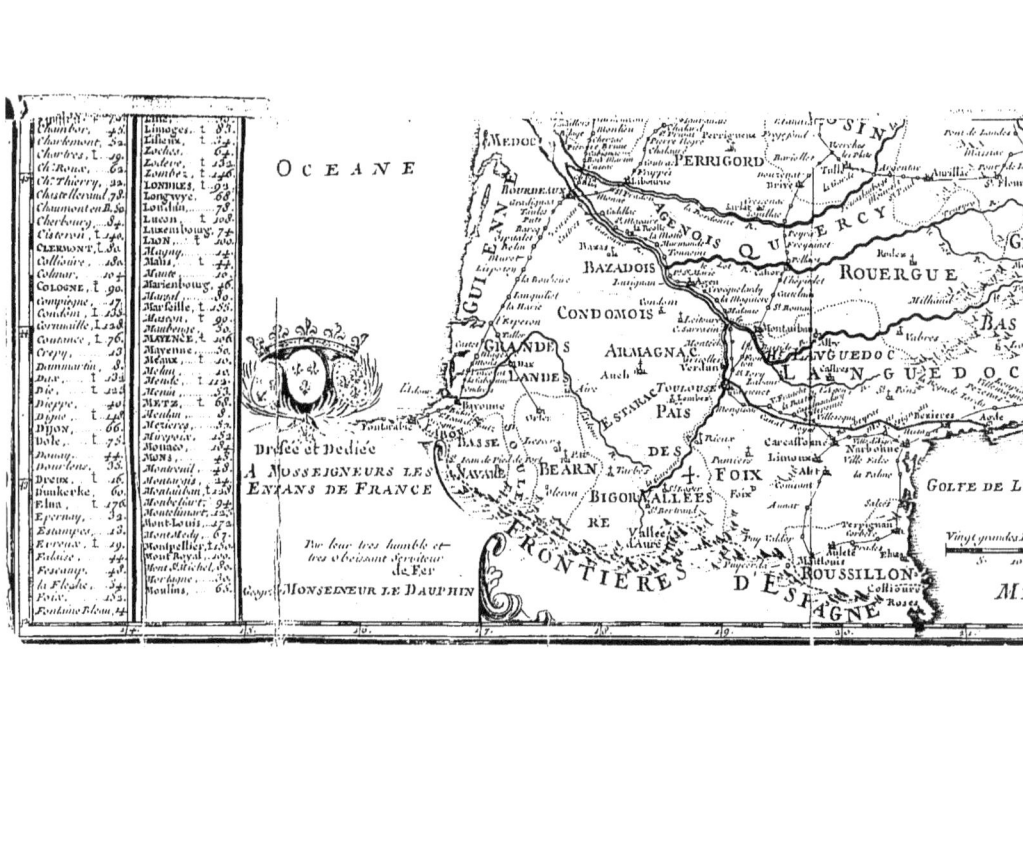

NOUVEAU VOYAGE
DE
FRANCE,
GEOGRAPHIQUE, HISTORIQUE
ET
CURIEUX.

DE LA FRANCE EN GENERAL.

LA France eſt une grande région, qui forme le plus conſidérable, & le plus puiſſant Royaume de l'Europe. Pluſieurs ont dit qu'elle eſt à l'Europe ce que l'Europe eſt aux trois autres parties du Monde ; c'eſt-à-dire la plus temperée, la plus fertile, la plus policée, & même la plus guerriere.

La France a les Pays-Bas & la Manche Britannique pour bornes au Septentrion ; l'Allemagne ou le Rhein, la Suiſſe, la Savoye & le Piemont à l'Orient ; la mer

A

Méditerranée, & les Monts Pyrenées au Midy, & l'Océan au Couchant. Sa longueur est de deux cens soixante lieues, depuis la pointe Occidentale de la Bretagne, jusqu'à l'embouchure du Var, qui sépare la Provence du Comté de Nice; & sa largeur est de deux cens trente lieues, depuis la Ville d'Ypres jusqu'aux Pyrenées. Elle est située entre le quarante-deuxiéme & le cinquante-uniéme dégré & demi de latitude, & le quinziéme & le dix-neuviéme de longitude. Il n'y a point de pays dans toute l'Europe dont la situation soit aussi heureuse, & le séjour aussi agréable. L'Ocean la borde d'un côté, & la Mer Méditerranée de l'autre. Plusieurs fleuves qui l'arrosent servent à la communication de ces deux Mers, & y attirent un Commerce très considérable.

L'air qu'on respire en France est fort pur & fort sain, & sous un Ciel extrêmement tempéré; on y jouit de toutes les douceurs des Saisons, sans en ressentir comme ailleurs les incommoditez extrêmes: L'on y trouve avec profusion tout ce qui peut servir aux besoins & aux délices de la vie. Les Campagnes y produisent toutes sortes de grains & de fruits en abondance; & la fertilité autrefois si vantée de la Sicile & de l'Egypte, n'est pas comparable à la sienne, puisqu'outre une quantité innombrable d'hommes qu'elle entretient, elle a de quoi fournir largement aux Etrangers. On y voit peu d'endroits incultes ou abandonnez ; les Montagnes mêmes, outre leurs Forests, sont chargées de grains & de fruits. Ce ne sont dans les Vallons que prairies & pâturages coupez par une infinité de ruisseaux. Un nombre prodigieux de bétail y trouve sa nourriture, & les lieux qui paroissent les plus steriles & les plus secs, ne laissent pas de produire un grand revenu, à cause des pâcages.

Robert Gaguin & Paul Emile veulent que cette Région ait été appellée France, du Troyen Francus ou Francion, qu'ils prétendent avoir été Roy des Gaules ; mais il est plus vraisemblable que ce nom vient de certains peuples de Germanie, qui s'étant liguez sous le nom de *Francs*, qui veut dire *Libres*, le donnerent à la Gaule lorsqu'ils s'y établirent ; aussi la franchise & la liberté étant naturelle à ce Pays, il ne souffre point depuis plusieurs siécles qu'on y tienne des esclaves. Le nom de Franc est si connu chez les autres Nations, que les Orientaux ont coutume de le donner à tous les Peuples de l'Europe.

La Monarchie de France est la plus ancienne : on y a vû regner depuis plus de douze siécles la postérité de Mérouée, selon ceux qui prétendent que la Maison regnante en est sortie. En voici la Table Chronologique, par laquelle on verra d'un coup d'œil le précis de l'Histoire de France, ce qui aura beaucoup d'utilité pour les citations des Rois, & les dattes Chronologiques répandues dans la suite de cet Ouvrage. Cette Monarchie, qui a commencé par Pharamond en 420, a duré sous 66 Rois, 1299 années, jusqu'en 1719.

TABLE CHRONOLOGIQUE
DES ROIS DE FRANCE.

La premiere Race est celle des Mérouingiens ; elle a eu 22 Rois, & a duré 331 ans.

La Monarchie a commencé par,

Pharamond premier Roy.	en 420	a regné 11 ans.
2 Clodion, dit le Chevelu,	431	17
3 Mérouée.	448	10
4 Childeric I.	458	26
5 Clovis, premier Roy Chrétien.	484	30
6 Childebert I.	514	45
7 Clotaire I.	559	2
8 Cherebert, ou Charibert.	561	9
9 Chilpéric I.	570	16
10 Clotaire II.	586	42

11 Dagobert I.	en 618 a regné	14 ans.
12 Clovis II.	641	17
13 Clotaire III.	659	5
14 Childeric II.	664	12
15 Thierry ou Theodoric.	676	14
16 Clovis III.	690	4
17 Childebert II.	694	18
18 Dagobert II.	712	5
19 Chilperic Daniel II.	717	2
20 Clotaire IV.	719	2
21 Thierry II de Chelles.	721, 16 ans, & un interregne de six ans.	22
22 Childeric III, dit le Fainéant.	743	8

22 Rois depuis 420 jusqu'en 751.   Total 331 ans.

La seconde Race est celle des Carlovingiens : elle a eu 13 Rois, & duré 235 ans.

1	23 Pepin, dit le Bref.	en 751 a regné	17 ans.
2	24 Charlemagne I.	768	46
3	25 Louis le Debonnaire I.	814	26
4	26 Charles II. dit le Chauve.	840	37
5	27 Louis II. dit le Begue.	877	2
6	28 Louis III & Carloman, *freres*.	879	5
7	29 Charles le Gros, ou le Gras.	884	4
8	30 Eudes I. Comte de Paris.	888	10
9	31 Charles III. dit le simple.	898	25

10	32	Raoul.	en 923 a regné 12 ans.
11	33	Louis IV. dit d'Outremer.	936	18
12	34	Lothaire.	954	32
13	35	Louis V. dit le Fainéant.	986	1

13 Rois depuis 756 jusqu'en 987.   Total 235 ans.

La troisième Race, qui est celle des Capets, a eu 32 Rois, & duré 733 ans jusqu'en 1719.

Elle se partage en trois Branches.

La premiere, des Capets, a eu 14 Rois, qui ont regné 341 ans.
La seconde, des Valois, 13 ... 261
La troisième, des Bourbons, 4, Compris Louis XV.
à présent régnant. 131

Ces 32 Rois ont régné   733 ans.

1	36	Hugues Capet,	en 987 a regné 10 ans.
2	37	Robert le Devot,	997	34
3	38	Henri I.	1031	29
4	39	Philippe I.	1060	48
5	40	Louis VI. dit le gros.	1108	29
6	41	Louis VII. dit le Jeune.	1137	43
7	42	Philippe Auguste II.	1180	43
8	43	Louis VIII. dit le Lion.	1223	3
9	44	S. Louis IX.	1226	44
10	45	Philippe III. dit le Hardi.	1270	15
11	46	Philippe IV. dit le Bel.	1285	29
2	47	Louis X. dit Hutin, ou Mutin.	1314	2

13	48 Philippe V. dit le long.	en 1316 a regné	6 ans.
14	49 Charles IV. dit le Bel.	1322	6

LES VALOIS.

15	50 Philippe VI. dit de Valois,	1328	22
16	51 Jean I. dit le Bon.	1350	14
17	52 Charles V. dit le Sage.	1364	16
18	53 Charles VI. dit le Bien-aimé.	1380	42
19	54 Charles VII. dit le Victorieux.	1422	39
20	55 Louis XI.	1461	22
21	56 Charles VIII.	1483	15
22	57 Louis XII. dit le Pere du Peuple.	1498	17
23	58 François Premier.	1515	32
24	59 Henri II.	1547	12
25	60 François II.	1559	1
26	61 Charles IX.	1560	14
27	62 Henri III.	1574	15

LES BOURBONS.

28	63 Henri IV. dit le Grand.	1589	21
29	64 Louis XIII. dit le Juste.	1610	33
30	65 Louis XIV. dit le Grand.	1643	72
31	66 Louis XV. à present regnant.	1715	4

31 Rois depuis 987 jusqu'en 1719.   Total. 733 ans.

La Couronne de France n'est point héré.

ditaire ; mais successive agnatique, ainsi les filles en sont exclues ; cette exclusion est appuyée sur la premiere Loi fondamentale de l'État, qu'on nomme *la Loi Salique*, qui a toujours été exactement observée dans les trois Races des Rois : une seconde Loi fondamentale exclut les enfans naturels du Trône ; & une troisiéme, encore plus sage que les précédentes, a abrogé le partage de la Monarchie, qui la déchiroit dans les deux premieres Races, & la réunit en la personne de l'aîné de la Maison Royale. Enfin une quatriéme Loi fondamentale rend le Domaine de la Couronne inaliénable, & y réunit tout ce qui peut appartenir personnellement au Roi qui y parvient du jour de son avénement.

Les Rois de France sont appellez Rois très-Chrétiens, & titrez *fils aînez de l'Eglise*, parcequ'ils ont reçû les premiers le Christianisme, & qu'ils ont rendu des services considérables au S. Siége. Ils sont les Auteurs & les Interpretes des Loix du Royaume : ils disposent de toutes les Charges de l'épée & de la robe ; ils nomment à tous les Bénéfices qu'on appelle Consistoriaux, en vertu d'un Concordat fait entre Leon X. & François premier : ils font la Paix ou la Guerre, contractent des Alliances, levent des Troupes, disposent des Finances : enfin, ce qui établit fortement leur puissance, c'est que leurs Sujets les aiment naturellement, & que l'obéissance ne leur coûte rien.

Les François passent pour avoir l'esprit vif & pénétrant, & le goût délicat ; pour des peuples sinceres, polis, affables, génereux, laborieux, adonnez aux Sciences & aux Arts ; mais aussi pour des inconstans, des impatiens, des fougueux, & des esprits propres à oublier le bien & le mal. Cependant, suivant le témoignage même des Etrangers, les François ont plus de vertu qu'ils n'ont de vices ; l'honnêteté, & l'hospitalité envers les Etrangers est en grande recommandation chez eux. Ils sont propres à tout ce qu'ils veulent entreprendre, soit pour les Lettres, les Sciences, les Armes, & les Arts ; ils imitent avec facilité ce qu'ils voyent faire aux Etrangers, & sont encore plus inventeurs qu'imitateurs, sur-tout *pour les modes des habits & les manieres de vivre.*

Les hommes en général y sont plus beaux, plus forts, & de plus belle taille que les Espagnols & les Italiens, mais non pas autant que les Allemands, les Flamans & les Anglois. Les femmes sont plus belles dans certaines Provinces que dans d'autres. Partie de la Guienne, du côté de Bourdeaux; partie du Dauphiné, le Languedoc, la Provence, &c. sont remplies de personnes charmantes, & même d'excellentes beautez; celles des Provinces de deça la Loire n'ont pas moins d'agrémens.

Les François ont aussi leurs défauts qui sont remarquez par les Etrangers. Ils sont sujets au jeu, aux femmes, à la débauche, prompts & violens. Quant à leur légereté, Charles-Quint a dit d'eux, qu'ils sont sages sans le paroître; ils ne sont pas si rusez que les Italiens, ni si vains & si fastueux que les Espagnols; quant à la Religion, il sont savans, & communément attachez aux Offices de l'Eglise, qui se font en France plus régulierement & avec plus de majesté que partout ailleurs. La vraie pieté Chrêtienne s'y pratique avec sincerité; mais d'un autre côté le libertinage y gâte bien des gens.

Les François honorent le Sexe, & lui donnent beaucoup de liberté: ils ne tiennent point les femmes resserrées, comme font les Italiens & les Espagnols; aussi la societé conjugale y est-elle plus douce & plus agréable que dans ces Pays où la jalousie est en regne, & le jeune sexe y devient spirituel de bonne heure, par l'usage des Compagnies & des conversations.

La Langue Françoise est si estimée, même des Etrangers, pour sa pureté, sa netteté & son élégance, qu'elle est devenue presque commune chez les autres Nations: elle est formée de la Grecque, de la Latine & de l'Allemande, & semble n'être faite que pour l'agrément de la Société. Elle n'est ni badine, ni orgueilleuse, ni rude, ni contrainte; perfections qui l'ont mise en usage dans les Cours de l'Europe.

La Nation Françoise est composée de trois Etats, le Clergé, la Noblesse & le Peuple. En 1614 les Etats Généraux ayant été convoquez à Paris*, ils y comparurent sous douze grands Gouvernemens, qui sont la Picardie, la Normandie, l'Isle de France, la Champagne, la Bretagne, l'Orleanois, la Bourgogne, le Lyonnois, le Dauphiné, la Provence, le Languedoc & la Guienne. Sous ces Gouvernemens sont compris le Maine, l'Anjou, la Touraine, le Poitou, la Saintonge; le Perigord, le Limosin, le Querci; le Rouergue, l'Auvergne, le Givaudan, l'Albigeois; le Bearn, le Bigorre, le Comté de Foix, le Comingeois; l'Armagnac, le Vivarez, le Forests, le Beaujolois; le Bugey, le Valromay, la Bresse, le Nivernois; le Bourbonnois; le Berry, la Sologne, le Gatinois, la Beauce, &c.

On voit sensiblement que la France doit être un puissant Etat, puisqu'elle renferme

* *L'Assemblée se tint aux Grands Augustins.*

une si grande quantité de Provinces, dont quelques-unes contiennent plus de Villes, de Bourgs & de Villages, que beaucoup de Royaumes. Mais en y ajoûtant les Conquêtes de Louis XIII. & celles de Louis XIV. on trouvera que les limites de ce Royaume sont d'une bien plus grande étenduë, depuis que ces deux Rois y ont réüni la Franche-Comté, l'Alsace, l'Artois, le Roussillon, Partie de la Flandre & de la Lorraine.

On compte en France dix-huit Archevêchez, qui ont pour Suffragans cent douze Evêchez, dont voici l'état.

1. L'Archevêché de PARIS a pour Suffragans, les Evêchez de Chartres, de Meaux, d'Orleans & de Blois.

2. L'Archevêché de LYON, les Evêchez d'Autun, de Langres, de Mâcon, & de Châlons sur Saone.

3. L'Archevêché de ROUEN, les Evêchez de Bayeux, d'Avranches, d'Evreux, de Séez, de Lisieux & de Coutances.

4. L'Archevêché de TOURS, les Evêchez du Mans, d'Angers, de Rennes, de Nantes, de Quimpercorentin, ou Cornouaille, de Vennes, de S. Pol-de-Leon, de Tréguier, de S. Brieux, de S. Malo & de Dol.

5. L'Archevêché de SENS, les Evêchez de Troyes, d'Auxerre, de Nevers & de

Bethléem dans le territoire de la Ville de Nevers.

6. L'Archevêché de RHEIMS, les Evêchez de Soissons, de Châlons en Champagne, de Laon, de Senlis, de Beauvais, d'Amiens, de Noyon & de Boulogne.

7. L'Archevêché de CAMBRAI, les Evêchez d'Arras, de Tournai, & de Saint Omer.

8. L'Archevêché de BESANÇON, les Evêchez de Bellay, & autres qui sont hors de la France.

9. L'Archevêché de VIENNE, les Evêchez de Grenoble, de Viviers, de Valence, de Die, & celui de Geneve, qui est hors de France.

10. L'Archevêché D'ARLES, les Evêchez de Marseille, de S. Paul trois Châteaux, de Toulon & d'Orange.

11. L'Archevêché de BOURGES, les Evêchez de Clermont, de Limoges, du Puy, de Tulles & de S. Flours.

12. L'Archevêché d'ALBY, les Evêchez de Rhodez, de Castres, de Cahors, de Vabres & de Mende.

13. L'Archevêché de BORDEAUX, les Evêchez d'Agen, d'Angoulême, de Saintes, de Poitiers, de Perigueux, de Condom, de Sarlat, de la Rochelle & de Luçon.

14. L'Archevêché d'Auch, les Evêchez d'Acqs, de Lectoure, de Cominges, de Conserans, d'Aire, de Bazas, de Tarbes, d'Oleron, de l'Escar & de Bayonne.

15. L'Archevêché de Narbonne, les Evêchez de Beziers, d'Agde, de Carcassonne, de Nismes, de Montpellier, de Lodéve, d'Uzès, de S. Pons, d'Aleth, d'Alais & de Perpignan.

16. L'Archevêché de Toulouze, les Evêchez de Montauban, de Mirepoix, de Lavaur, de Rieux, de Lombez, de S. Papoul, & de Pamiers.

17. L'Archevêché d'Aix, les Evêchez d'Apt, de Riez, de Fréjus & Gap, & de Sisteron.

18. L'Archevêché d'Embrun, les Evêchez de Digne, de Grasse, de Vence, de Glandéve & de Senez.

Les Evêchez de Metz, de Toul & de Verdun, sont Suffragants de l'Archevêché de Tréves : l'Evêché de Strasbourg l'est de Mayence. L'Evêché de Quebec en Canada, dans la Nouvelle France, est dépendant du Saint Siége.

Ces Archevêchez & Evêchez renferment tous ensemble 40000 Cures ou Paroisses, sans y comprendre seize Chefs d'Ordres, 1356 Abbayes de Religieux, 1557 de Religieuses, 12400 Prieurez,

15200 Chapelles, 256 Commanderies de Malthe, 14778 Couvents, tant de Jacobins, Augustins, Cordeliers, Carmes, Chartreux, Benedictins, Bernardins, Minimes, Celestins & Jesuites, que d'autres Ordres Religieux. Ceux qui voudront un plus ample détail de la France le trouveront dans un Livre intitulé le Dénombrement du Royaume.

Les Universitez sont à Aix, à Angers, Avignon, à Besançon, à Bordeaux, à Bourges, à Caen, à Cahors, à Douay, à Montpellier, à Nantes, à Orleans, à Paris, à Poitiers, à Pontamousson, à Perpignan, à Rheims, à Toulouse & à Valence.

Les douze Parlemens de France sont, ceux de Paris, de Toulouse, de Roüen, de Grenoble, de Bordeaux, de Dijon, d'Aix, de Rennes, de Pau, de Metz, de Besançon & de Douay.

Les Chambres des Comptes sont à Aix, à Blois, à Bordeaux, à Dijon, à Grenoble, à Montpellier, à Nantes, à Nevers, à Paris, à Pau, & à Roüen.

Les Cours des Aydes, à Agen, à Aix, à Bordeaux, à Grenoble, à Montauban, à Roüen, à Rennes, & à Clermont Ferrand.

Sous les Parlemens il y a environ cent-cinquante Sénéchaussées, outre les Baillia-

ges, cent soixante Présidiaux, des Prevô-
-tez, des Vigueries, des Vicomtez, & autres Siéges Royaux, qui peuvent faire ensemble le nombre de huit ou neuf cens.

Pour la Recette des deniers du Roy, la France est distribuée en vingt-cinq Généralitez ou Bureaux des Finances, composez chacun de plusieurs Elections, dont Paris en a 22, Amiens 6, ainsi des autres, qui sont en tout le nombre de 164.

Les Rivieres du Royaume sont en grand nombre ; la Seine, la Loire, la Garonne & le Rhône sont les quatre principales. Il y en a encore d'autres qui se jettent aussi dans la Mer ; la Somme, l'Orne, la Vilaine, la Charente, l'Adour & l'Aude ; cette derniere en la Mer Méditerranée. La Seine passe à Paris, à Rouen, & à plusieurs autres Villes, avant que de se rendre dans l'Ocean. Elle doit sa naissance à la Bourgogne, & une partie de son cours à la Champagne. Son Eau est estimée la plus forte qui soit au monde, & plus capable que celle d'aucun autre fleuve de porter de grands fardeaux. Les Médecins l'estiment plus légére & meilleure à boire que l'eau de Fontaine ; cependant les Etrangers ont souvent éprouvé qu'elle leur cause le cours de ventre, même avec trop d'effet. Le Canal de Briare fait la communication de cette Riviere

viere avec la Loire, par le moyen de celle du Loing. L'Yonne, la Marne, l'Oyse & l'Eure, sont les principales Rivieres qui se jettent dans la Seine. La Loire est estimée à cause de son long cours, & de la commodité de sa navigation. Elle sort du Vivarez, près des Sevennes, & arrose des Provinces extrêmement fertiles. Elle passe à Nevers, à Orleans, à Blois, à Tours, à Nantes, & se jette plus bas dans la Mer Occeane, après avoir reçu pendant son cours, l'Allier, le Cher, la Vienne, la Mayenne, & plusieurs autres qui lui fournissent abondamment toutes sortes de bons poissons.

La Garonne prend son commencement dans les Monts Pyrenées, sur les Terres d'Espagne. Les plus grosses Villes où elle passe sont Toulouse & Bordeaux. Cinq lieues au dessous de Bordeaux, après avoir reçu la Dordonne, elle porte le nom de Gironde, & semble plûtôt une Mer qu'une Riviere ; aussi est-elle la plus navigable de toutes celles du Royaume.

Le Rhône, le Fleuve le plus rapide & le plus périlleux, est estimé le Roi de tous ceux de France. Il a sa source en Suisse, peu éloignée de celle du Rhin ; ce Fleuve se perd dans la Mer Méditerranée. Les principales Villes par où il passe sont, Lyon, Vienne, Valence, Avignon, & Arles. Les

B

Rivieres qui s'y rendent sont, la Saone, l'Hére, la Dromme, la Durance, le Gardon, &c.

On compte en France 400 Villes, 80 dont le nombre des Habitans passe 20000 ; quantité de gros Bourgs, & environ 40000 Paroisses ou Villages ; le tout contient près de trente millions d'Ames. On y suputa vingt millions de personnes du temps de Charles IX. Le nombre en augmenta sous Henry III & Henry IV. & il y a apparence qu'il n'a pas diminué depuis, à moins que ce ne soit par la sortie des Religionnaires. Ceux qui connoissent l'Espagne & l'Allemagne ont vérifié, que la France est à proportion quatre fois plus peuplée que la premiere, & beaucoup plus que la seconde. L'unité de Religion, établie sur les ruines de l'Hérésie, par les soins du feu Roi, l'humeur guerriere de ses peuples, le nombre des Places fortes qui l'environnent, & la perfection des Sciences & des Arts, qui y fleurissent beaucoup plus qu'ils n'ont jamais fait dans Athênes & dans Rome : tout cela lui établit une espece de prééminence entre les Etats de l'Europe, & fait naître aux Etrangers l'inclination d'y voyager, & d'en avoir la connoissance, que je vais leur donner avec le plus de précision & d'utilité qu'il sera possible.

VOYAGE
D'ITALIE EN FRANCE
JUSQU'A PARIS,
PAR TERRE, PAR MER;
ET
PAR DIFFERENTES ROUTES.

LE Voyage d'Italie en France se peut faire, ou par Terre, ou par Mer. Celui de Mer est à la vérité sujet à plusieurs inconveniens, mais il est cependant plus agréable & plus facile, pour ceux à qui la Mer n'est point contraire, que le passage de la Savoye. Voici les deux routes, afin que ce Livre puisse servir en toute occasion. Quand on aura suivi l'une pour arriver, on pourra se servir de l'autre pour le retour ; c'est le moyen de tout voir dans un même Voyage.

VOYAGE D'ITALIE A PARIS
allant par Mer.

LOrsqu'on arrive d'Italie en France par Mer, on débarque ordinairement à Marseille, à Toulon, ou à quelque autre Port de France dans la Méditerranée, de même qu'à Nice, où l'on peut aussi arriver par un Voyage de Terre continué d'Italie par Genes, & autres endroits.

180 *lieues*. NICE est la Capitale du Comté de ce nom, située dans les Etats du Duc de Savoye. De Nice on passe la Riviere du Var, qui prend sa source dans les Alpes & se jette vers Nice dans la Mer Méditerranée : là, elle se divise en trois branches qui sont autant de torrents qui séparent le Comté de Nice de la Provence, & par conséquent l'Italie de la France. A cent pas audeça du Var on trouve le Village de S. Laurent, renommé à cause de son excellent vin. De Saint Laurent pour aller à Antibes, on passe la Riviere du Loup, qui se jette dans la Méditerranée. Les chemins sont très mauvais, ayant sur la droite des Montagnes fort escarpées, dont les routes étroites sont bordées de précipices, & la Mer sur la gauche.

*De Nice on va au Loup, il y a une poste.
Du Loup à Antibes une autre poste.*

ANTIBES est la premiere Ville de Provence du côté de l'Italie. Elle est située sur le bord de la Mer. Son Port seroit bon s'il étoit profond. La Citadelle est forte par sa hauteur & son difficile accès. L'Eglise de cette Ville est appellée Notre-Dame de la Place.

D'Antibes on passe deux lieues de Montagnes pour arriver à Canes. De Canes à Lestrel, poste & demi. De Lestrel à Fréjus, poste & demie.

169 l. FRÉJUS est une Ville Episcopale, suffragante d'Aix, située à un quart de lieue de la Mer; mais en si mauvais état que la moitié des maisons n'est que masures, ensorte qu'on y voit des rues entieres où il n'y en a pas une sur pied. L'Eglise Cathedrale, dédiée à Notre-Dame, est fort sombre: elle n'a de remarquable que quelques Tombeaux d'Evêques. Les Jacobins, les Cordeliers, les Bernardines & autres, y ont des Couvents. Les Jésuites ont leur Collége, composé de deux Religieux seulement, ainsi que les Jacobins. Une fontaine, qui reste de l'antiquité, fournit de l'eau aux Habitans de la Ville; & deux petites Rivieres, le Béal & le Rairan passent auprès de ses murs, s'allant jetter ensuite

dans la Riviere d'Argens qui se décharge dans la Méditerranée, à un quart de lieue de la Ville. L'ancien Port n'est plus qu'une plage marêcageuse, ainsi les Vaisseaux ne sauroient aborder à la Ville, mais ils demeurent à la Rade, où la hauteur des Rochers qui forment une Baye, les met à l'abri de la tempête.

L'Histoire rapporte que Jules Cesar établit à Fréjus son magazin pour la conquête des Gaules, qu'il lui donna le nom de *Forum Julii*, & qu'il l'embelit de plusieurs édifices dont on voit encore des restes. L'Amphitheatre de Fréjus, que l'on nomme les *Arenes*, merite d'être vû; sa forme est un peu ovale; il étoit d'une structure si solide, qu'il en reste encore une bonne partie sur pied, quoiqu'il ne soit construit qu'avec de petites pierres. On peut voir, tout joignant chez les Jacobins, une petite figure de l'Enfant Jesus, qui est faite par une main fort ingenieuse: elle est de bois verni & colorée en chair: elle fut prise sur un Bâtiment Espagnol, & donnée à cette Eglise par des Corsaires.

On va de Fréjus au *Muy*, poste; du *Muy* à *Vidauban*, poste; de *Vidauban* au *Luc*, poste; du *Luc* à *Brignalles*, deux postes. De Brignalles à Saint Maximin, & de S. Maximin à Aix; c'est la grande route: mais quand on veut paſſer par Toulon & Marſeille, on va de Vidauban à Pignan, & en ſuite à Toulon.

164 *l*. TOULON eſt une des jolies Villes de Provence & un fameux Port de Mer. L'avantage de ſa ſituation expoſée au midi, & à couvert du Septentrion; la beauté & la ſureté de ſon Port la rendent ſi conſiderable, qu'elle a été choiſie de nos Rois pour y faire leur principal Arſenal de la Mer Méditerranée. Henry IV. la fortifia de belles murailles défendues de baſtions, comme une des plus importantes places de ſon Royaume. Il l'embelit de deux grands moles, longs chacun de ſept cens pas, qui envelopent preſque le Port, ne laiſſant qu'une entrée fort étroite, fermée d'une chaîne entre deux forts.

Dans le Port, on voit en tout temps pluſieurs gros Vaiſſeaux de guerre; il regne le long de la Ville. Il ne ſe peut rien voir de plus uni que ſon Quai, qui eſt pavé de briques. Tout auprès eſt l'Arſenal, le long d'un grand Quai, bordé de Magazins, remplis de munitions propres à équiper les Vaiſſeaux qu'on y bâtit.

L'Egliſe Cathédrale, dédiée à la Sainte Vierge, & à Saint Cyriace, eſt remarquable par le Grand Autel & les deux belles Chapelles des côtez, où ſont pluſieurs

Châsses d'argent couvertes de pierreries, & les Chefs de S. Cyprien & de S. Honoré. Les Prêtres de l'Oratoire ont leur Collége dans la rue qui aboutit à la porte de Marseille. Les autres Maisons Religieuses sont les Augustins déchaussez, les Jacobins, les Carmes déchaussez, les Minimes, les Capucins, les Recolets, la Mercy, les Jésuites ; il y a aussi des Bernardines, des Ursulines, des Filles de la Visitation, & des Filles Repenties, ou du Bon Pasteur.

La plus belle des Places de cette Ville est appellée la rue S. Migneau ; elle commence dès le Quai où est la Place d'armes, & l'Hôtel de Ville, qui merite l'attention des Architectes, parcequ'il est bâti par le celebre *Puget*. Depuis 1660 Louis XIV. a fait faire à Toulon des Ouvrages qui peuvent aller de pair avec ceux des Romains. En allant à la Corderie, on découvre d'abord trois Arcades qui servent d'entrée à trois galleries ; elles sont voutées & fort longues. Les Ouvriers préparent les filasses & les chanvres dans l'étage qui est au dessus.

Le même Roi a aussi fondé un établissement qui sert d'Ecole aux Gardes-Marine ; ils s'y occupent au dessein, aux Mathématiques, & à tous les Arts de l'homme de Guerre & d'Epée. Ils font l'exercice dans un lieu situé au dessous de l'Arsenal, appellé

pellé le Champ de Bataille. La Salle des armes est un bâtiment fort considérable ; on y fait les fusils, les pistolets, & autres armes pour l'armement des Vaisseaux.

La Sainte Barbe est un autre lieu, qui contient un nombre infini d'ustenciles nécessaires aux Canoniers. Les lieux où l'on fait la menuiserie ; ceux où l'on forge, & la tonnellerie, qui est dans un endroit très-vaste, où sont les futailles pour les vivres & boissons qu'on embarque, sont à voir.

Le Parc d'Artillerie renfermoit quantité de Canons, de Bombes, de Mortiers, de Boulets, de Grenades, &c. qui étoient rangez dans un très-bel ordre. Les Ancres bordent tout le tour du Canal qui environne le Parc. La Salle des Voiles est fort longue ; on y trouve, quand on fait un armement, tous les agrêz, cordages, &c. convenables à un Vaisseau : on poisse audessus de cette Salle, & l'on met le goudron aux Cables. Dans la fonderie des Canons l'on fait voir les moules qui reçoivent la matiere, & l'on y répare les Canons fondus. La Boulangerie Royale & les Fours sont aussi à voir. La machine de la mâture, qui est dans la vieille Darse proche de la chaîne, surprend & attache fort les yeux des curieux.

Le Port de Toulon est si considérable,

que lorsque la Marine est en état, l'on y voit nombre de Vaisseaux du premier rang, du second, du troisième & du quatrième; des Frégates, des Corvettes, des Galiottes à bombes, des Brulots, des Flutes, & autres bâtimens. Les Galéres n'y sont plus: on les croit plus sûrement dans le Port de Marseille, que dans celui ci; qui paroît cependant d'autant plus sûr, qu'il est dans le fond d'un petit Golfe environné de montagnes, qui le mettent à l'abri des vents de mer. Il ne l'est pas moins de ceux de terre par les hautes montagnes au pied desquelles la Ville est située; d'ailleurs l'entrée de ce petit Golfe est entre deux forts, dont l'un est appellé *le Manteau*, & l'autre *la Tour*. Les environs de Toulon sont remplis de Vignes, d'Orangers, d'Oliviers & de Figuiers. Entre Toulon & Marseille, on peut voir le petit Port de la Ciotat.

De Toulon au Bausset, poste & demie; du Bausset au bois de Conil, poste; du Bois de Conil à Aubagne, poste; d'Aubagne à Marseille, poste & demie.

155 *l*. MARSEILLE est une Ville de France des plus considérables, & la plus peuplée & la plus marchande de la Provence. Elle est si ancienne, qu'on la croit bâtie plus de 630 ans avant la naissance de Jesus-Christ. Elle a été une République très flo-

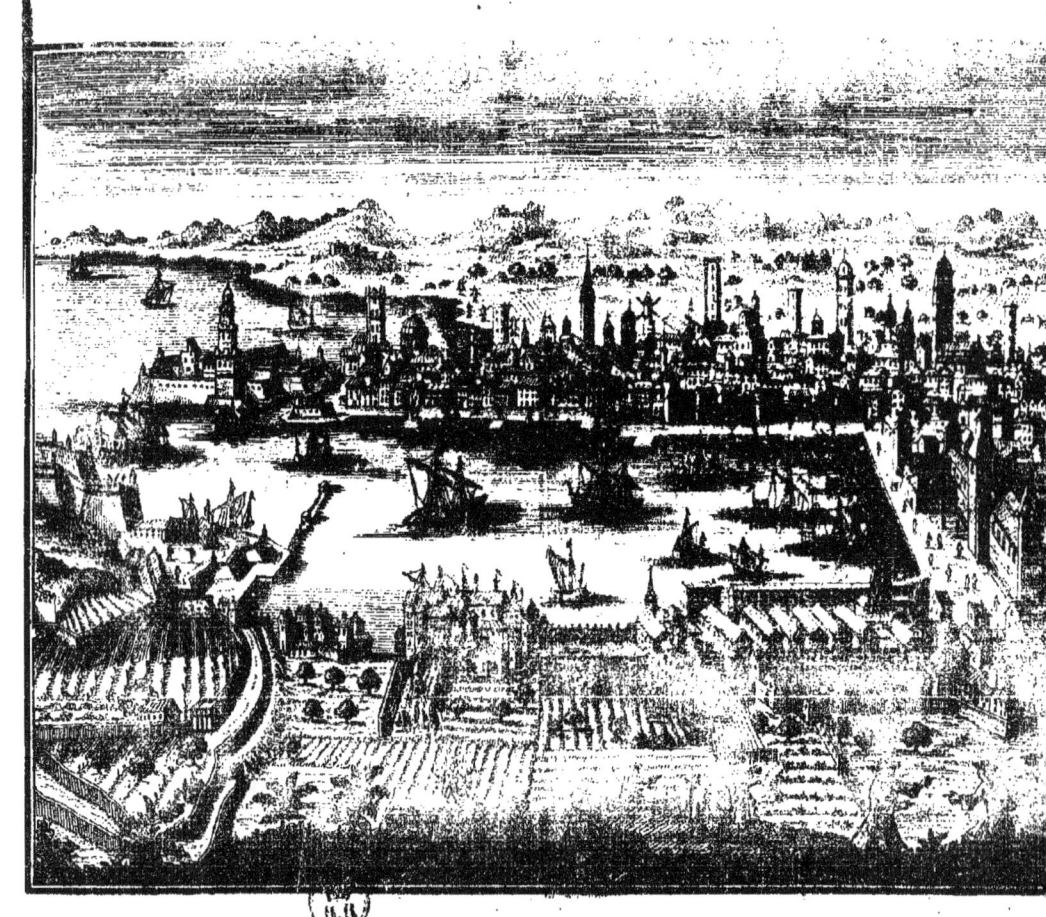

riſſante : ſon Academie lui acquit une ſi grande réputation, qu'il y venoit des Etudians de toutes les parties de l'Europe.

Marſeille eſt ſituée au bas d'une Coline qui s'éleve en amphithéatre en s'éloignant de la Mer. Son Port, de forme ovale, & qui eſt des plus frequentez pour le Commerce, eſt revêtu d'un Quai de treize à quatorze cens pas de longueur, où ſont les plus belles maiſons de la Ville. Il fournit une promenade fort ſatisfaiſante, dont une partie eſt occupée pendant le jour par des échopes ou boutiques d'Ouvriers Galériens, conſtruites à peu près comme celles du Pont neuf de Paris. On trouve dans ces boutiques mille nipes, & autres commoditez neceſſaires ; mais ceux qui vont les achetter doivent être en garde ſur l'adreſſe de tels Marchands. L'embouchure du Port eſt fermé d'une chaîne, ſoutenuë à certaine diſtance ſur trois differentes pîles bâties de pierre, qui ne laiſſent que le paſſage d'un gros Vaiſſeau. Ce Port peut en contenir juſqu'à 600 ; & l'on y en voit aborder de toutes les parties du monde, qui apportent toutes ſortes de marchandiſes. On eſtime les Marſeillois des Mariniers très experts, principalement ſur la Mer Méditerranée.

L'Egliſe Cathédrale, appellée Notre-Dame la Majour, & qui reconnoît S. Lazare pour Patron, est très sombre ; c'étoit autrefois un temple dédié à Venus, ou à Diane d'Ephése. Sa forme en paroît extraordinaire ; & l'on n'y a rien voulu ajouter ni diminuer. Il y a quelques grosses colonnes sur lesquelles l'Idole étoit posée. Le trésor de cette Eglise, passe pour très riche. On y voit le Chef de S. Lazare, celui de S. Cannat, un pied de S. Victor, & beaucoup d'autres reliques. Proche de la Cathédrale, dans un petit carrefour, il y a une chapelle bâtie à la place, où les Marseillois disent que la Madeleine se mettoit pour prêcher l'Evangile aux peuples Idolâtres, lorsqu'ils sortoient de leur temple.

Notre-Dame des Acoules, est une belle & grande Eglise qui servoit de temple à la Déesse Pallas. Dans celle de S. Martin, Collégiale & Paroissiale, on conserve une image de la Sainte Vierge en argent, de cinq pieds & demi de hauteur, dont la Couronne & les ornemens sont d'une richesse immense. L'Eglise de S. Sauveur, presentement occupée par des Religieuses, étoit consacrée à Apollon. Tous ces lieux sont autant de preuves de l'antiquité de Marseille, de même que deux autres temples qui fermoient autrefois son Port, avec les deux Tours, dont l'une est appellée S. Jean, Commanderie de Chevaliers de Malthe, & l'autre S. Nicolas.

L'Abbaye de S. Victor, Ordre de S. Benoît, est située au pied de la Citadelle. Elle ressemble à un Château, étant fermée de murailles, munie de Tours, sur le haut desquelles on peut se promener. Au frontispice de l'Eglise sont ces paroles adressées à S. Victor, *Massiliam veré, Victor, civesque tuere*. Dans une Chapelle du côté de l'Epître on voit le Chef de ce Saint, dans une Chasse d'argent doré, bien travaillée, & donnée par le Pape Urbain V, dont le tombeau est à côté du Chœur. Il y a quantité d'autres reliques dans cette Eglise. On descend par un grand escalier dans l'Eglise souterraine, dont les Chapelles que vont voir les Curieux, sont remplies de Corps Saints. On leur fait voir le tombeau de Saint Eusebe, & ceux de quarente-cinq filles, qui se défigurerent pour faire horreur aux Vendales qui leurs ôterent la vie. On y voit aussi la Croix de Saint André qui est en son entier: les branches ont sept pieds de long, & le bois a huit pouces de largeur. On remarque dans une de ces Chapelles souterraines, une petite grotte où la Madeleine, dit-on, après avoir débarqué à Marseille, commença à faire pénitence; on dit aussi qu'elle y a habité six ou sept ans: elle est représentée couchée à l'entrée de cette grotte. Il y a aussi une riche Chapelle de

C iij

Notre-Dame où il n'est pas permis aux femmes d'entrer: cette défense leur a été faite, selon l'opinion du peuple, depuis qu'une Reine y étant entrée avec trop d'hardiesse, en sortit aveugle.

On peut voir dans Marseille les Maisons Religieuses & les Eglises des Chartreux, des Religieux de Saint Antoine, des Trinitaires, des Jacobins, des Augustins, & des Augustins déchaussez, des Carmes, & des Carmes déchaussez, des Cordeliers Observentins, des Servites, des Minimes, des Capucins, des Recolets, de la Mercy, des Feuillans, des Jésuites, des PP. de l'Oratoire, des PP. de la Mission. Il y a aussi des Benedictines, des Dominicaines, des Filles de Sainte Claire, des Capucines, des Carmelites, des Bernardines, des Ursulines, des Filles de la Visitation, de la Misericorde, & du Bon Pasteur ou Repenties, & une Commanderie de Malthe.

La Citadelle de Marseille est proche du Port: elle commande à la Ville, & ses fortifications s'étendent jusqu'à l'embouchure du Port. Le Quai, qui borde ce côté du Port, depuis le Fort S. Nicolas jusqu'à l'Arsenal, a quinze cens pas de long; il y a des magasins, & de belles maisons qui l'entourent. On y voit le grand Hôpital des Forçats malades: c'étoit l'ancien Arsenal avant que le nouveau fut commencé. Six grands Pavillons, & autant de corps de logis, accompagnez d'une grande place où l'on peut bâtir plusieurs Galéres, en forment le dessein. On y remarque deux grands Bassins, aussi longs & aussi profonds qu'une Galére dans chacun desquels, après qu'on en a construit une, on ouvre une petite écluse qui retient de l'eau de la mer : cette eau le remplit aussi-tôt & fait flotter la Galére qui est sur le chantier, & qui n'est point sujette par ce moyen à la grande secousse qu'on lui donneroit, si on la poussoit de dessus le chantier dans la Mer.

Ce grand édifice tient toute une face du Port, longue de trois cens pas : ensorte que la mesure du circuit du Port de Marseille, qui est de 1300 pas, prise au Quai du côté de la Ville, de 1500 pas à l'autre bord, de trois cens au fond du Port & de cinquante à la largeur de l'embouchure, est en tout de 3150 pas communs. A cet Arsenal finissent les murailles de la Ville, qui n'enferment pas tout à-fait le Port. Les principales ruës y viennent aboutir pour la commodité des Habitans : celles de l'ancienne Ville sont longues, mais étroites, & celles de la moderne sont spacieuses & bien bâties. La principale est le Cours, large de près de 40 pas, dont le milieu est une aréne plantée de quatre rangs d'Ormeaux, qui forment une allée, dans le goût de la grande allée du Jardin des Tuilleries, qui sert avec le Port de promenade publique.

On doit voir à Marseille ce qu'on appelle *la Loge*, autrement l'Hôtel de Ville, qui est située sur le port vis-à-vis les Galleres ; le bas est une grande salle qui sert de rendez-vous aux Négocians ou Marins ; & le haut contient un appartement pour les assemblées des Consuls & Conseillers de Ville, & autres concernant le Gouvernement populaire ; & la Justice de la Bourse. Ce qu'on estime de plus beau de cet édifice, ce sont les Armes de la Ville qui se voyent au frontispice, sculptées par le fameux *Puget*.

Il semble que Marseille tienne encore quelque chose de l'ancien Gouvernement de ses quatre Comtes, puisqu'on la divise en quatre quartiers, qui sont ceux de S. Jean, de Cavaillon, du Corps de Ville, & de la Blancarie ; ils ont chacun leurs Capitaines, & autres Officiers. La Porte Royale est fort belle, ayant à ses deux côtez les figures de S. Lazare Evêque, & de S. Victor Martyr, tous deux Patrons de la Ville ; au milieu en haut, celle de Louis XIV. est à demi corps, & audessus cette Inscription, *Sub cujus imperio summa libertas.*

L'enceinte de Marseille est fortifiée par

de belles murailles, & le Tétragone, qui domine sur une partie de la Ville, & qui est la principale des deux Citadelles qui la défendent, est commandée à la portée du canon, par un Fort appellé communément Notre-Dame de la Garde, où les Habitans vont souvent en dévotion, & d'où l'on découvre les Vaisseaux qui sont en mer aussi loin que la vûe le permet. Ce fort est bâti au sommet d'une Montagne, sur les ruines d'un ancien temple de Venus appellé *Ephesium*.

L'arrivée à Marseille par Mer est très-agréable. La Ville paroît comme une grande térasse qui s'éléve au bord de la Mer, devant laquelle on voit les Isles d'If, de Ratonneau, & de Pomégues, dont elles ne sont éloignées que d'une lieue. Il y a un Château fort dans chacune de ces Isles, où les Vaisseaux vont ordinairement attendre le vent propre pour partir : là, on doit visiter le Lazaret, bâti dans une de ces Isles, à un quart de lieue de la Plage. De cet endroit, comme à Notre-Dame de la Garde, on découvre la Mer avec autant d'étendue que l'œil ou la rondeur du globe le peuvent permettre.

Marseille est environnée, d'une grande campagne de deux lieues, où sont près de six mille *Bastiles*, Maisons de plaisir des Bourgeois ; elles sont simplement composées d'un petit Pavillon, avec un jardin rempli de vignes, de figuiers, d'orangers, &c. Les Habitans de Marseille tirent l'eau qui leur est necessaire, d'une source qui se divise en plusieurs fontaines dans la Ville, dont l'une vient jusques sur le Port.

Il y a de Marseille au Pin une poste ; & du Pin à Aix, une poste & demie.

150 *l*. AIX est la Capitale de la Provence. La Provence se nommoit anciennement la Province des Romains, dont elle a conservé le nom jusqu'à present. Son étendue, du Septentrion au Midi, est de 55 lieues, & de 45 d'Orient en Occident. Elle est bornée au Septentrion par le Dauphiné; au Midi, par la Mer Mediterranée ; à l'Orient par la même Mer, le Comté de Nice, & le Piemont; & à l'Occident par le Rhône. Ses Rivieres sont la Durance, le Verdon, l'Argens, le Var, l'Arc, &c. L'air y est froid, vers la partie Septentrionale, à cause des montagnes, où l'on ne recueille que peu de bled, & presque point de vin ; mais en récompense l'air est très doux sur les Côtes & aux environs, & les campagnes y sont des plus fertiles. Le pays abonde en bled, en vins délicieux, & en fruits excellents ; les Oliviers, Citronniers, Grenadiers, Orangers, Figuiers, Amandiers, &c. y sont très communs ; un mot, cette Province est un véritable pays

de délices. Les Provençaux en general passent pour être plus rudes que ceux qui habitent les Provinces voisines. Peut-être que la proximité de la Mer, & l'abord de toutes les Nations étrangeres qui y viennent négocier, ni contribue pas peu. Les femmes y sont assez jolies, & ont la voix belle; elles aiment la danse & le divertissement.

La Ville d'Aix, Capitale de la Provence, est très-bien située, sur la petite Riviere d'Arc; elle se trouve presque environnée de Collines agréables & fertiles, & arrosée de plusieurs fontaines. On la croit fondée par Caius Sextius Calvinus, Consul Romain. Elle est à présent, quoique petite, le siége d'un Parlement, érigé par le Roy Louis XII. le 10 Juillet 1501. d'une Chambre des Comptes, Cour des Aydes, Generalité; avec Archevêché, & Université, fondée par Alexandre V. en 1409, avec les mêmes Privileges que celle de Paris.

L'Eglise Métropolitaine & Paroissiale, dédiée à Saint Sauveur, est ornée d'une haute tour exagone, où les cloches sont pendues aux fenêtres, pour ne les point sonner en branle; on les sonne sans dessus dessous, à la maniére d'Espagne. On voit dans le Chœur deux Tombeaux des Comtes de Provence l'un au côté droit de l'Autel, & l'autre derriere. Le sombre de cette

Eglise marque son antiquité ; surtout dans la petite Chapelle bâtie par Saint Maximin, où l'on dit que la Madeleine mourut. Les autres lieux remarquables sont le Baptistaire, dont l'excellente structure en marbre blanc, avec de pareilles colonnes, qui soutiennent le petit dome qui couvre les Fonts, est admirable. La Chapelle de Notre Dame d'Esperance est enrichie de Tableaux, de Lampes d'argent, &c. Auprès est un tombeau de Notre-Seigneur, dont les figures sont estimées. Les autres Paroisses sont la Madeleine, & Saint Jerôme, dans l'Eglise du Saint Esprit. Le Chapitre de S. Sauveur est unique dans ce Diocese, & un des plus considerables de la France. Il est composé de vingt Chanoines, & d'autant de Beneficiers, dont les Semiprébendes sont ordinairement remplies par trente Musiciens, & douze Enfans de Chœur, que ce Chapitre entretient pour faire le service avec plus d'éclat & de magnificence. Les Chanoines y assistent avec l'aumusse, & la fourure de petit gris, les Beneficiers en rouge, & les Chapelains en noir.

La Place des Jacobins ou des Prêcheurs est une des plus considerables de la Ville ; on y voit le Palais, qui a une Chambre où les Rois de France sont representez dans le plafond ; & dans une autre, les Présidens

& les Conseillers administrans la Justice. Vis-à-vis la porte est un échafaut de pierre, & trois potences de fer pour les executions à mort.

L'Eglise & le Collége des Jesuites sont dans le plus beau quartier de la Ville; cette Eglise est bâtie à la moderne, & ornée d'un dôme & d'un frontispice. Mais ce qu'il y a de plus rare, & même dans toute la France, pour ainsi dire, c'est l'Oratoire des Gentils-hommes, qui dépend des Jesuites. Cet Oratoire est orné de sept à huit grands tableaux, dont l'excellence égale ceux de le Sueur; c'est *Puget* qui les a peints, & qui par là a laissé une preuve à la posterité, qu'il étoit aussi excellent Peintre que fameux Sculpteur, & grand Architecte. Le tableau de l'Autel, qui represente une Annonciation, est entr'autres un objet admirable, tant pour sa composition, pour son coloris, & pour sa délicatesse, que pour sa correction, qui joint la belle nature à l'antique.

Les rues de la Ville y sont la pluspart larges & remplies de beaux bâtimens, sur tout du côté où elle s'est accrue, comme vers la place d'Orbitello, où est un Cours long de 220 cannes, & large de 20: ce Cours est formé par des allées d'arbres, avec quatre fontaines ornées de figures, &

de bassins de grand goût; il est environné de beaux édifices, accompagnez de sculptures & de balcons, de même que la petite place de Saint Sauveur: on peut dire qu'il manque à Paris un morceau comme celui-là.

Tout au bout de ce Cours, du côté de la Ville, est une petite Eglise, où il y a deux bas reliefs de marbre blanc, l'un desquels est d'une beauté singuliere. Il y a à Aix plusieurs autres curiositez, soit dans les Eglises, soit chez les particuliers, entr'autres il ne faut pas oublier de voir chez M. d'Agueüille, Conseiller au Parlement, un Cabinet de tableaux qu'il a pris soin de rassembler.

L'Hôtel de Ville est beau, & son Beffroi, l'un des plus curieux Horloges de France; il est dans une rue qui rend dans la Place où l'on tient le marché, qui est un endroit à voir, par l'abondance & la diversité des fruits qui s'y vendent. Cette Place est dans le quartier le plus peuplé & le plus ancien de la Ville, dont toutes les rues sont étroites & tournoyantes. Il n'y a presque qu'un Fauxbourg à Aix, appellé la Bourgade, où sont les Minimes & les Chartreux. Il y a aussi dans Aix des Trinitaires, des Augustins, des Jacobins, des Carmes, des Cordeliers, des Observantins, des Servites, des Minimes, des Capucins, des Recolets, des Religieux de la Mercy, des Feuillants, des Picpuces, des Jesuites, des Prêtres de l'Oratoire, de la Doctrine Chrétienne, des Augustins déchaussez, & des Carmes déchaussez. Des Benedictines, des Dominiquaines, des Carmelites, des Bernardines, des Ursulines, des Filles de Sainte Claire, établies sur une partie du fond qui appartenoit à l'Ordre des Templiers; des Filles de la Visitation, des Filles de la Misericorde, & des Filles du Bon-Pasteur, ou Repenties.

Le Prieuré de Saint Jean de Jerusalem, de l'Ordre de Malte est un lieu à voir. L'Eglise, qui est de fondation Royale, est un ancien monument de la pieté des Comtes de Provence, de la tige Royale des Rois d'Arragon.

On y voit un magnifique tombeau où l'Architecture gotique paroît avec tous ses ornemens; il conserve les cendres d'Ildefonse II. qui commença ces édifices par sa liberalité. Ce même tombeau renferme Beranger III. fameux dans l'Histoire des Croisades contre les Albigeois, & Beatrix de Savoye son Epouse, qui y sont tous deux representez en statues.

Ce Prince, après avoir perdu son fils, dont le tombeau est aussi dans cette même

Chapelle, eut le bonheur de laisser quatre filles, ou pour mieux dire quatre Reines. Marguerite épousa Saint Louis ; Eleonor, Henry III. Roy d'Angleterre ; Sance, fut mariée à Richard, frere de ce Prince, qui fut élevé à l'Empire ; & Beatrix Comtesse de Provence, épousa Charles I. Roy de Naples & de Sicile. frere de Saint Louis. Cette Princesse est renfermée dans un superbe monument qu'on voit dans une autre Chapelle ; elle fit achever cette Eglise à ses dépens, & la dotta pour l'entretien des Ministres qui servent à l'Autel.

Les Etrangers qui se trouvent à Aix prennent ordinairement quelques jours pour satisfaire leur curiosité, en faisant le petit voyage de Saint Maximin & de la Sainte Baume. On part d'Aix pour aller à Saccharron, Village qui est éloigné de quatre lieues de la Sainte Beaume, & de deux lieues de Saint Maximin.

SAINT MAXIMIN est situé sur la Riviere d'Argens, dans une pleine environnée de Montagnes, à six lieues d'Aix, à huit de Toulon, & à deux de la Sainte Baume ; il a pris son nom de celui de Saint Maximin, Archevêque d'Aix qu'on y enterra. L'avantage qu'il a d'être le mausolée de plusieurs Saints, l'a fait connoître dans toutes les Parties de l'Europe, d'où

l'on

l'on vient honorer leurs reliques qui se voyent dans l'Eglise Paroissiale. Cette Eglise n'étoit anciennement qu'une Abbaye, sous la Regle de Cassin, que Charles II. Duc d'Anjou, Roi de Sicile & Comte de Provence, donna ensuite aux Dominicains qui la desservent, pour les récompenser de ce qu'ils avoient trouvé le corps de Sainte Madeleine. Elle est grande, bien éclairée, & d'une architecture très estimée parmi le gotique: elle est ornée en dedans de colonnes de marbre. Le grand Autel, qui est un vœu de Louis XIII. passe pour un des plus magnifiques de France ; tout le reste de cette Eglise est orné d'un grand nombre d'*Ex-vots* en peinture, de la main des plus habiles peintres, & chaque Autel est enrichi de toutes sortes de vases, chandeliers, lampes, & autres ornemens d'or & d'argent. Depuis peu on a entouré le Chœur d'une grille de fer. En 1476 le Roy René fonda un College Royal sous la conduite de ces Religieux, dont il dotta vingt-cinq, & trois Professeurs, pour la Philosophie, la Théologie & le Droit Canon.

Cette Eglise renferme une grande partie du Corps de Sainte Madeleine, qui est dans une châsse de Porphire, sous un petit Dôme, soutenu de quatre colonnes de marbre placées sur le Grand Autel. On

D

descend dix ou douze marches pour entrer dans une cave, ou Chapelle qui est dessous la Nef, où l'on voit le Chef de cette Sainte couvert d'un cristal : on y remarque encore sur le front la place de deux doigts de largeur en chair desséchée, mais sans être corrompue ; c'est l'endroit où Notre Seigneur la toucha après sa Résurrection, quand il lui dit *Noli me tangere*. Ce Chef est dans un reliquaire d'or, qui represente le col & les épaules, donnée par le même Roy Charles II. Ce Chef est soutenu par des Anges qui en font l'ornement, & la statue de ce Roy, haute d'un pied, est à genoux devant ce Reliquaire.

Il y a aussi dans ce même lieu un petit vase de cristal, dans lequel on voit un peu de terre trempée du sang de Notre Seigneur, que la Madeleine recueillit au pied de la Croix. Quoique ce lieu soit fort étroit il renferme quatre tombeaux, qu'on dit, sans trop de fondement, être de Sainte Madeleine, de Saint Maximin, ds Saint Marcel & de Saint Sidoine ; ils paroissent d'un marbre noirâtre. Et à la foible lumiere de quelques lampes qui brûlent continuellement dans cette cave, sans autre jour, on entrevoit des especes de jeux d'enfans sur ces tombeaux, qui peuvent faire douter s'ils sont des tombeaux de Saints ou de Payens.

Dans une Chapelle qui est tout proche, on fait voir plusieurs autres reliques enfermées dans des armoires, entr'autres une épaule de Saint Laurent, le chef de Sainte Suzanne, des cheveux de la Madeleine, dont elle se servit pour essuyer les pieds de Notre Seigneur, un de ses bras richement enchassé: il est d'une longueur proportionnée à la grosseur de la tête, qui fait juger qu'elle étoit d'une grande taille. Quant à la vérité de toutes ces choses, la foi en est pour ainsi dire le seul garand.

LA SAINTE BEAUME, est le nom que l'on donne à un rocher d'une hauteur prodigieuse, où l'on croit que la Madeleine a passé trente ans en pénitence. Ce rocher est si uni & tellement escarpé, que de loin on le prendroit plûtôt pour un bâtiment que pour un Rocher. Avant que d'y arriver on voit plusieurs croix sur le chemin, où sont representées les pieuses actions de cette illustre Pénitente, jusqu'à ce qu'étant proche de la Caverne où elle se retira, on trouve le chemin applani par des dégrez contre le rocher, où avec assez de peines on parvient à quelques portes, qui donnent entrée sur une petite avance pratiquée contre ce même rocher, sur laquelle on a construit avec beaucoup d'artifice un petit Couvent, où sont pour l'ordinaire sept

D ij

Religieux de S. Maximin, avec un Concierge qui reçoit les Pélerins dans un fort petit logis pratiqué aussi en ce même lieu.

Au dessus, s'éleve le rocher escarpé, en façon d'une haute muraille, où la caverne paroît entre ces deux édifices : elle est taillée naturellement dans la roche vive, environ au milieu de la hauteur de la montagne ; de vingt-cinq à trente pas en quarré, & haute de trois toises dans le milieu, se terminant presque en voute tout à l'entour. C'est une singularité, que par toute la Grotte l'eau dégoutte de la voute, excepté un seul endroit où l'on tient que la Sainte couchoit sur un lit de la même roche, comme on le voit encore avec sa figure, qui la represente demie couchée & pleurante.

Dans la partie la plus éloignée & la plus sombre, est un petit rocher qui s'éleve, & sur lequel on voit une statue en marbre de cette même Sainte, prosternée, & dans l'action la plus sévére de la penitence ; elle est éclairée de quelques lampes qu'on y fait brûler sans cesse. Ce petit rocher est environné de grilles de fer, & sert d'appui à un Autel orné de quelques piliers de marbre, où l'on dit tous les jours plusieurs Messes ; c'est en ce lieu que la Sainte faisoit ses plus profondes méditations. On descend par quatre ou cinq marches dans l'endroit le plus creux, qui est comme la salle de ce premier étage, où l'on voit dans le fond un Sepulchre de Notre Seigneur, dont les personnages sont très-bien représentez ; comme ce lieu est plus spacieux, elle y faisoit sa demeure la plus ordinaire. Il y a une fontaine dont l'eau s'entretient claire & nette, sans jamais tarir, quoiqu'elle ne soit que dans un roc, qui ne devroit naturellement souffrir que de la secheresse. Ce premier étage ne tire aucun jour que de son entrée, où d'un côté, est le petit chœur des Religieux, qui y viennent chanter l'Office ; & de l'autre la Sacristie. Ce Couvent a été fondé il y a cinq cens ans, par un Evêque de Mende qui le fit bâtir avec un petit cloître & quelques cellules ; le tout si bien ménagé dans le rocher, qu'il semble se soutenir par soi-même, & qu'il n'y auroit aucun bâtiment.

Il faut descendre quelques dégrez pour prendre le chemin DU SAINT PILON, qui en Langue Provençale veut dire le Saint Pilier. Ce chemin a été accommodé pour en rendre la montée un peu moins rude, jusqu'à ce qu'on soit arrivé au haut de la montagne où est ce pilier, qu'on y a mis pour marquer l'endroit où l'on dit que la Sainte Pénitente fut enlevée par les Anges. Il tient à une petite Chapelle bâtie au bord du précipice, en forme de Dôme ; où il y a un tableau qui repréſente cet enléve-ment.

De ce lieu on ne voit d'un côté que montagnes & rochers, & de l'autre que la Mer, du côté de la Ciotat, qui n'en eſt éloignée que de deux lieues ; au bas du rocher, après la Sainte Baume, eſt une plaine environnée de montagnes ſur montagnes. Il y a au pied du même rocher une Foreſt de Sapins, mêlez avec d'autres arbres, partie plantez dans la plaine, partie ſur le penchant de la montagne ; ce qui forme une eſpéce de cercle au tour de cette ſainte Solitude.

Avant que d'aller d'Aix à Avignon, les Curieux vont voir Arles, en paſſant par Salon, & par la plaine dite de Crau, qui dure ſept lieues de Provence, ſans autre retraite que deux Hôtelleries, & une Chapelle qu'on appelle Saint Martin.

SALON merite d'être vû, à cauſe du Tombeau de Michel Noſtradamus, qui eſt aux Cordeliers de cette Ville, à côté de la porte, à main gauche ; il eſt enchaſſé dans le mur, avec ſon Portrait au naturel, ſes Armes & cet Epitaphe.

D. OPT. M.
Ossa.

Clariſſimi Michaelis Nostradami, *unius omnium mortalium judicio digni, cujus penè divino calamo totius orbis ex Aſtrorum influxu, futuri eventus conſcriberentur. Vixit annos LXII. menſes VI. dies X. Obiit Salonæ Petreæ. Æ. An. M. D. LXVI. die 2 Julii.*

Anna Pontia Gemella Conjugi optimo V. S. quietem poſteri ne invidetote.

C'eſt-à-dire.

Ici repoſent les Os du très-célébre & très-renommé Michel Nostradamus, de qui la plume preſque Divine, a été celui de tous les hommes eſtimé digne d'écrire les évenemens qui arriveront à l'avenir dans tout l'Univers, ſelon les influences des aſtres. Il a vécu ſoixante-deux ans, ſix mois & dix jours. Il mourut à Salon de Crau, le 2 Juillet 1566.

Anne Ponce Gemelle, ſouhaite à ſon mari, très-bon & très-aimable, la vraie félicité.

Que la poſterité ne lui envie point ſon repos, que perſonne ne parle plus contre ſa memoire.

Tout auprès, hors d'œuvre, est celui de sa famille, dont le vulgaire, qui le prend pour celui de Nostradamus même, raconte tant d'histoires, aussi bizarres que fabuleuses; le Portrait de ce Medecin, Astrologue ou Prophete, comme on veut, est aussi enchassé dans le mur, au dessous du tombeau, & y a été mis par Cesar Nostradamus son fils. La principale Eglise de Salon est Collegiale, & déservie par des Chanoines dont les Prébendes sont fort modiques. Il y a aussi des Capucins, des Ursulines, & des Filles de la Misericorde. Sur un rocher ou petite montagne escarpée, qui s'éleve dans la Ville, est un vieux Château fortifié à l'antique, où il y a ordinairement en garnison une Compagnie détachée, ou une Compagnie d'Invalides. Les Auteurs qui écrivent des avantures de Lutins, ne sçauroient mieux faire que de visiter cette antiquaille, & le Château de l'Isle de Sainte Marguerite.

145 *l.* ARLES, Ville de Provence, est située au côté gauche du Rhône, sur une colline qui panche vers le Septentrion. Sa forme ressemble à une harpe, & rien n'est plus charmant que son oncente. Arles est célébre par les antiquitez qu'elle a au dehors & au dedans: les unes se voyent encore, comme l'Amphithéatre, l'Obelisque,

que, les Champs-Elisées, les tombeaux, les colonnes avec leurs chapiteaux, les bustes, les pieds d'éstaux, les acqueducs & les arcs, avec quelques restes du Capitole & des Temples des faux Dieux. Les autres monumens anciens ne subsistent plus, ayant été détruits par le Rhône: comme le beau Pont qui joignoit cette Ville, autrefois divisée en deux; ou par les Gots & les Sarrasins, comme la Place entourée de colonnes & de statues. Sous l'Amphithéatre on trouva en 1651, la fameuse statue de Vénus, que les Habitans d'Arles adoroient, & qui a été transportée au Château de Versailles, & placée dans la grande Gallerie, depuis le don que cette Ville en fit au feu Roy. C'est un chef d'œuvre qui sera toujours l'admiration des plus habiles gens.

L'Eglise Métropolitaine d'Arles est dédiée à Saint Trophime: les murailles en sont si épaisses, qu'on y voit plusieurs tombeaux considerables enchâssez dedans. Neuf arcades font toute la longueur du chœur & de la nef, avec une aîle fort étroite de chaque côté, qui commence depuis le grand Portail jusqu'à la huitiéme arcade; la croisée occupe la neuviéme, où l'on voit du côté de l'Evangile la Chapelle Saint Genest; & du côté de l'Epitre, la Sacristie & la porte par où l'on va au Cloître. Le Sanctuaire est composé de trois arcades de chaque côté, & de trois autres qui font le rond-point derriere le grand Autel ; ce Sanctuaire est accompagné d'une aîle spacieuse, & de chapelles au tour bâties à la moderne. A l'endroit du rond-point, il y a une double voute portée par un arc doubleau, c'est le lieu où l'on conserve la plus belle Châsse d'Arles, appellée *la sainte Arche*, à cause qu'elle renferme quelque partie du Suaire où Notre Seigneur fut enseveli, de ses vêtemens, des épines de sa couronne, des habits de la Sainte Vierge, des ossemens de Saint Pierre, de Saint Paul, & de Saint Jean l'Evangeliste. Le Maître Autel est moderne, isolé à la Romaine, & le Tabernacle est un globe qui s'éleve au milieu, avec plusieurs ornemens & figures de bon goût.

Cette Eglise a un grand Portail de marbre, construit à la gotique, & chargé de quantité de figures en relief, entr'autres celle de Notre Seigneur au milieu des quatre animaux du Prophete Ezechiel, qui representent les quatre Evangelistes & celles des douze Apôtres, avec Saint Trophime, qui a un *Pallium*. Cette Eglise a celle de Notre Dame la Major à son opposite, l'Hôtel de Ville à droite, & le Palais Archiépiscopal à gauche ; où l'on voit dans le vestibule sur le grand escalier, & dans la salle, plusieurs morceaux curieux de l'antiquité ; comme bustes, fragmens de statues, bas reliefs, & urnes lacrimales. Quelques restes de l'entrée des-termes sont encore adossez au Palais ; c'étoient autrefois des bains d'eaux chaudes & froides à l'usage du Public. Ces restes sont de gros quartiers de pierre, qu'on voit sous un Arc antique, contre la muraille de l'Archevêché. Il y a environ trente ans, qu'en creusant le fondement de l'Hôtel de Ville, & du pied d'estal de l'Obelisque on y trouva des fourneaux, & plusieurs voutes qui s'étendent assez loin. On y trouva aussi une double galerie qui servoit à se promener avant & après les Bains : elle recevoit son jour du côté de la Place appellée Plan de la Cour, & cela par des soupiraux, tels qu'on en voit encore dans les caves voisines, & dans la rue qu'on a ouverte pour aller à Sainte Marie la principale, qui est la plus ancienne de toutes les Paroisses de la Ville. Les autres sont, Saint Antoine, Sainte Croix, Saint Martin, Saint Laurent, & Saint Lucien ou Saint Isidore. La Chapelle, qui est sous cette derniere Eglise, où il y a encore un Autel sur lequel les premiers Chrêtiens disoient la Messe pendant la persecution des Empereurs, prouve son antiquité.

Il y a aussi dans Arles, des Trinitaires, des Jacobins, des Augustins, des Carmes, des Cordeliers, des Minimes, des Recolets, des Capucins, des Prêtres de l'Oratoire, des Augustins & des Carmes déchaussez; de même que des Benedictines, des Carmelites, des Ursulines, des Filles de Sainte Claire, & de celles de la Visitation.

L'une des plus considerables antiquitez d'Arles est l'Amphithéatre, que l'on croit bâti par les Romains, sans que l'on sache en quel temps. Il n'a pas été achevé par le haut: il contient en son tour cent vingt arcades en deux ordres, soixante au premier rang, & pareil nombre au dessus: chacune de ces arcades, qui étoient toutes percées à jour, a vingt pieds de haut, sur dix-huit de large. Cet Amphithéatre est situé dans un lieu inégal, en pente & fondé sur la roche. Les fondemens des murailles ont plus de deux toises d'épaisseur, & les pierres qui les composent sont si grosses & si massives, qu'elles se soutiennent, ou paroissent du moins se soutenir par leur poids, sans aucun mortier ni ciment. La muraille qui paroît encore presentement, & qui fait la face de l'Amphithéatre, a douze pieds d'épaisseur au rez de chaussée. Son enceinte renfermoit une grande Place, que l'on appelloit *Arêne*, parce qu'elle étoit couverte de fable. C'étoit-là que les Gladiateurs combattoient entre eux contre les bêtes farouches qu'on faisoit sortir des cachots qui étoient sous l'Amphithéatre. La partie superieure étoit rempli de siéges de pierre, en maniere de gradins, & contenoit 30000 personnes fort commodément. Ce bel édifice, qui est situé au lieu le plus éminent de la Ville, est plus ancien, plus grand, & étoit plus magnifique que celui de Nismes ; mais il n'est pas à beaucoup près si entier. On y a bati des maisons dedans & dehors, & l'on a même démoli plusieurs des arcades de l'Amphithéatre. L'*Arêne* est rempli de terre jusqu'au second étage. Les maisons qu'on y a bâties forment plusieurs rues ; de maniere que le dedans de l'Amphithéatre est presque détruit ; & de tous les gradins qu'occupoient les Spectateurs, il n'en reste plus que deux, chacun d'une toise & demie de large.

L'Obelisque d'Arles est un des plus superbes monumens de l'antiquité, & le seul en ce genre que l'on voye en France. On ne sçait en quel temps, ni par qui il a été transporté : mais on a sujet de croire que c'est un des quarente qui étoient en Egypte, & qui furent conduits à Rome, parcequ'il est du même granite que ceux que l'on voit dans cette premiere Ville de l'Empire Romain La plûpart sont pleins de caracteres hiéroglifiques; mais celui-ci est tout nud & tout uni. Il est demeuré pendant plusieurs siécles caché en terre, dans le jardin d'un Particulier, auprès des murailles d'Arles, proche le Rhône : mais en 1675, il fut ordonné par le Conseil de la Ville, qu'on tireroit cet Obélisque hors de terre, ce qui fut executé : on trouva qu'il n'étoit pas entier, & que la pointe manquoit; elle fut trouvée ensuite dans un autre endroit, & le tout ayant été mis sur des rouleaux, fut traîné jusqu'à la Place du Marché. On tailla des pieces de colonnes de granite, pour faire les deux Angles du pied; & le 20 Mars 1676, on éleva ce beau monument avec tant d'adresse, qu'en moins d'un quart d'heure il fut posé sur un pied d'estal de vingt pieds de haut, & consacré à Louis le Grand sous la figure du Soleil. Cet Obélisque, qui a cinquante-deux pieds de hauteur sur sept de base, étoit d'une seule piece. Il est presentement soutenu de quatre Lions de bronze, convenables, parceque la Ville d'Arles a pour armes un Lion d'or accroupi sur ses jambes de derriere, avec ces mots, *Ab ira Leonis*. On a mis sur la pointe un Globe azuré, avec les Armes de France, & au dessus de ce Globe un Soleil.

Le pied d'estal, entouré de bornes de pierres, est chargé d'inscriptions à la gloire de Louis XIV.

Le Cimetiere des Champs Elisées, où les Payens enterroient les morts, est hors de la Ville, sur une agréable colline divisée en deux parties. La premiere, appellée *Moulaires*, contient fort peu de tombeaux, parcequ'on les a rompus pour bâtir les murailles des jardins qui sont à l'entour, & qu'on en a donné à divers particuliers. La seconde, qu'on nomme le Cimetiere d'*Eliscamp*, renferme un grand nombre de tombeaux. On connoît ceux où les Payens ont été enterrez par ces deux Lettres D. M. qui signifient, *Diis Manibus*: ceux où l'on a mis les Chrétiens sont distinguez par une Croix; il y en a de grands & de petits, de marbre & de pierre; mais peu de marbre. Ce qui en a fait diminuer de beaucoup le nombre, c'est qu'outre que divers Particuliers en ont pris le marbre ou la pierre pour leurs maisons de Campagne, plusieurs autres en ont brisé pour chercher des Monnoyes d'or, d'argent & de bronze, qu'ils y ont souvent trouvées: aussi bien que des Urnes, des Patéres, des Lacrymatoires & des Lampes sans fin; cela fait voir que dans le temps que les Habitans d'Arles étoient Idolâtres, ils brûloient leurs morts, à la maniere des Romains.

Enfin Arles renferme tant de morceaux d'antiquitez, qu'il est impossible d'entrer ici dans un détail général ; ceux qui en seront curieux pourront s'en informer sur le lieu, où l'on se fait un plaisir de les faire connoître. La devise de cette Ville est, S. P. Q. A. l'*A* veut dire, *Arelatanus*. L'on doit encore à Arles considerer le Pont fait de Batteaux sur le Rhône, sur lequel on passe pour aller au Faubourg appellé Trinquetaille.

Il y a dans Arles une Academie Royale, établie au mois de Juin 1669. Elle est composée de trente Académiciens, Gentilshommes, originaires, & Habitans de cette même Ville, qui jouissent des mêmes Privileges que ceux de l'Academie Françoise de Paris.

La Route d'Avignon est d'Aix à Saint Canat, poste & demie ; de Saint Canat à Malmort, poste & demie ; de Malmort à Orgon, poste ; d'Orgon au Bourg Saint Andéol, poste ; de Saint Andéol à Avignon, poste & demie.

138 *l*. AVIGNON, Ville Capitale du Comté ou Comtat Venessin, est située sur le bord du Rhône : Saint Ruf en a été le premier Evêque. Le séjour que plusieurs Papes y ont fait pendant soixante & dix années l'a rendue considerable. Ses murailles

sont construites de pierres de taille polies, avec quantité de tours quarrées, bordées de crénaux qui leur servent d'ornement. Ses Fossez à fond de cuve, ne sont pas fort larges, mais proportionnez à la hauteur des murailles, & remplis d'eau en quelques endroits.

Avignon appartient au Saint Siége, par l'achat que le Pape Jean XXII. en fit, d'une Comtesse de Provence, nommée Jeanne, pour une fort petite somme : cette Ville pour lors n'étoit point du Comtat, dont Carpentras étoit la Capitale. Le Pape envoye, ou continue tous les trois ans à Avignon un Vice-Legat qui en est comme Gouverneur. Il y a auprès du Rhône un gros rocher que les murs de la Ville renferment, sur lequel est une platte-forme très-large, d'où l'on découvre toute l'étendue d'Avignon & des environs. Cette Ville est embellie de magnifiques Eglises, de grandes Places, de beaux Edifices, & de Jardins très-agréables. Le Palais du Vice-Legat est composé de plusieurs grosses Tours quarrées. Le Vice-Legat donne audience dans une grande salle remplie de belles peintures, de même que la Chapelle & les Appartemens de ce lieu. L'Arcenal est auprès de ce Palais.

Notre-Dame de Don est le siége de l'Archevêque. Cette Eglise n'est pas des plus grandes ; mais elle est l'une des mieux ornées de la Ville. Après avoir monté environ cinquante marches, on trouve un Portique très ancien & très estimé, qui soutient une fort grosse Tour. A main gauche en entrant dans cette Eglise est la Chapelle de Notre-Dame, dont les peintures égalent ce que l'Italie a de plus beau ; & dans une autre au dessus, les tombeaux des Papes Jean XXII & Benoît XII, & de plusieurs Archevêques & Evêques. Le grand Autel est fort magnifique ; il est orné d'une Châsse où sont les reliques des Saints Verréme, Maximin, Ferme & Donat. Le Trésor de la Sacristie mérite la curiosité du Voyageur.

Le petit Palais où demeure l'Archevêque est formé de trois grands corps de logis, accompagnez de tournelles, & de petits pavillons ; sa vûe donne sur le Rhône, la Campagne & la Ville. Ces trois édifices, avec le Palais de la Monnoye, font l'ornement d'une grande Place, qui est la Promenade ordinaire des Habitans.

On compte dans Avignon sept Portes, sept Palais, sept Paroisses, sept Colleges, sept Hôpitaux, sept Couvents de Religieux, sept autres de Religieuses, & que sept Papes y ont demeuré pendant sept dixaines d'années : ce sont Clement V. en 1306. Jean XX. en 1316. Benoît XI. en 1334. Clement VI. en 1342. Innocent VI. en 1352. Urbain V. en 1362 ; & Gregoire XI. en 1371.

L'Eglise des Célestins est fort magnifique ; on y voit une riche Chapelle où est le Corps de Saint Pierre de Luxembourg Cardinal ; & un portement de Croix en mosaïque, qui passe pour un chef d'œuvre. Dans le Chœur, le tombeau du Pape Clement VII. que plusieurs traitent d'Antipape, representé en marbre. Chez les PP. de la Doctrine Chrêtienne, est enterré le Corps de César de Bus, Fondateur de leur Congrégation. Les Eglises des quatre Mendians ont aussi leurs curiositez ; celles des Augustins, des Cordeliers & des Carmes, sont considerables par leur grandeur & par la hauteur de leur voute. On remarque aux Augustins que la Nef n'est soutenue d'aucuns Pilastres. La Chapelle des Pénitens noirs est ornée d'excellentes peintures de *Mignard d'Avignon:* elles ont emporté le prix sur celles des autres Couvents de la Ville. Dans l'Eglise des Cordeliers, on voit le tombeau de la belle Laure, la même, dit-on, que Petrarque a rendue si celebre par ses vers.

Le Couvent des Dominicains a deux

Chapelles qui méritent d'être vûes ; celle de Saint Vincent Ferrier, Religieux de cet Ordre, placée au même endroit où il demeuroit : & celle de Saint Antoine de Pade. Il y a au dessus une platte-forme dont la vûe est charmante.

Les Jesuites ont deux Maisons à Avignon ; le Noviciat & le College, qui ont chacune leur beauté. Les Augustins déchaussez ont aussi un Couvent. L'Eglise de S. Martial, occupée par les Benedictins, est considerable par plusieurs tombeaux, & par des figures de marbre blanc fort estimées. Dans celle de Saint Didier on voit le Tombeau du Cardinal Pierre Damien, où ses actions sont représentées en marbre, accompagnées de statues dont le travail est assez parfait.

L'Université d'Avignon a été fondée en 1303 : ses quatre Colleges sont celui du Roure, celui de Medecine, celui des PP. Jesuites, & le Grand College. La Juiverie est une espece de petite République, dans un quartier séparé, d'où les Juifs n'osent sortir sans avoir leurs Chapeaux jaunes, & leurs femmes quelque chose de même couleur à leur Coeffure, qui les distingue des Chrêtiens. Ils sont un nombre assez considerable, dans un lieu fort étroit, où ils ne peuvent s'étendre, mais seulement élever leurs bâtimens. Leur Synagogue, où ils font l'Office trois fois le jour, à heure reglée, est un lieu fort obscur, & seulement éclairé par des lampes posées devant une espece d'Autel qui n'a aucun ornement.

Les hommes sont placez en bas, & les femmes en haut; elles lisent l'Hebreu presque toutes, & plusieurs l'entendent & le parlent. On ne les souffre dans Avignon, qu'à condition qu'ils entendront toutes les semaines un Sermon que leur fait un Religieux. Leur commerce ordinaire est de la plus vieille friperie, qu'ils vendent avec le plus d'usure & de tromperie qu'ils peuvent.

Ceux qui considerent le *Pont d'Avignon*, bâti sur le Rhône, en admirent d'autant plus l'Ouvrage, que ce fleuve en cet endroit est extrêmement impétueux, quoiqu'il s'y élargisse. Il a été premierement bâti de pierres par un Moine; mais la violence des eaux l'ayant rompu, il fut refait avec des poutres, de sorte qu'il est à present de bois dans sa plus grande partie. Il a vingt Arcades; mais il est étroit, & long d'un demi quart de lieue. Dans chaque Pile on fit des oüvertures en forme de fenêtres, soit pour son embelissement, soit pour donner au Rhône un cours plus aisé, & tâcher que ses Piliers ne fussent entraînez par la rapidité de l'eau; ce qui engagea les Architectes à le construire en serpentant, afin qu'il en pût soutenir les efforts plus facilement. Ce Pont est encore tombé en ruine, de maniere quon n'y passe plus ; on pourroit peut-être le réparer, mais comme il appartient à la France, aussi bien que le Rhône, & que la Ville n'en est pas, ce seroit une dépense inutile pour les sujets du Roi ; d'un autre côté le Pape ne veut apparemment point faire bâtir sur les fonds d'autrui.

La tradition du Pays porte, que ce Pont fut entiérement bâti de pierres de taille en l'an 1177, par l'inspiration d'un petit berger de douze ans, appellé Benoît ou Bénezet, qui étant venu trouver le Gouverneur de la Ville, lui dit que Dieu lui avoit ordonné de bâtir un Pont sur le Rhône pour la commodité d'Avignon ; que le Gouverneur se mocqua de l'inspiration du petit Berger ; mais le voyant persister à dire qu'il suivoit l'ordre de Dieu, il lui dit qu'il le croiroit s'il pouvoit lever une grosse pierre qu'il lui montra, & que trois hommes auroient eu peine à remuer ; que le petit Berger la prit aussi-tôt, & la porta jusqu'au lieu où l'on a bâti ce Pont. On ajoûte encore qu'au bas du Pont, au pied de la premiere Arche, il y a une petite voute où est enterré le petit Berger, d'où on ne l'a jamais pû tirer, quoiqu'on l'ait tenté plusieurs fois ; ces discours ont véritablement tout l'air de fables.

De dessus ce Pont on voit une grande Isle où la Sorgue se joint au Rhône, & dans laquelle il y a plusieurs Maisons de plaisance. A la sortie du Pont on trouve le Bourg de VILLENEUVE, qui appartient au Roy. Il faut y aller voir le Couvent des Chartreux, dont l'Eglise est admirable par ses peintures, & les Tombeaux de marbre du Pape Innocent VI. & de son neveu.

Les Curieux qui se trouvent dans Avignon vont voir la Fontaine de Vaucluse, où la Riviere de Sorgue, qui passe dans cette Ville prend sa source. Cette fontaine est renfermée entre des Collines & des Montagnes qui forment la Vallée de Vaucluse; c'est-là que le fameux Pétrarque établit son Mont Parnasse, & où il a composé la meilleure partie de ses Ouvrages, à la louange de la belle Laure dont il devint amoureux en ce pays-là.

D'Avignon on peut aller au Saint Esprit, par Bagnols, en passant le Rhône; & par Orange en remontant ce Fleuve du côté du Dauphiné.

154 *l.* ORANGE, Capitale de la Principauté de ce nom, avec Evêché & Université, est une ancienne Ville qui a été long-

temps possedée par les Princes de la Maison de Nassau, & qui enfin a été réunie à la Couronne par le traité d'Utrect de 1713. Elle se distingue par les vestiges d'un très-bel Amphithéatre, d'un Arc de Triomphe dedié à Marius, & de plusieurs autres antiquitez.

D'Orange au Pont du Saint Esprit il y a une poste.

131. *l.* LE SAINT ESPRIT est une petite Ville fort agréable, située sur le bord du Rhône qui sepáre le Languedoc. Le Pont construit vis-à-vis est un des plus beaux de France : il est composé de vingt-six Arches, qui ont 420 toises de longueur sur deux de largeur. On ne peut assez admirer l'Architecture de ce Pont, & la délicatesse de ses Piles : chacune est percée d'une petite Arche ou Fenestre, pour faciliter la rapidité de ce Fleuve quand ses eaux sont grosses. On tient qu'il a eu pour Architecte le même petit Berger que celui d'Avignon : ce qu'il y a de vrai, c'est qu'il a été bâti par un Moine, comme l'autre, & que plusieurs personnes y contribuérent. Ce Pont est dangereux pour ceux qui passent dessous en Batteau, à cause de la rapidité de ce Fleuve, & de ses eaux bouillonnantes, qui se trouvant resserrées sous les Arches, donnent une si rude secousse aux

Batteaux,

Batteaux qu'elles les font perir, pour peu que le Patron manque à prendre le droit fil de l'eau; véritablement, aujourd'hui que le Rhône a disposé autrement son lit, ce passage n'est pas à beaucoup près tant à craindre.

Quatre Bastions Royaux font le plan de la Citadelle: Ils renferment l'Eglise du Saint Esprit, située au bord du Rhône, où elle regarde une Place d'Armes assez grande; c'est de là que cette Ville a pris le nom du Pont du Saint Esprit. Ses rues sont fort étroites & entrecoupées les unes les autres, jusqu'à ce qu'on arrive à la Place où est la Maison de Ville, avec un gros Horloge. La Paroisse de S. Saturnin, & l'Abbaye de Saint Pierre sont dans une grande Place. La Tour de Saint Saturnin est remarquable. Il y a aussi plusieurs Couvents dans cette Ville, qui est assez grande, mais mal bâtie.

Du Saint Esprit, on passe le Pont pour entrer en Dauphiné, à la Palu, poste; de la Palu à Pierrelatte, poste; de Pierrelatte à Donzere, poste; de Donzere à Montelimart, poste & demie.

125. *l.* MONTELIMART est une petite Ville du Dauphiné, située sur le Robian, à un quart de lieue du Rhône. La Citadelle est bâtie sur une éminence. Deux petites

F.

Rivieres, le Robian & le Dalron, qui baignent les murailles de la Ville, viennent des Montagnes, & forment quelquefois des Torrents qui vont se perdre dans le Rhône. Montelimart est assez bien peuplé & marchand ; c'est un grand passage pour la Catalogne, la Provence & l'Italie. L'Eglise Collegiale de cette Ville releve immédiatement du Saint Siége : il y a en cette Ville des Jesuites, des Capucins, des Recollets, des Filles de Sainte-Marie & des Ursulines.

On va de Montelimart à la Coucourde, poste ; de la Coucourde à l'Auriol, poste ; de l'Auriol à la Paillasse, poste ; de la Paillasse à Valence, poste.

118 l. VALENCE est une Ville Episcopale, Suffragante de Vienne, dont l'Evêque est Seigneur temporel, & de plusieurs autres lieux du pays : elle est la Capitale du Valentinois. On la divise en Ville & Bourg, tous deux situez au bord du Rhône. Le Bourg est dans le bas arrosé d'un nombre de sources ; il est fermé de doubles murailles & de remparts. On monte un peu de ce Bourg pour entrer dans la Ville, bâtie sur une petite platte-forme ; les rues en sont fort étroites & toutes serpententes. On trouve d'abord l'Abbaye de S. Ruf, Chef d'Ordre d'une Congregation de Chanoines

Reguliers, sous la Regle de Saint Augustin, dont le bâtiment est gotique. Plus avant est le Marché, appellé *la Pierre*, à cause que les mesures dont on se sert pour vendre le bled sont creusées dans des pierres : ce lieu donne un aspect charmant. Une large rue conduit à la grande Place où est l'Eglise Cathédrale dédiée à Saint Apollinaire : l'Eglise de Saint Jean est auprès. On doit voir l'Eglise des Cordeliers, dont le Grand Autel est estimé. Les Dominicains font voir dans leur Cloître le squelette d'un Geant nommé *Buardus*, qui a quinze pieds de hauteur. L'Université de Valence fut fondée en 1452, par Louis Dauphin, fils de Charles VII. & depuis Roi, sous le nom de Louis XI. Ses Colleges ne sont pas considerables par leurs bâtimens. Celui de Médecine a un grand Jardin rempli de simples & de plantes très rares. La Citadelle de Valence a été bâtie sous François premier. Les Eglises de Saint Pierre & de Saint Jean sont remarquables par leur antiquité. Cette Ville a une Senechaussée & un Présidial, entr'autres Jurisdictions.

De Valence on arrive à Sillart, poste 1 : de Sillart à Thein, vis-à-vis Tournon, qui est de l'autre côté du Rhône, poste.

Les Curieux peuvent passer le Bacq pour aller voir le College de Tournon occupé par les Jésuites ; c'est une fondation d'un ancien Cardinal de ce nom. Ce College est fort renommé ; il est rebâti à neuf, à cause d'un incendie qui le consuma presque tout à fait, il y a sept à huit ans. L'Eglise bâtie à la Moderne est fort propre. La situation de cette Maison, sur le bord du Rhône est fort agréable, & la Bibliotheque des mieux fournies. Il est encore resté dans cette maison plusieurs morceaux curieux.

De Thein à Saint Valier, poste & demie ; de Saint Valier à Saint Rambert, poste & demie ; de Saint Rambert au Peage de Rousillon, poste ; du Peage à Auberive, poste : D'Auberive à Vienne, poste & demie.

104. *l.* VIENNE, Ville Capitale du bas Dauphiné, avec Archevêché, Bailliage, Présidial, &c. du Ressort du Parlement de Grenoble. Elle est située au bord du Rhône, & adossée à de hautes Montagnes, qui ne lui permettent de s'étendre que le long du rivage. L'Histoire nous apprend que cette Ville est si ancienne, que les Romains l'ont habité 500 ans avant la venue de Notre Seigneur Jesus-Christ ; aussi y voit-on en divers endroits quelques restes d'Amphitheatres, de murailles de Palais, & autres antiquitez.

Quoiqu'on dise que cette Ville ait été autrefois plus grande qu'elle n'est presentement, son circuit ne laisse pas d'être d'une assez vaste étendue, principalement à cause des Montagnes que ses murailles renferment, & sur lesquelles il y avoit deux forts Châteaux, appellez *Pipet & la Bassiere*; ils sont du temps des Romains, & il en reste encore une bonne partie. La petite Riviere de Guerre, qui coule entre ces Châteaux en se précipitant par les rochers, divise la Ville en deux parties fort inégales, qui ont communication par le moyen de deux Ponts.

La plus petite renferme le Prieuré de S. Martin, & l'Eglise de Saint Sévére, ornée d'une Tour quarrée. Dans l'autre partie, au pied du Château de Pipet, les Capucins ont leur Couvent & les Jesuites leur Maison & leur grand College. Après qu'on a descendu quelques rues fort étroites, qui marquent l'antiquité de la Ville, on voit une Chapelle appellée Notre-Dame de la Vie; c'étoit autrefois l'Auditoire des Romains, où le Prétoire de Pilate qui fut Gouverneur de la Ville : on y lit ces paroles ; *cecy est le Globe du Sceptre de Pilate*. Le toit est soutenu de colonnes avec leurs corniches qui font tout l'ornement de cet ancien Palais.

L'Eglise Cathédrale, dédiée à Saint Maurice, est considerable par sa grandeur : on n'y voit ni Tapisseries ni Tableaux; de même qu'à Saint Jean de Lyon. Au devant du grand Autel il y a un tombeau de François Dauphin de France, fils aîné de François premier. Cette Eglise a deux hautes Tours, & une façade très-bien travaillée: toute la voute est peinte en azur, semée d'étoilles d'or. Les murailles du Cloître sont bâties de morceaux de colonnes, avec quelques figures que l'on croit être les restes d'un ancien Amphithéatre; au haut de la premiere porte de ce Cloître il y a la tête d'un Empereur, & à l'autre ce sont des figures de Joueurs d'instrumens & de violons.

Vienne a été le lieu d'assemblée de quatre Conciles ; sçavoir en 474, où les Rogations furent instituées, en 1113, en 1119, & en 1311, où présida le Pape Clement V. Les Rois de France, d'Angleterre & d'Arragon, les Patriarches d'Alexandrie & d'Antioche y assisterent avec plus de 300 Evêques ; le fameux Ordre des Templiers y fut aboli, & la Fête du Saint Sacrement de l'Autel instituée.

Les Paroisses sont Saint Fériol, S. Georges, Notre-Dame de la Ville-vieille, Saint André le haut, Saint André le bas, Saint Severe, & Saint Martin.

L'Eglise Collegiale de Saint Pierre, &

l'Abbaye des Benedictins de Saint André le bas font à voir. La Collegiale de Saint Etienne est considerable par son Architecture & sa grandeur : Il y a aussi des Augustins, des Jacobins, des Carmes, & des Minimes ; Saint André le haut, Abbaye de Benedictines, celle de Sainte Claire, des Ursulines, des Filles bleues & un Seminaire.

La Riviere de Guerre, grossie par divers ruisseaux qui coulent des Montagnes, va se jetter dans le Rhône. Ses eaux ont une vertu particuliere pour la trempe des lames d'épées qui s'y font, dont la réputation est répandue par tout.

» Un Auteur Moderne dit, que l'Eglise
» Collégiale de Saint Sévère est bâtie dans
» un endroit où l'on adoroit cent Dieux,
» sous un grand arbre qui servoit de Tem-
» ple. Saint Sévére le fit couper & déraci-
» ner, comme le témoignent ces mots
» écrits sur une colonne, *arborem Deos Se-*
» *verus evertit, centorum Deorum.* On ra-
» conte qu'on trouva sous cet arbre une
» tête de mort remplie d'or & d'argent,
» qui servit à faire bâtir l'Eglise que l'on y
» voit aujourd'hui. Pilate Gouverneur de
» Jerusalem, sous lequel Notre-Seigneur
» fut condamné à la mort, fut envoyé de-
» puis à Vienne, où l'on voit encore le

» Prétoire où il rendoit la Justice. On mon-
» tre aussi une Tour quarrée, où l'on veut
» qu'il ait été détenu prisonnier l'espace de
» sept ans, & qu'il y soit mort ; cependant
» ce ne fut que peu après l'injuste juge-
» ment qu'il rendit contre le Sauveur du
» monde, que l'Empereur Tibere lui ôta
» son Gouvernement, & l'envoya en exil
» à Lyon, qui étoit le lieu de sa naissance,
» afin que l'extrême chagrin de se voir ex-
» posé au mépris de ses parents & de ses
» Compatriotes, lui rendit la vie plus in-
» supportable. Aussi dit-on qu'il fut telle-
» ment touché des insultes qu'il recevoit de
» ses ennemis, sans en pouvoir tirer ven-
» geance, qu'il se tua de sa propre main. Il
» y en a néanmoins qui tiennent qu'il fit
» pénitence, Dieu s'étant servi de sa fem-
» me pour le convertir. Ce qu'il y a de cer-
» tain, c'est que ce pays-là ne lui étoit pas
» étranger, & qu'il en avoit été tiré vers
» l'an quinze de notre salut, pour être
» Gouverneur de Jerusalem.

*De Vienne on va à Saint Saphorin, poste
& demie : de Saint Saphorin à Saint Fons,
poste ; & de Saint Fons à Lyon, p. Royale.*

100. l. LYON, est la Ville Capitale
du Lyonnois, dont le Gouvernement,
composé de trois petites Provinces ; le
Lyonnois, le Forests, & le Beaujollois, peut
avoir

avoir dans sa plus grande étendue du Nord au Midi, 24 lieues, & quinze ou seize de l'Orient à l'Occident. Il est borné à l'Orient par les Rivieres de la Saône & du Rhône, & par la Bresse ; au Midi, par le Vivarez & le Velay ; au Septentrion, par l'Auvergne, la Bourgogne, le Nivernois & le Berry.

La Saône sépare le Beaujollois de la Principauté de Dombes ; & le Rhône sépare le Lyonnois du Dauphiné. Le seul Fauxbourg de la Guillotiére est du Gouvernement de Lyon. Le Lyonnois & le Beaujollois sont approchant de même grandeur ; mais le Forests est plus grand lui seul que les deux autres ensemble.

Le Rhône & la Saône sont les principales Rivieres du Lyonnois, qui doit passer pour un des plus agréables cantons de la France. Il est diversifié par des plaines, & par des collines abondantes en bon bled, en vins excellents, & en marons, dont on fait estime dans toute l'Europe.

Les Lyonnois sont civils & affables aux Etrangers ; leur passion dominante est celle du gain. Lyon fait un commerce si étendu qu'on l'appelle le Magazin de la France ; & l'on dit en Proverbe, à l'égard de la magnificence de cette Ville, que si Paris est sans pareil, Lyon est sans compa-

gnon. Sa situation, qui se trouve au centre de l'Europe, ses Rivieres, la beauté de ses bâtimens & de ses promenades, la mettent au rang des plus belles Villes du monde. Son Commerce est des plus fameux, même pour la Banque & le Change. Véritablement les Manufactures y sont fort tombées depuis quelques années; mais il faut esperer qu'avec le temps elles se releveront.

La Ville de Lyon est située au confluant du Rhône & de la Saône; elle est bornée par deux hautes montagnes, & arrosée de ces deux Fleuves, entre lesquels se forme comme une Peninsule, dont l'Abbaye d'Ainai fait la pointe & le commencement. La Montagne de Saint Sebastien lui sert de Boulevard contre les vents du Nord, qui poussent souvent avec violence. Cette Peninsule, ou pour mieux dire langue de terre, ne fait qu'une partie de Lyon; mais la plus grande & la plus habitée. La Saône qui coupe la Ville en deux, lui laisse plus d'étendue de ce côté-là, que de celui de Fourviére, qui est adossé de la haute montagne de Saint Just. Pour bien voir la forme de son assiette, il faut monter à Notre-Dame de Fourviére, dont la Montagne, avec celle des Chartreux, forme le long de la Saône une maniére d'Amphithéatre de plus de demie lieue de circuit. Sur cette platteforme l'on découvre toute l'étendue de la Ville & ses environs, qui sont très-agréables, par une belle diversité de Maisons, de Jardins, de Prez, de Vignes & de Rivières.

Quoiqu'il soit difficile, dans les bouleversemens qui se sont faits d'une Ville plusieurs fois ruinée, de reconnoître les premiers vestiges de sa grandeur ; cependant l'on peut juger de l'étendue qu'elle avoit autrefois sur la Montagne de Fourviére, & sur son penchant, par quelques restes de masures de grands ouvrages publics. Elle s'étendoit sur cette Montagne, depuis Pierre-Scise jusqu'à la Porte de Saint George, & c'étoit-là sa grande face, qui regardoit le Levant, avec le bel aspect de la Saône & des Campagnes du Dauphiné.

Le Palais qui étoit au milieu de cette grande face, occupoit tout l'espace qui est depuis l'Eglise de Fourviére, jusqu'au bâtiment des Religieuses de la Visitation, dites de l'*Antiquaille*, & jusqu'à la Maison dite de l'*Angelique*, où se voyent encore les Prisons de cet ancien Palais, & plusieurs voutes souterraines.

Lyon est divisée comme en deux Villes, ou deux portions de Ville, par la *Saône* qui coule au milieu. Il occupe les croupes

G ij

& le penchant de deux montagnes ou collines, avec ce qu'il y a de plaines entre ces montagnes & les deux Rivieres du Rhône & de la Saône. De ces deux parties de Ville l'une étoit anciennement appellée le côté du Royaume, & l'autre le côté de l'Empire; dominations qui sont encore en usage parmi ceux qui navigent sur ces deux Rivieres.

La Ville de Lyon est divisée en trente-cinq Quartiers, appellez Pennonages; chacun a son Capitaine & ses Penons ou Officiers, & le service de Guet & Garde vaut titre de Bourgeoisie. Il y a aussi un Capitaine des Arquebusiers de la Ville, avec son Lieutenant & son Enseigne.

Pour voir les curiositez de cette grande Ville, il faut commencer par l'Eglise Métropolitaine nommée Saint Jean. Après l'Ascension de Notre Seigneur, & la Mission du Saint Esprit sur les Apôtres, ils se diviserent par le Monde. Saint Paul vint, dit-on, à Lyon, & y laissa Saint Irenée Evêque. Quelques-uns disent que Saint Photin en fut premier Evêque, & que Saint Irenée, Disciple de Saint Polycarpe lui succéda. Dès ce tems-là commença, à ce qu'on prétend, la Primatie de l'Eglise de Lyon, qui est aujourd'hui le premier siége de la Gaule, recevant toutes les appellations des Eglises de France qui sont portées directement à Rome. Cette Eglise Primitiale fut en premier lieu fondée par Saint Alpin quatorziéme Evêque, à l'honneur de Saint Etienne; mais elle quitta ce nom pour prendre celui de Saint Jean Baptiste, dont on voit la figure en marbre blanc au devant de la grande porte. D'autres disent à Saint Jean-Baptiste & à Saint Jean l'Evangeliste; ce qui est vrai-semblable, car on en voit les deux Statues auprès du Chœur. Cette Eglise est édifiée au milieu de quatre grandes Tours quarrées, proche le bord de la Saône; au devant il y a une Place ornée d'une Fontaine.

Cette Eglise est estimée une des mieux construites de France, quoiqu'elle soit presque sans ornement : elle est bâtie sur les ruines d'un ancien Temple dédié à l'Empereur Auguste; & elle fut fondée par Jean Roy de Bourgogne, qui la remplit de Seigneurs des meilleures Maisons de ses Etats. Le Doyen & les Chanoines prennent tous le titre de Comtes, & doivent être nobles de quatre races, tant du côté paternel que du maternel. On officie au Maître Autel la Mître sur la tête, comme les Evêques, tant le Prêtre que le Diacre & le Soudiacre. Le Rite de Lyon a beaucoup de différence d'avec les Rites des autres Eglises; l'Introïte de la Messe est court;

G iij

on dit plusieurs Oraisons de plus & de moins que dans les autres Eglises ; l'Oraison, *Libera nos quæsumus, Domine*, d'après le *Pater*, s'y chante à haute voix, & après l'*Ite Missa est*, chacun s'en va sans benediction, en disant, *Deo gratias*. L'usage est d'y chanter tout l'Office par cœur & sans Livres. Il n'y a jamais ni Musique vocale ni instrumentale, pas même des Orgues, & l'on ne s'y sert que de l'ancien plainchant Grégorien, mais fort exact ; ce qui a fait dire en Proverbe de cette Eglise, *Ecclesia Lugdunensis, nescia novitatis*. Le Grand Autel est bas, isolé, de figure oblongue, & entouré d'un balustre de cuivre, de trois pieds d'élevation, qui est ouvert des quatre côtez. Il renferme deux gradins ou marches qui tournent aussi au tour de l'Autel. Sur cet Autel, sans Retable ni tabernacle, mais revêtu de paremens aux quatre faces, il n'y a simplement qu'un Crucifix au milieu, & deux Chandeliers aux côtez où l'on brûle toujours des Cierges de cire jaune. On ne voit jamais de Tapisseries ni de Tableaux dans cette Eglise, pas même aux grandes Fêtes.

On doit remarquer la crédence du côté de l'Evangile pour son antiquité ; elle est faite de deux anciens fragmens, l'un de marbre de bon goût, & l'autre, qui sert de foutien, est d'un beau gotique. Elle a servi autrefois de table à recevoir les vœux publics faits aux Empereurs, & c'est peut-être ce qui l'a fait depuis destiner à recevoir les oblations sacrées.

Quand l'Archevêque officie, aux Fêtes de Noël, de Pâques & de la Pentecôte, il est assisté de sept Acolytes, de sept Diacres, de sept Sousdiacres, de sept Prêtres, en Chasubles, & de sept autres en Chapes. On fait l'administration, c'est-à-dire, l'essai du pain & du vin, cette fonction appartient au plus ancien des Perpetuels, en présence de tous les Diacres & Sousdiacres. Pour cela ils sortent tous du Chœur, & se rendent à la Chapelle de Notre-Dame, où le Prieur de la Plâtriere est obligé d'apporter du pain & du vin, dont on choisit le meilleur pour le Saint Sacrifice, d'où il est ensuite porté sur la crédence avec beaucoup de solemnité.

Derriere l'Autel, qui est isolé comme celui de Sainte Géneviève de Paris, est le siége Pontifical, avec sept gradins, & au dessus un Dais de Velours, sous lequel l'Archevêque se place avant & après le Sacrifice. A ses pieds, sur les gradins, sont quatre des sept Chapiers, qui tiennent sa Croix, sa Crosse, un Messel, & sa Mître en certains temps. Le Clergé est assis à

G iiij

droite & à gauche de ce siége, & forme un demi-cercle.

L'Horloge, placée au côté droit du Chœur, est une piece rare dont on fait grand cas ; c'est la plus machinale & la plus curieuse qui ait jamais été faite. Elle marque exactement le cours des Astres, & peut servir en même temps de Calendrier perpetuel & d'Astrolabe : la figure cy jointe en donnera une juste idée. Quant au dessein du tout, quoiqu'elle soit d'un moindre volume que celle de Strasbourg, elle la surpasse en beauté & en perfection. La premiere chose qu'on y remarque c'est un grand Astrolabe, selon le systême de Ptolomée, dans lequel les mouvemens des Cieux sont si bien representez, que l'on y peut distinctement reconnoître le cours des Astres, & généralement l'état du Ciel à chaque heure du jour. Le Soleil y paroît sur le Zodiaque, dans le degré du signe où il doit être, & marque journellement son lever & son coucher, la longueur des jours & des nuits, & même la durée des crepuscules ; avec une justesse surprenante. La Lune qui n'y paroît jamais éclairée que du côté qui regarde le Soleil ; marque par là aussi bien que par l'éguille, son âge, son accroissement & décroissement insensible, & enfin sa plénitude. Non seulement les douze Maisons du Soleil y sont très nettement distinguées : mais aussi la division des jours en douze parties égales, qui sont les heures inégales des Juifs, par lesquelles ils avoient coutume de compter. Une grande Allidade, qui traverse tout cet Astrolabe, donne le mouvement du Soleil dans l'Ecliptique, & marquant de ses extrêmitez les vingt-quatre heures du jour, indique en même temps le mois & le jour courant, aussi bien que le degré du signe que le Soleil parcourt ce jour là. Ce qu'on admire le plus, c'est que pendant que cette Allidade acheve en vingt-quatre heures son mouvement d'Orient en Occident, tout le systême, & chacune de ses parties conserve ses mouvemens particuliers, & toutes les révolutions particulieres s'achevent chacune en son temps sans confusion. La plûpart des Etoiles fixes sont posées tout à l'entour, selon leur véritable situation ; de sorte qu'on peut voir à toute heure celles qui se trouvent dessus & dessous l'horison. Au dessous de ce merveilleux Astrolabe, il y a un Calendrier pour soixante & six ans, qui marque les années depuis la naissance de Notre Seigneur ; le nombre d'Or, l'Epacte, la Lettre Dominicale, les Fêtes mobiles, & le tout change en un moment, à minuit le dernier jour de l'année.

L'HORLOGE DE St. IEAN DE LYON

On y voit aussi un Almanach perpetuel, fort ingénieux, qui marque les jours du mois, les ides, les nones, les calendes : la fête du jour, l'Office qu'on doit dire dans l'Eglise, & le Cycle des Epactes. Dès que le Cocq qui est au haut de cette Horloge a battu des aîles & chanté, des Anges qui sont dans la frise du petit Donjon, entonnent l'Hymne de Saint Jean, *Ut queant laxis*, en sonnant de petites cloches que l'on y a disposées exprès, ce qu'ils font avec une justesse qui donne beaucoup de plaisir.

Les sept jours de la semaine sont représentez par des figures humaines, placées dans une niche où elles se succèdent les unes aux autres, précisément à minuit. La premiere figure, qui paroît le Dimanche, est un Christ Ressuscité, avec ces mots au-dessous, *Dominica*. La seconde, une Mort, *Feria secunda*. La troisiéme, un Saint Jean-Baptiste, *Feria tertia*. La quatriéme, un Saint Etienne, *Feria quarta*. La cinquiéme, un Christ qui soutient une hostie, *Feria quinta*. La sixiéme, un enfant qui embrasse une Croix, *Feria sexta*. Et la septiéme, une Vierge ; parceque ce jour est consacré à la Mere du Sauveur, *Sabbatum*.

Au côté gauche de cette Horloge il y a un

autre Cadran pour les heures & les minutes, dont la forme étant tout-à-fait ovale, il faut que l'éguille qui les indique s'allonge & se racourcisse de cinq pouces à chaque bout, & cela deux fois par heures. Cette Horloge fut achevée par Guillaume Nourrisson, & mise en sa place en 1660, par l'ordre du Chapitre. Nourrisson n'en a pas été l'inventeur, il n'a fait que l'enrichir de quelques nouveaux mouvemens. C'est un Mathématicien de Basle, nommé Lippus, qui l'a inventée & faite. On dit que Messieurs de Lyon lui avoient fait crever les yeux, pour l'empêcher d'en faire une pareille, ce qui est une fable débitée pour rendre son Horloge plus admirable ; mais bien loin qu'on l'ait traité si indignement, il eut une pension considerable jusqu'à sa mort.

La Chapelle des Bourbons, d'une sculpture gotique, est à voir. Elle a été bâtie par le Cardinal Charles de Bourbon, Archevêque de Lyon, qui y est enterré, dans un beau Mausolé de marbre. Il a aussi fait bâtir le Palais Archiépiscopal.

On conserve dans le trésor de cette Eglise une très précieuse relique qui lui fut donnée par Jean de France Duc de Berry ; c'est la machoire inférieure de Saint Jean-Baptiste, que l'Evêque de Châlons y porta par l'ordre de ce Prince. On garde dans le même trésor le Chef de Saint Irenée, Evêque de Lyon, & celui de Saint Cyprien, Evêque de Carthage, outre quantité d'autres reliques considérables.

Après l'Eglise de Saint Jean, il y en a plusieurs considérables ; celle de Saint Paul est une grande Paroisse & riche Collégiale. Elle fut bâtie vers le milieu du sixiéme siécle, du temps du Roi Childebert, par Saint Sacerdos, qui étoit particulierement aimé de ce Monarque ; elle a été réparée du temps de Charlemagne. On y voit un ancien Tombeau d'un Comte Richard, avec trois vers bien singuliers. Richard représenté à genoux sur un marbre, s'adresse à Jesus-Christ, & lui dit : *Christe, rei miserere méi, miserere meorum.* Saint Paul le présente à Jesus-Christ, en disant ces paroles ; *Paulus ci, peto dona Dei, requiemque polorum.* Jesus-Christ donne sa benediction à Richard, & lui dit : *Pro Paulo, pro te, mecum super astra fero te.* L'Alpha & l'Omega Grecs, qui sont le monograme de Jesus-Christ, se voyent à côté de sa figure.

Vis-à-vis l'Eglise de Saint Paul est celle de Saint Laurent, qui a été rebâtie par Messieurs Maseranni, où l'on voit le tombeau du célébre Jean Gerson, Chancelier de l'Université de Paris, surnommé le Docteur très-Chrêtien, auquel plusieurs attribuent vulgairement l'excellent Livre de l'Imitation de Jesus-Christ. Après le Concile de Constance, il se retira à Lyon auprès de son frére, qui étoit Prieur des Célestins de cette Ville, & qui se nommoit le Pere Charlier; c'étoit le nom de sa famille, & Gerson est le lieu de sa naissance dans le Diocese de Rheims.

L'Eglise de Saint Irenée est fort ancienne : on y voit une Chapelle & un puits, dans lequel sont les corps & les ossemens d'un grand nombre de Martyrs. Les reliques de ce Saint & de ses Compagnons, sont aussi conservées dans cette Eglise, à l'entrée de laquelle on peut voir un morceau curieux d'un ouvrage à la Mosaïque dont il reste huit vers, qui sont un beau monument de la mort & du nombre de ces Martyrs.

Les Curieux de ces sortes d'ouvrages à la Mosaïque, en verront un morceau des plus considérables, dans la vigne de M. Cassaire, où il fut trouvé en 1676. En remuant la terre, on découvrit un pan de muraille qui étoit tout revêtu de ces sortes d'ouvrages : mais les Ouvriers les gâterent tout à fait en travaillant à les découvrir. Le pavé, qui a environ vingt pieds de longueur sur dix de largeur, est heureusement resté tout entier. Il est composé de ces petits carreaux proprement arrangez, que les Anciens appelloient *Tessellatum, Sectile, Vermiculatum pavimentum*. Le milieu de ce pavé est rempli d'un quarré de trois pieds de haut & de quatre de large, où est représenté un groupe de quatre figures très-ingénieuses & fort emblématiques. Le *Lithostrotos* où fût amené Jesus-Christ, pour être jugé par Pilate, étoit un de ces anciens pavé à la Mosaïque, que les Juifs en leur langue appelloient *Gabbata*.

La Collégiale de Saint Just est aussi fort riche : elle est auprès des Minimes qui ont un très-beau Couvent. L'Eglise de Saint George est au dessous.

Il y a trois Ponts sur la Saône, pour donner passage du côté de Fourviére à celui de la Peninsule, qui est la plus grande partie de la Ville ; sçavoir, le Pont de Saint Vincent, de trois arches de bois. Le Pont de la Saône, qui est de pierres ; il a neuf arcades, & est plus ancien de deux cens ans que celui du Rhône. Ce fut Humbert Archevêque de Lyon, qui le fit bâtir au milieu du onziéme siécle. Le Pont de Saint Georges, ou de Bellecour, composé de plusieurs arches de bois ; ce dernier aboutit auprès de la Place de Bellecour, à present nommée la place de Louis le Grand: Cette place est voisine du fameux Pont du Rhône, qui a plus de deux cens soixante toises de longueur. Le confluant du Rhône

& de la Saône est à voir, on y remarque les différentes couleurs de leurs eaux, & la rapidité avec laquelle le Rhône en se précipitant dans son cours, arrête celui de la Saône qui en est engloutie, & qui perd son nom en se mêlant dans ce Fleuve impétueux. Le Quai, bordé de plusieurs rangées d'arbres, qui regne en cet endroit jusqu'à Bellecour, sert ordinairement de Cours pour la promenade.

Il faut voir l'Abbaye de Notre-Dame d'Asnai, l'une des plus riches de la Province : l'Eglise & les Cloîtres n'ont rien de considerable pour l'Architecture ; mais ce lieu est très-remarquable pour son antiquité, c'étoit autrefois le celebre College appellé *Athenæum*, & l'on y voit encore les restes d'un ancien Temple, que Lucius Plancus Munatius avoit fait bâtir à l'honneur de l'Empereur Auguste. Ce sont les deux colonnes de ce fameux Temple d'Auguste, que les soixante Nations des Gaules, qui negocioient à Lyon, firent bâtir à son honneur, il y a plus de dix-sept siécles, au confluant du Rhône & de la Saône. Ces deux colonnes, qui ont été depuis partagées en quatre, soutiennent aujourd'hui la voute du Chœur de cette Eglise.

Les Curieux doivent remarquer un bas relief de marbre engagé dans le tour du clocher d'Aifnaf, immédiatement au deffus de la porte par où l'on entre à l'Eglife. Le Pere Méneftrier, dans fon hiftoire de la Ville de Lyon, croit que c'eft un vœu d'un Médecin, nommé Philenus Egnatius, à la Déeffe de l'Abondance, fous le nom de Mere Sainte. *Matri Augufta Philenus Egnatius Medicus.* Cette Déeffe de l'abondance, qui eft repréfentée au milieu de deux autres figures affifes comme elle, tient d'une main une Patére, inftrument des Sacrifices anciens, & de l'autre une corne d'abondance, fon fimbole particulier. Les deux figures qui l'accompagnent tiennent chacune deux pommes, autres fimboles de fertilité. Ce même Pere veut que ces deux figures foient les deux côtez de la Riviere de Saône, & les deux portions du pays des Ségufiens, également fertiles & abondantes: & que par la Patére ce Medécin prétendoit que l'on reconnût que l'on tenoit des Dieux cette abondance, & qu'il falloit fe les rendre propices par des facrifices & des libations.

L'Eglife d'Aifnai a été bâtie fur les ruines de l'ancien Temple d'Augufte. Il y a environ 600 ans qu'elle fut confacrée par le Pape Pafchal II. & on voit encore au pied du grand Autel un ouvrage à la Mofaïque qui reprefente la figure de ce Pape avec ce

vers

vers a demi rongé par le temps. *Hanc Ædem Sacram Paschalis Papa dicavit.*

On montre encore sous le Chœur de cette Eglise, le Crypte ou Chapelle souterraine dediée à Saint Photin & à Sainte Blandine. La Chapelle qui est à main gauche du Grand-Autel, passe pour être la premiere qui ait été dédiée à l'Immaculée Conception de la Sainte Vierge.

La Place de Louis le Grand, cy-devant Bellecour, est la plus belle de toutes celles de la Ville ; on s'y promenoit autrefois à l'ombre de beaucoup de Tilleuls plantez d'un bout à l'autre de cette grande explanade ; mais aujourd'hui la nouvelle Place se trouve à côté de ces arbres, ayant été diminuée pour la rendre reguliere ; ainsi, ils forment à gauche de grandes allées, terminées d'un bout par le Rhône ; & de l'autre par la Saône. On y découvre Fourviére dont l'aspect est des plus agréables. La Statue équestre de Louis le Grand, qui orne la nouvelle Place, a été fondue à Paris sur le modele de *Coizevox*, & les deux figures de marbre representant le Rhône & la Saône qui sont posées sur le pied-destal, ont été aussi faites à Paris par *Coustoux* l'aîné : les Maisons qui bornent cette Place aux deux côtez des fleuves ont été bâties en partie depuis peu, pour la rendre quarrée, d'oblongue qu'elle étoit.

H.

Sur la gauche, après les allées du Cours, & du côté d'Aifnai, est le fameux Hôpital de la Charité, fondé par Childebert & par la Reine Ultrogote. Ce lieu est d'une grande étendue, & renferme un si grand nombre de pauvres, qu'on peut dire qu'il s'y trouve vingt Hopitaux réunis en un seul. Les Greniers à bled sont une curiosité à voir, & font tous les jours l'admiration des Etrangers.

Après la Place de Louis le Grand, celle des Terreaux mérite le second rang : elle est embélie de la plus belle fontaine de la Ville. Le Monastere Royal des Dames de Saint Pierre, Ordre de Saint Benoist, l'orne beaucoup d'un côté, & l'Hôtel de Ville de l'autre.

L'Hôtel de Ville de Lyon est un des plus magnifiques & des plus reguliers de l'Europe : c'est un grand édifice élevé sur un plan quarré-long : il est construit de Pierres blanches. Quatre gros Pavillons en font le dessein pour le dehors ; & le dedans est d'une grande beauté. La façade flanquée de deux gros Pavillons quarrez, est ornée d'un superbe Balcon doré, porté par deux belles colonnes de Porphire d'ordre Ionique. Sa principale entrée est ornée de plusieurs colonnes choisies qui forment en dedans un vestibule fort spacieux & magnifique. Elles soutiennent un gros Horloge placé dans un Donjon entre deux Pavillons. En entrant dans ce vestibule on trouve d'abord le Buste de Philippe le Bel, qui établit le Consulat à Lyon; celui de Charles VIII qui l'annoblit à perpetuité; & celui d'Henri IV. qui le réduisit à un Prévost des Marchands, quatre Echevins un Procureur & un Secretaire. Après qu'on a monté quelques degrez, on lit sur les anciennes tables d'airain, la harangue que l'Empereur Claude prononça pour obtenir du Senat, en faveur des Lyonnois le droit de Bourgeoisie Romaine. La premiere Cour contient trois grands corps de logis, qui joignent quatre petits Pavillons, & une galerie découverte qui fait la séparation de l'autre cour, laquelle termine par deux des quatre gros Pavillons qui sont aux quatre coins de ce grand édifice. Derriere cette gallerie on descend dans un Jardin; & devant dans la Cour, il y a une grande Fontaine avec un Bassin de marbre blanc, au milieu duquel est une tête d'Elephant en bronze, qui jettoit autrefois de l'eau par sa trompe.

L'escalier qui conduit aux Apartemens passe pour un ouvrage achevé: il est enrichi de très-belles peintures qui représentent l'incendie de Lyon sous Neron. Il rend dans une Salle magnifique par sa grandeur

& ses peintures. De cette Salle, on passe par une petite galerie, dans une autre salle où l'on voit les Portraits de tous les Rois de France qui ont porté le nom de Louis. Le plafond est orné de bons morceaux de Perspective. Outre plusieurs autres Salles, il faut encore voir celle où le Prevost des Marchands & les Echevins s'assemblent.

Il y a dans cet Hôtel divers Tribunaux, qui ont chacun leur Chambre à part, où ils exercent leur Jurisdiction. La Chambre du Consulat a son plafond & ses lambris dorez & enrichis de belles peintures. La Chambre de la Conservation est aussi très-magnifique. On a donné le nom de Conservation à un Tribunal singulier qui juge *gratis* des affaires du Négoce, & en dernier ressort jusqu'à cinq cens livres. Ses Jugemens sont executez par tout le Royaume & dans les Pays Etrangers, sans *Parentis* & sans *Visa*. Outre ces deux Chambres, il y en a deux autres pour regler la Police, & pour maintenir l'abondance.

L'Hôtel-Dieu est situé le long du Rhône; l'édifice en est grand: Il y a un Pavillon au milieu de quatre grandes Salles, d'où tous les malades peuvent entendre la Messe. La rue de l'Hôpital est une des grandes de Lyon, de même que celles de la Grenette, du Bois, de Flandre, de Saint

Jean, & la rue Merciere. Cette derniere commence à la Place Confort, ou des Jacobins, dont l'Eglise merite d'être vûe. Dans la Chapelle de Saint Thomas il y a un tableau de *Salviati*, qui représente ce Saint Apôtre convaincu à la vûe de Jesus-Christ ressuscité. Ce tableau est d'un très-grand prix : on dit que la Reine Mere voulût le payer avec autant de Louis d'or qu'il en faut pour le couvrir, quoiqu'il soit fort grand.

On voit aussi dans cette Eglise d'autres Tombeaux de plusieurs grands hommes, dont les principaux sont le fameux Guillaume Durand Evêque de Mende : le Cardinal Hugues de Saint Cher, Auteur des Concordances de la Bible ; Jacques d'Aléchamps, habile Medecin ; Santes Pagninus, Auteur de la Traduction Latine de la Bible qu'on voit dans la belle Polyglotte de Philippe II. Les Princes de la Maison de Bourbon, qui moururent à la Bataille de Breignais, ont leur sepulture près le Chœur : on y voit leur Epitaphe en marbre noir. C'est dans le Cloître de cette Maison, que le dernier Dauphin nommé Humbert, donna l'investiture du Dauphiné à Charles de France, Duc de Normandie, fils du Roy Jean.

Dans la Place Confort, il y a un Obélisque triangulaire, élevé, sur trois pommes de bronze, à la gloire d'Henri IV. Le Nom de Dieu y est gravé en vingt-quatre Langues. La rue Merciere, remplie en partie par des Libraires, finit proche Saint Nisier, dans le Marché, qui est le quartier le plus riche & le plus marchand.

Saint Nisier est une Eglise Paroissiale & Collégiale des plus considérables; elle étoit autrefois la Cathédrale qu'on nommoit l'Eglise des SS. Apôtres. Son grand Portail est à voir. Le dedans est orné de plusieurs grands Tableaux, entr'autres d'un Jugement dernier, qui est peint à fresque sur le mur au dessus de la porte.

C'est dans la Cripte où Chapelle souterraine de cette Eglise, que S. Photin assembloit les premiers Fidéles durant la persécution. On y porta depuis les cendres de ce Saint & de ses quarante-huit Compagnons, qu'on appelle les Martyrs d'Aisnai, *Martyres Athanacenses*; & ce fut à cette occasion qu'on commença à faire dans Lyon cette fameuse fête DES MERVEILLES, si celebre dans les écrits de Saint Gregoire de Tours, & d'Adon.

Les Jesuites ont dans Lyon trois Maisons dont deux sont Colleges; le petit est dans le quartier de Fourviére, & le grand, plus bas que les Terreaux; c'est un des plus magnifiques du Royaume. La cour en eſt admirable pour ſes peintures qui repréſentent tous les Blazons de chaque Province de France, & l'Hiſtoire entiere de cette Ville; où l'on voit les choſes les plus mémorables qui s'y ſont paſſées depuis la fondation.

L'Egliſe eſt très-belle, & dediée à la Sainte Trinité. De la Bibliotheque de ces Peres, magnifiquement bâtie par la Maiſon de Villeroy, on voit les Alpes toujours couvertes de neiges. Ils ont un Cabinet de Médailles & d'autres Antiques qui ont été recueillies par le Pere la Chaiſe ; c'eſt une ſuite d'Empereurs Romains, en bronze, en argent & en or ; des Idoles de Rome & d'Egypte, des Lampes inextinguibles, & des Taliſmans. La Chapelle de la Congrégation de ce lieu eſt riche.

Les Carmes ont deux Couvents, l'un près les Terreaux, & l'autre ſur le bord de la Saône, dans une agréable ſituation; entre le Pont Saint Vincent & celui de la Saône. Ils ont fait dans leur Jardin une terraſſe de terres tranſportées, d'où ils ont une vûe admirable, auſſi bien que d'un petit cabinet bâti ſur un Rocher eſcarpé, qui va rendre juſqu'au pied du fleuve. L'élévation en eſt ſi grande, qu'on ne ſçauroit regarder ſans frayeur du haut en bas : comme il eſt ouvert de tous côtez, la vûe à la liberté entiere de s'étendre. Leur Eglise est proprement ornée, & fort frequentée.

Ensuite, il faut voir l'Eglise des Cordeliers, fondée par Charles VIII. & Anne de Bretagne. On y doit remarquer la magnifique Chapelle qu'on dit être du dessein de *Michel Ange*. Elle est soutenue par quatre grandes colonnes d'un beau marbre gris d'une seule piece. Le Tableau de l'Autel represente un Saint François de *Vannius*. L'Eglise des Observantins de Saint Bonaventure est remarquable, sur-tout par le Chef de ce Saint qu'on y conserve dans un riche Buste. On montre dans la Maison la Chambre où il mourut : elle a été peinte par le vieux *Stella*, depuis qu'elle a été changée en Chapelle.

Près de cette Eglise on trouve la Chapelle Royale des Pénitens blancs du Gonfalon, dont la Compagnie a été fondée par Saint Bonaventure, & à laquelle Henri III. s'associa en passant à Lyon.

Les autres Eglises sont celles des Prêtres de l'Oratoire, des Célestins, des Récollets, des Carmes déchaussez, des Peres de Saint Antoine, &c. Les Filles de la Visitation, qui conservent le cœur tout entier de Saint François de Sales. Le Couvent de Sainte Elizabeth ; les Carmelites, où Messieurs de Villeroy ont leur tombeau dans une Chapelle des plus superbes. On

On compte six Portes à Lyon ; la premiere est celle d'Alincourt qui est au bord de la Saône ; c'est par où l'on sort pour aller voir l'Isle-Barbe, dont je parlerai cy-après. Il y a dans cette Isle des restes de Châteaux considerables par leur antiquité ; les Eglises de Notre-Dame & de Sainte Anne, & des Maisons de plaisance fort agréablement situées.

La seconde Porte est celle de Saint Etienne, ou de la Croix rousse, avec son Faubourg, l'un des quatre de la Ville, qui sont les Faubourgs de Vêze, de Saint Just, de la Croix rousse, & de la Guillotiere.

La troisiéme porte est celle du Rhône, où est un Pont sur ce Fleuve, appellé le Pont du Rhône, ou de la Guillotiere : parcequ'il conduit au Faubourg de ce nom, reputé Bourg du Dauphiné depuis 1696. Il est bâti fort étroit avec de grosses pierres de tailles ; il a deux cens soixante toises de longueur, sur dix-neuf ou vingt grandes Arches. Au milieu est une Croix & une Tour que l'on dit faire la séparation du Lyonnois & du Dauphiné. Les Bourgeois gardent les Portes de cette Ville ; mais plus particulierement celle du Rhône, parcequ'elle est la plus frontiere des Terres étrangéres. Cette Porte du Rhône ferme ordinairement après le Soleil couché, sur-tout en temps de Guerre. En 1712 il arriva un funeste accident en cet endroit qui merite ici sa place.

Un jour de Fête, de Saint Denis de Bron, qui est au-delà de la Guillotiere, il sortit de Lyon un grand nombre de personnes pour aller à cette Fête ; & comme les moins pressez attendent toujours la derniere heure pour revenir, l'affluence fut extraordinaire sur le Pont. Le Caporal ou Sergent qui commandoit au Corps de Garde de la Porte, soit pour tirer de l'argent, ou autrement, la fit fermer demie heure plûtôt que de coutume, & précisément dans le tems que chacun s'empressoit d'arriver pour entrer dans la Ville. Les premiers arrivez voyant la Porte fermée, & ne pouvant la faire ouvrir, voulurent retourner sur leurs pas; mais la multitude étoit si grande sur ce Pont, qu'il leur fut impossible de retourner en arriere, de maniere qu'en un instant le Pont, qui, comme on l'a dit est étroit, fut plein de gens, lesquels se jettant les uns sur les autres pour aprocher de la Porte, & se trouvant pressez par ceux qui arrivoient de la Guillotiere, furent réduits à une telle extrémité, qu'avant que les cris qu'on poussa dans cette foule eussent fait ouvrir la Porte du Pont ; il y eût plus de 400 personnes d'étouffées, tant contre les parapets, que les uns contre les autres ; ce qui est presque incroyable. Celui qui avoit fait fermer la Porte avant l'heure fut rompu vif, & plusieurs de ses camarades pendus.

La Porte de Saint George est la quatriéme ; elle est au bord de la Saône, à l'endroit où cette Riviere entre dans le Rhône. La cinquiéme est celle de Saint Just, où est un Faubourg, avec le Prieuré de Saint Irenée, & quelques antiquitez un peu par-delà. La sixiéme Porte est celle de Vêze, qui est un grand Faubourg ; il ouvre le chemin de Paris, que l'on trouve à son entrée bordé de collines, remplies de Maisons de plaisance très-agréablement situées.

La Chapelle des Pénitens bleus, admirable pour ses dorures, est proche le Quai du Rhône, où est une belle promenade. Il faut aller à la Croix rousse voir le Couvent des Chartreux : ils ont une terrasse fort élevée, d'où l'on découvre toute la Ville; leurs Cloîtres sont fort spacieux, & dans l'enclos de leur jardin, qui va en penchant du côté de la Saône ; il y a des vignes qui produisent d'excellent vin.

Le Château de Pierre-cize est de l'autre côté de la Saône. Il est situé sur l'échine d'un rocher, & d'autant plus fort qu'il est très escarpé du côté de la Riviere qui passe tout auprès. De l'autre il est défendu par un large fossé accompagné d'autres ouvrages. On y monte par plusieurs dégrez taillez dans le roc ; d'où sort une grosse source à l'usage du Château. Sur la Platteforme il y a quelques pieces de Canon qui défendent l'entrée de la Saône & de la Porte de Vêze. Ce Château étoit ci-devant la demeure des Archevêques, qui l'ont vendu au Roy, depuis qu'ils en ont fait bâtir un autre près de la Cathédrale.

Notre-Dame de la Plastriere n'est pas éloigné du grand Quai, qui est le long de cette Riviere ; de même que la Douanne, dont les droits rapportent un revenu considerable. Toutes les Marchandises qui arrivent à Lyon y sont visitées. On y apporte particulierement des soyes de Messine, de Sicile, de Naples, de Florence, & autres Villes d'Italie, de Provence & de Languedoc. C'est une curiosité que de voir les Moulins à soye, qui dans leur grandeur sont ajustez de telle maniere, qu'une femme, quoique foible, en peut tourner un facilement. Ils sont enchaînez les uns avec les autres, & un seul mulet en fait ordinairement tourner sept ou huit.

Il faut voir les Masures de l'Isle-Barbe ; cette Isle a vers le Nord un grand rocher fort élevé, qui par l'obstacle qu'il met en ce lieu au cours libre de la Riviere, a contribué à la formation du reste de l'Isle, par les sables & les terres qui s'y sont arrêtées. Elle fut d'abord nommée Isle Barbare, *Insula Barbara*, parceque n'étant au commencement qu'un écueil sauvage & stérile, où l'on ne voyoit que des épines & des ronces, elle n'étoit pas propre à fournir aux hommes des habitations commodes. On tient que cette horreur naturelle, qui la rendoit inhabitable, en fit une retraite sûre à quelques Chrétiens durant la persecution de l'Empereur Sévére, après que cet Empereur n'eût fait qu'un vaste désert de la Ville de Lyon, par le massacre de ses Habitans qui s'étoient attachez à la fortune d'Albinus son Compétiteur à l'Empire. Il obligea par ce moyen les plus timides des Fideles, qui se défioient de leur constance à soutenir la Foi Chrétienne au milieu des tourmens, pour se dérober aux violences de ce Persécuteur, à chercher dans cette Isle une retraite ; où enfin plusieurs Chrétiens plus fervens se dévouerent depuis à un martyre plus long, y menant une vie sainte & laborieuse, à la maniere des Anachorétes de la Thébaïde.

On voit dans cette Isle, qui a été depuis habitée, quelques restes des vestiges d'antiquité de ces temps-là, assez considerables, entre autres ; quelques bas reliefs de Tombeaux d'un assez bon goût. L'un représente les quatre Saisons, sous les figures de quatre Génies, qui sont aîlez comme le Temps, dont ils distinguent les parties dans le cours d'une même année. Le Printems porte un panier de fleurs. L'Eté, un panier rempli d'épics, avec des pavots. L'Automne, un panier de raisin avec sa serpe. L'Hiver tient un Liévre par les pattes de derriere, & un voile sur sa tête, tant pour représenter le froid, que le Ciel couvert & nébuleux en cette Saison. Aux angles de la bordure sont les figures du Rhône & de la Saône. L'autre bas relief a les images a demi corps de Bacchus, d'un Dieu Silvain, de Pan avec ses siflets, & d'un Faune.

Près de la Porte de Vêze on voyoit il y a quelques années un Tombeau antique, appellé *des deux Amans*. C'étoit une maniere d'Autel ou de Tombeau, dont l'Architecture paroissoit être du siécle d'Auguste. Comme il n'y reste plus d'inscription, & qu'aucun Auteur ancien n'en a parlé, on a fait là-dessus plusieurs contes fabuleux. On s'est imaginé que c'étoit le Tombeau d'Herode & d'Herodias, qui furent releguez à Lyon, où ils moururent, comme dit Joseph. Une autre tradition porte, que c'est le tombeau de deux Amis, qui moururent de-joye en se revoyant. Mais l'opinion la plus raisonnable, suivant le Pere Ménéstrier, c'est que ce monument en forme d'Autel ou de Temple, fut consacré à la memoire d'un Prêtre d'Auguste, nommé AMANDUS, par deux de ses Affranchis, qu'il avoit fait ses héritiers. On voit encore dans le Cloître de Saint Jean, dans la Maison du Comte de Chalmazel, Chantre de cette Eglise, cette ancienne Inscription, qui apparemment étoit jointe à ce monument, & où il est parlé d'*Amandus* & de ses deux Affranchis. *T. Claudi Amandi III. Vir. Aug. Lugd. Patrono sanctissimo, Claudi Peregrinus & Primigenius, liberti & heredes. P. C.*

On doit aussi observer les Aqueducs de Marc-Antoine, hors de la Porte de S. Just, que ce Questeur Romain, intime ami de Jules César, qui étoit campé de ce côté-là, fit faire avec des dépenses immenses. Ces Aqueducs sont bâtis de pierres quarrées, & arrangées avec beaucoup d'art & de propreté.

Il y a quelques années qu'en creusant la terre aux environs on découvrit des restes de l'incendie de la Ville de Lyon sous Neron; & parmi les autres marques de cet incendie, on trouva deux tuyaux de plomb à moitié fondus, qui servoient à distribuer l'eau de ces Aqueducs; on les conserve dans le Cabinet du College des Jesuites.

On montre encore à present sur la Montagne de Saint Just, dans la Vigne des Religieuses Ursulines, un réservoir bâti par les Romains, pour y conserver les eaux qui venoient par ces Aqueducs. Ce réservoir, qui est un monument très-curieux & tout entier, a 45 pieds de long & 44 de large, & la muraille de trois pieds d'épaisseur.

Pour achever le détail des autres curiositez de cette Ville, qui demanderoient un Volume entier, je me bornerai à les indiquer seulement. Ainsi il ne faut pas oublier de voir le Palais, l'Arsenal, les trois Forts qui sont avec Pierre-cise dont j'ai parlé, le Boulevart ou Fort de S. Jean, & le Fort de Saint Clair, la Maison des Antiquailles, la Statue de Monsieur de la Roche, la Claire & la Duchere, deux Maisons de Campagne hors la Porte de Vêse, les grands chemins d'Agrippa, l'ancien Théatre ou Amphitéatre, dans l'enclos des Minimes, dont la Sacristie & le Cloître sont des pieces à voir. Le Dieu Mithra, adoré anciennement à Lyon; on le voit sur le grand escalier de l'Hôtel de Chévrieres, dans le Cloître Saint Jean, les ruines du Palais des Empereurs, le Jeu de l'Arquebuse, & une infinité d'autres singularitez dont le détail passeroit les bornes de ce Livre.

Les Habitans de Lyon sont assez honnêtes gens. Ils ne manquent pas d'esprit, quoiqu'on remarque que le Sang Suisse s'est un peu mêlé avec le Sang Lyonnois. Les femmes y seroient très belles, si elles ne perdoient pas si-tôt leurs cheveux & leurs dents; ce que l'on attribue aux brouillards qui couvrent souvent la Ville. Au reste les filles & les femmes aiment fort la propreté en toutes choses, & même la galanterie, pour ne pas dire la coquetterie. On vit fort délicieusement à Lyon; on n'y trouve point de Gargottes; il n'y a que des Hôtelleries bien fournies, & des Traiteurs, ou bien des Cabarets où l'on ne vend que du vin; mais les loueurs de Chambres garnies aprêtent ordinairement à manger à leurs Hôtes, s'ils le désirent.

Voitures ordinaires de Lyon à Paris, & de Paris à Lyon.

Les Carosses & Messagers de Lyon à Paris, qui logent rue de Flandre, partent tous les deux jours à quatre heures du matin. On paye soixante & quinze livres par place pour Paris, & cinq sols pour livre pour le port des hardes, hors vingt-cinq livres qui sont franches.

Le Voyage de Paris à Lyon se fait par

la Diligence, que l'on trouve à l'Hôtel de Sens, près de *l'Ave Maria*. On paye par place soixante & quinze livres : elle part tous les deux jours. On trouve aussi au même lieu des Carosses qui partent de deux jours en deux jours. Ils passent en Hyver & en Eté par la Bourgogne. On part à quatre heures du matin Hyver & Eté. Il y a aussi des Voitures d'eau de Paris à Lyon, on paye trente cinq livres, & l'on est dix jours en chemin.

Les Lettres de Paris à Lyon partent tous les soirs à minuit, hors le Dimanche. Elles arrivent les Dimanches, Mardis & Vendredis. On paye six sols la simple Lettre, sept sols avec envelope, dix sols la Lettre double, & vingt-quatre sols l'once des paquets. Pour le Dauphiné ; sept sols la simple Lettre, huit sols avec envelope; douze sols la Lettre double, & vingt-huit sols l'once des paquets. Pour la Provence elles partent les Lundis, Mercredis & Vendredis à minuit : On paye huit sols la simple Lettre, neuf sols avec envelope ; quatorze sols la Lettre double, & trente-deux sols l'once des paquets.

De Lyon à Rome, & de Rome à Lyon, on paye huit sols pour la simple Lettre, neuf sols avec envelope, quatorze sols pour la Lettre double, & 32 sols pour l'once des paquets.

ROUTE DE LYON A PARIS,
par Moulins, Nevers, la Charité, Cosne, Briare Montargis, &c.

CEUX qui voudront suivre la route de Bourgogne, par Mascon, Châlons, Dijon, Auxerre, &c. la trouveront ci-après.

On sort de Lyon par la porte de Vèse, pour aller à la Tour, poste Royale ; de la Tour à la Bresle, poste ; de la Bresle à la Croisette, poste ; de la Croisette à Tarare, poste.

TARARE est un Bourg du Lyonnois fort marqué de Voyageurs, à cause de sa haute montagne d'une grande lieue de chemin, qui coute beaucoup de peine à passer; on descend jusqu'à la Fontaine, & peu après on monte fort rudement entre les Pins & les bois jusqu'à Tarare.

De Tarare à la Fontaine, poste & demie ; de la Fontaine à Saint Simphorien, poste ; de Saint Simphorien à l'Hôpital, poste ; de l'Hôpital à Roane, poste.

84. *l.* ROANE ou ROUANNE, Ville du Comté de Forests, est située sur la Loire, qui lui est d'un avantage très considérable, pour l'embarquement des marchandises qu'on y envoye de Lyon, qui n'en est

éloignée que de douze lieues. Cette commodité lui a attiré beaucoup de riches Marchands, qui l'ont embelli de plusieurs grands édifices, & de belles Maisons, dont on voit les principales en traversant la grande rue, qui est la partie la plus considerable de cette Ville. Les Jesuites y ont une Maison & un College ; les Eglises des Capucins & des Minimes sont à voir.

On s'embarque à Roane pour descendre la Loire dans des batteaux couverts appellez *Cabannes*, pour Orleans, Tours, Angers, jusqu'à Nantes, où l'on arrive bien plûtôt que par terre, pourvû que l'on n'ait pas tout-à-fait le vent contraire.

De Roane à S. Germain de l'Epinasse, poste & demie : de Saint Germain à la Pacaudiere, poste & demie ; de la Pacaudiere à S. Martin d'Estraux, poste; de S. Martin à Droiturier, poste ; de Droiturier à la Palice, poste ; de la Palice à Saint Geran, poste ; de Saint Géran à Varennes, poste ; de Varennes à Eschirolles, poste ; d'Eschirolles à Bessay, poste ; de Bessay à Sannes, poste ; de Sannes à Moulins, poste.

65 *l*. MOULINS, Ville Capitale du Bourbonnois, est située sur l'Allier, qui y reçoit la petite Riviere de Daune, au milieu d'une belle campagne, à douze lieues de Nevers. Les anciens Ducs de Bourbon,

qui y ont fait leur séjour le plus ordinaire, ont fait bâtir le Château, qui est encore dans sa premiere beauté, & dont l'agréable situation y avoit attiré plusieurs Rois de France. Il est plus élevé que la Ville ; & la vûe donne sur la Riviere de l'Allier, & sur la Campagne qu'elle arrose. Ce Château consiste en un grand corps de Logis qui commence à un gros Pavillon qui a la forme d'une Tour quarrée, fort haute, & toute de pierres de taille, comme les deux autres de la principale entrée.

Le Palais est un bâtiment neuf où l'on tient le Présidial, qui ressortit au Parlement de Paris. La Généralité de Moulins est composée de neuf Elections. La Ville dépend de l'Evêché d'Autun pour le spirituel.

Moulins s'est tellement augmenté, qu'il peut passer pour une des belles & des plus riches Villes de France. L'endroit le plus curieux est le Couvent des Filles-de la Visitation de Sainte Marie, dont l'Eglise est enrichie de marbres choisis, & de belles peintures. On y voit le magnifique Tombeau que Madame de Montmorency fit faire au Duc son Epoux, qui eut la tête trenchée à Toulouse le 30 Octobre 1632. Ce monument est d'un dessein parfait, & encore plus superbe dans son execution que dans sa matiere. Il y a des figures aux quatre coins, qui représentent Mars, Pallas, la Magnificence & la Liberalité; & au-dessus deux Anges qui soutiennent une Urne où repose le Cœur de ce Duc. Le Corps est aux Jésuites de Toulouse.

De la Place de Paris on passe dans la vieille Ville, où l'on trouve à main droite le Château, & un peu plus avant l'Eglise Collégiale de Notre-Dame. La Chartreuse est hors la Ville: le bâtiment a plûtôt l'aparence d'un Palais que d'une habitation d'Hermites. L'Eglise, les Cloîtres & les Jardins sont à voir.

Le Faubourg de l'Allier n'est rempli que de Couteliers, dont les ouvrages, soit pour la trempe ou pour la beauté du travail, sont estimez dans toute l'Europe; aussi en fait-on un Commerce des plus considerables.

On va de Moulins à la Perche, poste; de la Perche à la Villeneuve, poste; de la Villeneuve à Chantenai, poste; de Chantenai à Saint Pierre le Montier, poste.

60 *l.* S. PIERRE LE MONTIER; Ville du Nivernois, située entre l'Allier & la Loire, à sept lieues de Nevers & de Moulins, a peu d'étenduë, quoiqu'il y ait un Présidial, dont Nevers releve. Le Prieuré de Saint Pierre, Ordre de Saint Benoît,

est un Bénéfice très-considerable. Le Prieur est Seigneur en partie de la Ville, & même l'Eglise de Saint Babille, qui en est la seconde Paroisse, dépend de ce Prieuré, dont la moitié de l'Eglise sert de Paroisse ; & l'autre moitié sert aux Religieux pour chanter l'Office.

De Saint Pierre le Montier à Villars, il y a une poste ; de Villars à Magni, poste ; de Magni à Nevers, poste.

54 *l.* NEVERS, Ville Capitale du Nivernois confine avec la Bourgogne à l'Orient ; la Puysaye au Nord ; le Berry à l'Occident, & le Bourbonnois au Midy. Elle est arrosée de plusieurs Rivieres qui contribuent beaucoup aux richesses de ses Habitans, qui font un grand trafic de fer & de bois.

La Ville de Nevers est située sur bord de la Loire, où se décharge la petite Riviere de Niévre, qui a donné le nom à Nevers. L'Eglise Cathédrale de Nevers, dont l'Evêque est suffragant de Sens, est dédiée à Saint Cyr ; les Reliques de ce Saint y sont conservées. Il y a onze Paroisses dans Nevers, & plusieurs Couvents & Abbayes, entre lesquels, celle de Saint Martin, Abbaye d'hommes, de l'Ordre de S. Augustin; celle de Nôtre-Dame, Abbaye de Benedictines, le Couvent des Minimes, celui des

Dominicains, & le Prieuré de Saint Sauveur, réuni au grand Prieuré de Cluni, sont les plus considérables. Les Jesuites, près la porte des Ardilliers, sont à voir.

Le Palais des Ducs de Nevers est un grand corps de Logis, entre deux grosses Tours, avec une Cour d'un côté, & un Jardin de l'autre ; il fait face à la place Ducale, dont les Maisons sont de même construction. Ce fut dans ce Palais que Jean Casimir Roy de Pologne, mourut le 16 Decembre 1672. Il faut voir le Couvent des Cordeliers près de ce Palais ; l'Eglise en est magnifique. Les Tombeaux du Duc Jean, & de Catherine de Bourbon, sur la droite ; & ceux de Louis de Gonzague Duc de Nevers, & d'Henriette de Cleves sa femme, sur la gauche, méritent attention.

Le Lieu le plus remarquable, dans la grande rue, est la *Verrerie*, qu'on peut apeller le petit *Muran* de Venise, pour la singularité des differents Ouvrages de Verre qui s'y font; la Fayence se fabrique du côté du Prieuré de Saint Sauveur.

Nevers a un Bailliage qui ressortit au Présidial de Saint Pierre le Montier. Les quatre Echevins y sont élûs par vingt-quatre Conseillers, qui representent le Corps de Ville.

De Nevers à Pougues, poste & demie; de Pougues à Barbeloup, poste: de Barbeloup à la Charité, poste.

LA CHARITE' est une Ville du Nivernois, à sept lieues de Bourges & la moitié du chemin de Lyon à Paris. Elle est située sur le penchant d'une coline, qui descend agréablement sur le bord de la Loire, que l'on passe sur un Pont de pierre.

Le Prieuré de ce lieu, Ordre de Saint Benoist, dépend de l'Abbaye de Cluni. Le Prieur est Seigneur spirituel & temporel de la Charité. Les restes de l'Eglise de ce Prieuré, dedié à Notre-Dame, font juger de son ancienne beauté; pour peu que l'on en considére la construction. On voit dans le Chœur quelques ouvrages de Mosaïque qui réprésentent des animaux. Le Cloître qui est tout vouté, & le Réfectoire méritent d'être vûs.

En sortant de cette Eglise, on trouve une Chapelle célébre par les miracles qu'on en raconte, & fort frequentée par les Pélerins. Elle est dédiée à Sainte Radegonde, quatriéme femme du Roy Clotaire, qui, par le consentement de ce Prince, se fit Religieuse dans l'Abbaye de Sainte Croix de Poitiers, où elle mourut en 527. Il y a un Baillage en cette Ville; & parmi quelques bâtimens assez propres, on y remarque une

Halle d'une très grande longueur. Les ouvrages de Verrerie sont aussi fort en régne à la Charité.

De la Charité à Meuves, poste; de Meuves à Pouilly, poste; de Pouilly à Maltaverne, poste; de Maltaverne à Cosne, poste.

COSNE, Ville du Nivernois, située au bord de la petite Riviere de Noaym, est assez proche de la Loire, dans un très-bon pays, pour la quantité de bled & de vin qu'on y recueille. La plûpart des rues en sont si étroites & si tournoyantes, qu'elles ressemblent à un labirinthe. La Ville est par consequent fort mal bâtie, si l'on en excepté les environs du marché, qui en font le quartier le plus agréable. Elle est environnée de Fossez. Ses Faubourgs l'égalent presque en grandeur, & la surpassent en beauté. Celui de Lyon en est séparé par la petite Riviere, & fermé de murailles; sa grande rue est très-belle. Cosne est separée du Berry par la Loire. On y fait un grand commerce d'ouvrages de Coutellerie.

De Cosne à la Selle, poste; de la Selle à Neuvy, poste; de Neuvy à Bosny, poste; de Bosny à Ousson, poste: & d'Ousson à Briare, poste.

BRIARE est une petite Ville du Gastinois, située sur la Loire. Elle n'a rien de considerable qu'une longue rue remplie d'Hôtelleries & de Maréchaux, à cause qu'elle est sur le grand chemin de Lyon; mais elle est fort connue par le Canal de Briare, qui donne communication de la Loire avec la Seine par le moyen du Loing. Il fut entrepris sous le regne d'Henri IV. & achevé sous celui de Louis XIII, par les soins du Cardinal de Richelieu. Le Canal de Briare a onze grandes lieues de longueur, à le prendre depuis Briare jusqu'à Montargis.

De Briare à Belair, poste; de Belair à la Buffiere, poste: de la Buffiere aux Bezards, poste; des Bezards à Nogent, poste; de Nogent à la Comodité, poste; de la Comodité à Montargis, poste & demie.

24 l. MONTARGIS est la Capitale du Gatinois, située sur la Riviere de Loing: On la nomme aussi *Montargis le franc*, à cause des Privileges dont elle jouît. Le Château de Montargis est très-ancien & fort élevé: la grande Salle est considerable, parce qu'elle a vingt-huit toises & deux pieds de longueur, sur huit toises & quatre pieds de largeur. Les Eglises sont la Madeleine, Paroissiale & Collégiale. Les Recollets, & les Barnabites, qui ont le Collége de la Ville: les Bénédictines; les Filles de la Visitation; les Ursulines & les Dominicai-

nes. Montargis a Bailliage, Préſidial, Prevôté, Election & Capitainerie des Chaſſes. La Foreſt de Montargis a huit mille trois cens arpens d'étenduë.

De Montargis on va à Puy-la-laude, poſte; de Puy-la-laude à Fontenay, poſte; de Fontenay à la Croiſiére, poſte; de la Croiſiére à Glandelle poſte; de Glandelle à Nemours, poſte.

18 *l*. NEMOURS Ville du Gaſtinois, érigée en Duché l'an 1404, eſt ſituée ſur la Riviere de Loing. Elle conſiſte principalement en une grande rüe où eſt le Marché couvert, & l'ancien Prieuré de Malthe, qui eſt auſſi Paroiſſe de la Ville. On garde dans ce Prieuré une partie de la machoire ſupérieure de Saint Jean-Baptiſte, que Louis VII apporta de Jeruſalem. Le Château de Nemours a pluſieurs tours rondes, fort hautes; elles ſervent de priſons. Ce Château eſt ſitué au bord de la Riviere. La Ville eſt en deça du Loing, que l'on paſſe ſur un grand Pont, qui donne ſon nom à un Faubbourg qui eſt enſuite. L'Egliſe Paroiſſiale eſt dediée à Saint Pierre. Hors la Ville, il y a une Abbaye de Filles de l'Ordre de Cîteaux, appellée Notre-Dame de la Joye. On voit dans l'Egliſe de cette Abbaye le Tombeau des Anciens Comtes de Nemours. Les Couvents des Filles de Sain-

te Marie, & les Recollets sont à voir.

De Nemours à Bouron, poste ; de Bouron à Fontainebleau, Maison Royale, poste.

14 *l.* FONTAINEBLEAU est un Bourg situé dans le Gatinois, ainsi appellé à cause de ses belles eaux, & renommé par la beauté de son Château Royal. Il est situé au milieu d'une Forest de 28600 arpens d'étendue, à une lieue de la Riviere de Seine, à quatre de Melun, & à quatorze de Paris. Ce Bourg n'a que deux grande rues, & quelques traverses remplies d'Hôtelleries : elles aboutissent au Château.

Les Historiens sont partagez sur celui qui jetta les premiers fondemens de ce Château. Les uns veulent que ce soit Louis VII. ou S. Louis ; d'autres que François I. fit la partie qu'on appelle la cour du Donjon, comme les Salamandres que ce Prince prenoit pour sa devise en font foi. Henry IV. a aussi contribué à l'embelissement de ce Château. Louis XIV. a fait faire un nouveau bâtiment du côté de la cour des Offices, que l'on nomme l'Appartement des Princes. Il a aussi rendu les anciens Appartemens plus magnifiques & plus commodes.

On entre par la cour des Offices, pour gagner celle du vieux Château du Donjon, d'où l'on apperçoit la façade de la grande Porte du Pontlevis, soutenue de plusieurs colonnes de marbre, & de quelques statues qui lui servent d'ornemens. Les Connoisseurs estiment l'Architecture du vieux Château, qui a été conduite avec tout l'art possible. On y voit plusieurs petits Donjons, & des Galeries qui regnent au tour de la Cour. Entre ce qu'on remarque de plus curieux dans ce Château, est un petit cabinet, orné de peintures d'une grande beauté; & une Chapelle dont le plafond est d'un travail achevé.

Du vieux Château, on passe dans la Cour des Fontaines: elle est ornée de plusieurs figures de bronze & de marbre très-estimées, & d'un bassin, au milieu duquel on voit aussi quelques statues d'où l'eau sort & joue de differentes façons. Cette cour répond à trois corps de logis qui composent un autre Château; en sorte que l'on trouve quatre Châteaux, & autant de Jardins dans celui de Fontainebleau. L'ancien est le plus estimé, pour la beauté de ses Appartemens & de ses Galeries. Celle des Cerfs, qui a environ cent pas de longueur, regne au long de l'Orangerie. Elle est enrichie de peintures qui représentent toutes les Maisons Royales, & les plus beaux Châteaux de France. Ces plans sont distinguez les uns des autres par des grands bois de Cerfs prodigieux, qui ont été tuez dans la Forest.

Au dessus de chaque tête de Cerf on voit une inscription qui en marque l'année. C'est de là que cette Galerie est appellée la Galerie des Cerfs.

Auprès de cette Galerie, on en voit une autre où sont representez les Chasses d'Henry IV. Au dessus, une autre qui contient les Victoires des derniers Rois de France, avec plusieurs figures de Diane Chasseresse. De cette Galerie on entre dans le Cabinet de Clorinde, enrichi de peintures, avec toute la délicatesse de l'Art. L'histoire de Tancréde & de Clorinde en fait le sujet.

De ce Cabinet, on passe dans celui de la Reine; le plafond & les dorures sont ce qu'il y a de plus remarquable. On traverse ensuite la Chambre de la Reine, pour entrer dans le Cabinet du Roy, qui est enrichi de peintures qui satisferont les Curieux; entre autres la Joconde *d'André del Sarto*; la Reine de Sicile de *Raphaël*, & le portrait de *Michel-Ange* peint par lui-même.

Ensuite, on doit aller dans la Galerie de François premier, où diverses histoires du regne de ce Prince sont representées : ces fresques sont à present fort effacées. Le petit Cabinet qui donne sur le Jardin de l'Etang, est à voir : il est enrichi de peintures très-exquises. Le plafond, par ses dorures

& par ses sculptures, y est, ainsi que tout le reste, d'un éclat & d'un goût merveilleux.

Après il faut voir la Galerie des Réformés remplie de peintures, un peu effacées, qui représentent des anciennes histoires. De cette Galerie, on descend par le grand Escalier, nommé le fer à cheval, qui regarde la cour du cheval blanc, pour voir l'Eglise de la *Sainte Trinité*, qui est la Chapelle Royale de ce Château, desservie par les PP. Mathurins. Les peintures sont de *Fréminet*, fameux Peintre de son temps. Le grand Autel est richement orné, & le pavé merite attention.

Sur une aîle de la cour du cheval blanc, est la Galerie de Diane, ou des Travaux d'Ulisse, où l'histoire de ce Heros est peinte à fresque de la main du *Primatice*: les personnages sont de grandeur naturelle. Après les Appartemens, il faut voir les Jardins : celui de l'Orangerie est considerable. Entre plusieurs statues de bronze, on y voit au milieu d'un grand bassin, une Diane qui arrête un grand Cerf par le bois, avec quatre Limiers, un Hercule, un Serpent entre deux enfans, & une Cleopatre. Le Jardin de l'Etang est entouré de plusieurs canaux où il y a de fort gros poissons. De belles allées bordent cet Etang, au milieu duquel est un Cabinet octogone ; le Jardin
des

des Pins, le Parterre du grand Jardin, les belles Allées, les hautes Palissades, les Grottes, les Cascades, & le grand Canal du Parc, ont de quoi satisfaire les plus curieux dans ce goût; outre une infinité d'autres curiositez qu'on ne peut détailler dans cet Ouvrage.

De Fontainebleau on va à Chailly, poste; de Chailly à Ponthierry, poste & demie; de Ponthierry à Essone, poste & demie; d'Essone à Juvisi, poste & demie; de Juvisi à Ville-Juif, poste & demie; de Ville-Juif à Paris, poste Royale.

VOYAGE D'ITALIE EN France, par terre; en passant par la Savoye.

CEux qui viennent d'Italie en France par le Milanois, par le Piémont & par la Savoye, arrivent au Pont de Beauvoisin.

LE PONT DE BEAUVOISIN en Dauphiné, est le premier Bourg de France, du côté de la Savoye, de laquelle il fait la séparation; il est situé à deux petites lieues du Rhône, à six de Grenoble sur la Riviere de Giers ou Guyer, qui sépare les deux Etats.

Du Pont de Beauvoisin au Gas, il y a une poste; du Gas à la Tour du Pin, poste; de la Tour du Pin à Vachereſt ; poſte ; de Vachereſt à Bourgoin, poſte ; de Bourgoin à la Verpilliere, poſte ; de la Verpilliere à Saint Laurent, poſte ; de Saint Laurent à Bron, poſte ; de Bron a Lyon, poſte Royale.

On peut auſſi entrer d'Italie en France par PIGNEROL, qui eſt une Ville du Piémont, ſituée ſur la Riviere de Chiſon au pied des Alpes, ſur les confins du Dauphiné : la Ville eſt petite, mais fort peuplée. Elle eſt défendue par une Citadelle bâtie ſur le ſommet de la Montagne, près laquelle eſt le Château de la Pérouſe qu'on a bâti à l'entrée de la Vallée de ce nom. La France qui a poſſedé long-temps Pignerol, la rendit en 1697 au Duc de Savoye. Dans la derniere Guerre on y avoit conſtruit ſur la hauteur le Fort de Sainte Brigitte.

On peut encore arriver à MONTDAUPHIN Place de l'Ambrunois, dans le Dauphiné où l'on voit une Forterefſe bâtie en 1693, pour mettre le païs en ſûreté. Cette Place eſt audeſſous de Guilleſtre, ſur une Montagne eſcarpée, preſque environnée de la Durance.

De Montdauphin, on va à AMBRUN, Ville Archepiſcopale, dont l'Archevêque eſt qualifié Prince. Il y a dans cette Ville un College de Jéſuites, des Cordeliers, des Capucins & des Filles de la Visitation.

D'Ambrun on va à Lesdiguieres, Ville & Duché : de Lesdiguieres à Corps, de Corps à Mure, & de Mure à Grenoble; sinon de Montdauphin à Briançon.

140. *l.* BRIANÇON, Ville de France dans le Dauphiné, à sept lieues d'Ambrun, est fort ancienne. Elle a été plus riche & mieux fermée qu'elle n'est présentement, le feu en ayant consumé les deux tiers dans le dernier siécle. Cette Ville est bâtie au pied d'un rocher sur lequel est son Château ; sa situation la fait estimer la plus haute Ville de l'Europe. Elle a une belle Eglise, trois Monasteres ; de Jacobins, de Cordeliers & d'Ursulines, & un Bailliage. La Manne de Briançon est une des sept Merveilles du Dauphiné, dont je vous instruirai cy-après. Elle est fort rare en Europe ; c'est une espece de gomme blanche fort douce & sucrée qui découle pendant les plus grandes chaleurs de l'Eté, des Méléses, qui sont des especes de Pins inconnus ailleurs. Elle coule d'abord d'elle-même des feuilles & des petites branches, où elle demeure attachée en petites boules ; ensuite on fait des incisions aux arbres, afin d'en avoir en plus grande quantité.

On va de Briançon au Bourg d'Oisans, & du Bourg d'Oisans à Grenoble.

118. I. GRENOBLE est la Capitale de la Province de Dauphiné, dont l'etendue a environ quarante lieues d'Orient en Occident, & trente-cinq du Midi au Septentrion. Le Dauphiné est borné à l'Orient par le Piémont, & à l'Occident par le Rhône ; au Septentrion par la Bresse & par la Savoye, & au Midi par la Provence.

Ses plus considérables Rivieres sont, l'Isere & la Durance ; le Rhône en arrose seulement les extrémitez Occidentales, & lui cause sa principale fertilité. Dans les autres cantons du Dauphiné on ne recueille que du seigle, de l'orge & de l'avoine, cependant les pâturages y sont gras, & le bétail abondant. On y trouve aussi des simples des plus rares, & des plus utiles pour la Médecine.

Les Dauphinois en general sont civils & affables aux Etrangers ; cette civilité s'étend même jusqu'aux plus rustiques ; car il est assez commun de voir un Laboureur quitter sa charrue, pour remettre un étranger dans son chemin. La passion du Sexe est d'être paré & ajusté. Les hommes sont rusez & un peu Plaideurs.

Le Dauphiné renferme des singularitez, qu'on nomme communément *les sept Merveilles*, dont je ne dois pas oublier d'instruire le Lecteur, pour lui procurer le plaisir de satisfaire pleinement sa curiosité, Louis onze disoit, lorsqu'il n'étoit encore que Dauphin de France, que sa Province avoit autant de Merveilles que le monde entier. Ce Prince pouvoit ajouter que les sept Merveilles de Dauphiné subsistent encore aujourd'hui, & que celles du monde ne se trouvent plus que dans l'histoire.

La premiere de ces sept Merveilles du Dauphiné, est une Montagne à six lieues de Grenoble dans le Diocése de Die. Elle est d'une hauteur prodigieuse, escarpée de toutes parts, séparée des Montagnes voisines, & beaucoup plus étroite par le bas ; de sorte qu'elle ressemble de loin à une piramide renversée.

La seconde, est la Fontaine qui brûle. Cette miraculeuse Fontaine étoit déja fameuse du temps de Saint Augustin, qui dit dans son Livre de la Cité de Dieu, chap. 7. liv. 21. qu'il y a auprès de Grenoble une Fontaine qui allume les Flambeaux éteints, & éteint ceux qui sont allumés ; *faces accenduntur ardentes, & extinguuntur accensæ.* Cette Fontaine est éloignée de trois lieues de Grenoble, auprès d'une Montagne. Ses Eaux sont naturellement froides : mais, quand on détourne son ruisseau pour la faire passer sur un Champ voisin de son canal, on voit des flames sur ses Eaux. Ce

L iij

qu'il y a d'admirable ; c'est que cette Eau continue d'être froide, tandis qu'elle coule, quoiqu'elle soit couverte de flames ; mais si l'on arrête le cours du ruisseau avec des gazons de terre : alors cette Eau se trouble, s'épaissit, & s'échauffe. On croit qu'il y a sous ce champ des feux souterrains, d'où il s'élève des exalaisons qui produisent les merveilleux effets qu'on admire dans cette Fontaine.

Auprès de la Ville de Briançon, dans le haut Dauphiné, on recueille la Manne sur les feuilles des Mélézes, qui sont une espéce de Pin ; cette Manne qui differe peu de celle de Calabre, tombe la nuit & se fond au premier rayon du Soleil. La seule feuille des Mélézes conserve cette précieuse rosée du Ciel, qui n'est jamais plus abondante qu'au mois d'Aoust, pendant les grandes secheresses, & dans les mauvaises saisons ; comme si le Ciel vouloit dédommager cet endroit de la stérilité de la terre par ce présent, & préparer au Dauphiné un remede contre les maladies qui suivent ordinairement les mauvaises recoltes.

La quatriéme merveille est nommée la Balme ; c'est une fameuse Grotte qui se voit auprès du Monastere des Chartreusines de Salettes sur le bord du Rhône ; elle est très vaste & très profonde. Les Eaux qui tombent goute à goute de la cime du Rocher y forment par leur congellation mille figures differentes. On voit couler du haut de la voute plusieurs Fontaines dans des bassins que la nature a formé pour les recevoir. Après qu'on a marché environ mille pas dans cette Balme, on trouve un Lac d'une lieüe de longueur, sur lequel François I. fit porter deux batteaux. La dévotion des peuples du voisinage les a engagez à bâtir deux Chapelles à l'entrée de cette Balme, dont l'une est dédiée à la Sainte Vierge, & l'autre à Saint Jean-Baptiste.

Les Cuves de Sassenage sont regardées comme le cinquiéme Miracle de la Province. Le Bourg de Sassenage est celebre par plusieurs singularitez, & par son fromage. S'il en faut croire quelques Auteurs, c'est dans ce lieu que la fameuse Mélusine finit ses jours. On y voit au pied d'un grand Rocher deux grandes Cuves de pierre ; & on assure, peut-être trop, qu'autrefois on les trouvoit pleines d'Eau la veille des Rois, lorsque la recolte devoit être abondante, & qu'on n'y en trouvoit point quand l'année devoit être stérile. Le lendemain des Rois cette eau s'écouloit d'elle-même, sans qu'on pût sçavoir d'où elle étoit venuë dans ces cuves, ni par où elle s'écouloit. Voilà ce qu'on en raconte dans le Pays.

On trouve au pied des Montagnes de Saſſenage, des Pierres à peu près de la groſſeur & de la figure d'une lentille, qui ſont extrêmement polies, d'une couleur blanche, ou d'un gris obſcur. Elles ont la merveilleuſe proprieté de nettoyer les yeux. Quand il y eſt entré de la pouſſiére, ou quelque fêtu qui les incommode, on met une de ces pierres entre l'œil & la paupiere; alors, elle chaſſe tout ce qui cauſe de la douleur, en parcourant l'œil, aprés quoy elle tombe à terre.

Enfin, la ſeptiéme Merveille de Dauphiné eſt la Tour ſans venin. On voit de Grenoble une ancienne Tour a demi ruinée, qui n'en eſt éloignée que d'une lieue. On l'appelle la *Tour ſans venin*, parce qu'on aſſure qu'on n'a jamais vû, ni dans cette Tour, ni dans ſon voiſinage, aucun de ces inſectes venimeux qui cherchent un azile dans les vieux bâtimens abandonnez. On ajoute, que lorſqu'on a porté de pareils inſectes dans cette Tour, ils s'en ſont d'abord éloignez. Quelques-uns aſſurent que ces animaux venimeux fuyent ce terroir, parce que l'air y eſt très pur, & fort expoſé aux vents qui le purifient. D'autres diſent qu'il y a auprès de cette Tour des plantes pour leſquelles ces animaux ont de l'averſion.

Grenoble tient rang entre les plus belles Villes du Royaume : par le nombre de ses Maisons, de ses Eglises & de ses Places. L'Eglise Cathédrale, dédiée à Notre Dame, est d'une Architecture qui la fait estimer fort ancienne. Les Evêques de Grenoble prennent la qualité de Prince, depuis la concession de l'Empereur Frédéric. L'Eglise de Saint André est ornée d'une Tour piramidale & d'un Tombeau curieux.

Celle des Jacobins est une des plus anciennes de cette Ville ; on y voit au milieu du Chœur, le tombeau d'André, fils de Humbert dernier Prince de Dauphiné, qu'il laissa tomber par une fenêtre, en joüant avec lui. La menuiserie des formes du Chœur passe pour un chef d'œuvre : d'un côté sont les douze Apôtres, & de l'autre les principaux de ceux qui ont fleuri dans cet Ordre. Il y a encore plusieurs Couvents à voir, comme ceux des Augustins ; des Augustins déchaussez, des Cordeliers Observantins, des Recolets, des Capucins, des Carmes déchaussez, des Minimes ; des Filles de Sainte Claire, de celles de la Visitation, des Benedictines, des Ursulines, des Carmelites, des Repenties, &c. L'Eglise & le College des Jésuites, & plusieurs Hôpitaux sont considerables. Il y a aussi des Chartreuses à Prémol, à trois lieues de Grenoble.

Les Curieux voyent le Palais du Parlement de Grenoble, quoique le bâtiment en paroisse fort ancien. Les Présidens, comme ceux de Paris, portent le manteau rouge depuis la Saint Martin jusqu'à Pâques, avec un ornement d'hermines, qui tient tout au tour du col, en maniere de manteau Royal. On n'entre point dans ce Palais l'épée au côté. Il y a aussi une Chambre des Comptes, & un Bureau des Finances à Grenoble.

Le Palais du Gouverneur est fortifié de quelques Tours du côté qui sert de muraille à la Ville ; le bâtiment en est grand & magnifique : la vuë qui donne sur la Riviere & sur la Campagne, en rend la promenade fort agréable. La Maison du Marquis de Canillac, bâtie à la moderne, a des beautez qu'il ne faut pas négliger.

Il y a deux Ponts sur l'Isere, pour passer de la grande partie de la Ville à la petite, appellée *la Perriere* : elle ne consiste qu'en une grande ruë, qui s'étend le long de la Riviere. L'un de ces Ponts est de pierres, & l'autre de bois sur des piles de pierres. Cette ruë commence à la porte de S. Laurent, ainsi nommée à cause d'un Prieuré qui en est tout proche ; & dont le Prieur est Seigneur d'une partie de la Perriere. Elle finit à la Porte de France, où il y a un mail de plusieurs rangées d'arbres, au bord de l'Isére, où cette Riviere reçoit le Dracq. Les Filles de Sainte Marie ont leur Couvent sur la montagne qui borde cette partie de la Ville.

Les Voyageurs qui ont de la curiosité, ne passent point à Grenoble sans se donner la satisfaction de voir la Grande Chartreuse.

LA GRANDE CHARTREUSE est un célébre Monastére, situé dans le Dauphiné à trois bonnes lieues de Grenoble. Elle est chef d'Ordre, parce que Saint Bruno, en se retirant du monde, vers l'an 1086, choisit sa retraite sur une affreuse montagne, nommée Chartreuse. Ce saint Hermitage est dans une prairie un peu montueuse, qui a plus d'une demie lieue de long, & qui n'est large que de deux ou trois cens pas, en façon d'une vallée entourée de Montagnes pleines de Sapins, qui servent comme de murailles à cette prairie, à l'entrée de laquelle est le Couvent.

L'Eglise de ce Monastére, qui a des beautez singulieres, est boisée & parquetée d'une propreté admirable. Le Cloître a trois cens pas de longueur. On y remarque l'Appartement du Prieur & sa Chapelle : l'Appartement du Roy, & ceux où l'on reçoit les personnes qui viennent visiter cette fainte Retraite. L'Evêque de Grenoble a aussi le sien; sa Chapelle, où les Novices font profession, est des mieux décorées.

On descend de ces Appartemens dans une grande Salle, ornée de plusieurs tableaux, où les principales Chartreuses de l'Europe sont représentées. Comme cette Maison n'a aucune simetrie dans son dessein, que l'assiete en est mal unie, & le bâtiment fait à diverses reprises, il faut toujours monter & descendre pour aller d'un lieu à un autre.

Si-tôt qu'on en sort, pour aller visiter l'endroit où S. Bruno a fait pénitence, on découvre une espece de Vallée fort raboteuse, environnée de Rochers & de Montagnes inaccessibles, au haut desquelles se forme un petit torrent de plusieurs sources qui sortent des rochers voisins. Ce torrent coule le long de l'enclos, & sert beaucoup au Couvent, tant pour faire tourner des Moulins, pour battre à la Forge, qu'à faire aller des meules à éguiser des outils, pour scier des ais, & pour d'autres commoditez de quelques Religieux en particulier, qui travaillent, les uns à la menuiserie & au tour; les autres à la sculpture, à la peinture, à la gravure, & même à l'architecture, le tout pour orner & embélir leur Monastére.

On monte, à mesure qu'on avance dans cet enclos; où l'on trouve plusieurs de ces moulins que le petit torrent fait aller; & plus avant, des bois de Sapins, où il n'y a que le chemin de tracé, jusqu'à ce qu'on arrive à la Chapelle de Notre-Dame, bâtie au lieu où l'on dit qu'elle apparut à Saint Bruno. Cette Chapelle, qui est à l'extremité de la Vallée, est grande & remplie de belles peintures. Saint Bruno y est si bien representé à genoux devant une Croix, qu'à dix pas de distance on le croiroit un homme vivant. On fait voir encore plusieurs autres endroits de la vie de Saint Bruno, dont le détail seroit trop long.

Au sortir de là on passe le torrent sur un Pont, & à main gauche on voit Chartrouset, Village dépendant de la Chartreuse, ainsi que le reste du pays, qui a plus de deux lieues d'étendue; ce qui lui rapporte un grand revenu. Le Général de l'Ordre fait sa résidence dans cette Chartreuse; d'où il ne peut sortir quand il est élû. Les Religieux de cette Maison ont seuls le droit de l'élire.

La Route de Grenoble à Lyon se fait en allant a Vorespe, poste: de Vorespe à Rives, poste & demie: de Rives à la Frette, poste & demie: de la Frette à Eclose, poste & demie, & a' Eclose à Bourgoin, poste & demie.

BOURGOIN est un Bourg à six lieues de Vienne, où est un Couvent d'Augustins déchaussez, & un d'Ursulines.

De Bourgoin à la Verpilliere, poste: de la Verpilliere à Saint Laurent, poste: de Saint Laurent à Bron, poste: de Bron à Lyon, poste Royale.

LYON est ci-devant page 72.

ROUTE DE LYON A PARIS
par la Bourgogne.

Sortant de Lyon, on va à la Chaux, poste Royale: de la Chaux aux Echelles, poste: des Echelles à Villefranche, poste.

VILLEFRANCHE est la Capitale du Beaujollois, à cinq lieues de Lyon, & à six de Mâcon. Elle est située sur le Morgon, qui se jette dans la Saône à une lieue audessous. On y voit une très-belle rue, & si large qu'elle semble n'être qu'une grande place dans toute son étendue, qui tient d'un bout de la Ville à l'autre. De cette rue, où est une belle fontaine dans le milieu, on voit facilement les deux Portes de la Ville, qui étoit une Place frontiere, lorsque la Bresse appartenoit au Duc de Savoye. Elle est fortifiée de bonnes murailles & de larges foffez. Il y a une Académie Royale de Gens de Lettres.

Ceux qui veulent voir la Principauté de Dombes doivent paffer la Saône avant d'arriver à Villefranche, pour aller à Trevoux qui en eft la Capitale. Cette Principauté appartient à M. le Duc du Maine en Souveraineté. Elle a un Parlement qui tient à Trevoux. Les Jefuites y ont un Couvent, & c'eft là qu'ils compofent & impriment tous les mois le Journal des Sciences & des beaux Arts, qu'on appelle de Trevoux; c'eft auffi de là qu'eft venu le Dictionnaire François de Trevoux.

De Villefranche on va à Belleville, pofte; de Belleville à la Maifon blanche, pofte; de la Maifon blanche à Mâcon, pofte & demie.

MASCON, Evêché fuffragant de Lyon, Ville du Duché de Bourgogne, & Capitale du Mâconnois, eft fituée fur le penchant d'une Colline qui s'étend jufqu'au bord de la Saône. Cette Ville, qui eft divifée en neuf quartiers, qui ont chacun leurs Capitaines, a la forme d'un arc, auquel la Riviere eft comme la corde, & le Pont comme la fléche. Il femble en vouloir défendre l'entrée par fes deux Tours bâties à l'extremité, du côté du Bourg de Saint Laurent, qui eft un grand paffage pour aller à Bourg, Capitale de la Bresse, située à cinq lieues de là. Ce Bourg, quoiqu'attenant au Pont de Mâcon, n'est pas de la Jurisdiction de la Ville. De ce Pont, qui est construit de pierres de tailles, la Ville paroît comme un véritable théâtre.

L'Eglise Cathédrale est dédiée à Saint Vincent, dont elle conserve des Reliques: on prétend qu'elle a été fondée par le Roy Dagobert; elle a deux hautes Tours, qui se voyent de fort loin; l'une sert de Tour d'horloge à la Ville. Les tombeaux des Evêques sont remarquables. Le Palais de l'Evêque de Mâcon, situé dans la Place du vieux Château, est considerable par son bâtiment. Les autres Eglises sont la Collégiale & Paroissiale de Saint Pierre, dont les Chanoines font preuve de Noblesse; sa Tour & son Horloge sont ce qu'il y a de plus beau. Celles de Saint Pierre & de S. Etienne; les Cordeliers, les Capucins, les Dominicains, les Carmelites &c., & la Commanderie de Saint Jean sont à voir; de même que le College des Jésuites. Les vins de Mâcon se sont acquis à bon titre une fort grande réputation d'excellence.

Ceux qui veulent voir tout ce qu'il y a de curieux sur la traverse, peuvent aller à Bourg en Bresse, située, comme on a déja dit, de l'autre côté de la Saône, à cinq
lieues

lieues de Mâcon. L'Eglise Notre-Dame de Bourg passe pour la plus élegante & la plus légére en Architecture gotique.

On va de Mâcon à Monibelet, poste & demie; de Monibelet à Tournus, poste.

TOURNUS est une petite Ville du Mâconnois, si ancienne qu'elle a servi de magazin pour les Troupes Romaines. Elle est située sur la rive droite de la Saône. Son territoire est un des plus beaux & des plus fertiles de la Bourgogne. Cette Ville est plus longue que large. L'Eglise Collegiale & Abbatiale, deux Paroisses, un Couvent de Recollets, & un de Bénédictins, sont ce qu'il y a de plus remarquable. Dans l'Eglise Abbatiale on voit quelques ouvrages & quelques peintures que le feu Cardinal de Bouillon y a fait faire.

De Tournus on va à Sennefay, poste; de Sennefay à Châlons sur Saône, poste & demie.

78 l. CHALONS, Ville du Duché de Bourgogne, Evêché suffragant de Lyon, est située au bord de la Riviere de Saône. On divise cette Ville en vieille & nouvelle; la nouvelle renferme la vieille, qui ne consiste presque qu'en trois longues rues, qui commencent au Pont de Pierre, & finissent à la Porte de Beaune. Dans celle du milieu qui est la plus grande, on doit voir le Palais du Bailliage, bâti à la moderne, assez près de la Riviere.

L'Eglise Cathédrale, dédiée à Saint Vincent, n'a que sa seule antiquité de remarquable, & rien de beau que ses deux Clochers au dessus du Portail ; ses Cloîtres, & quelques Tombeaux des Anciens Comtes de Chalons. La Maison de Ville, le Palais du Prince, le College des Jesuites, la Commanderie de Saint Etienne & de Saint Jean, l'Abbaye de Saint Pierre, les Cordeliers les Carmes, les Dominicains &c. sont à voir ; de même que la Citadelle, où est le Palais du Gouverneur : la promenade en est fort agréable, à cause de l'élevation du lieu, qui fournit une vûe des plus satisfaisantes.

De Châlons à Chaigny il y a une poste & demie : de Chaigny à Beaune poste.

72 l. BEAUNE, Ville de Bourgogne, est située entre Autun, Chalons & Dijon, à trois lieues de la Saône, dans un pays aussi agréable que fertile. L'excellence de ses vins est en réputation dans tout le monde; les plus exquis sont ceux de Volnet à une lieue de Mulsaut, dont les vins blancs sont très-estimez ; ceux de Pommard vont du pair avec les autres.

L'Eglise Collégiale de Notre-Dame de Beaune porte le titre d'*Insigne*, comme étant une des plus celebres Eglises de France. Elle est desservie par trente Chanoines, qui font Curez primitifs de la Ville & des Faubourgs. Le Grand Autel est orné d'un retable enrichi de Pierreries ; c'est un préfent des Ducs de Bourgogne. Les Orgues font ingenieufement pofez fur un ouvrage d'Architecture qui fait l'étonnement des Curieux.

Les autres Eglifes de Beaune font Saint Pierre, Saint Martin, la Madeléne ; les Couvents de Saint Dominique, de Saint François : les Chartreux, dont l'Eglife eft affez belle, rebâtie depuis peu à la moderne, & ornée de ftatues & de tableaux. Le Lieu-Dieu eft une fameufe Abbaye de Bernardines. Les Religieufes de la Vifitation, les Urfulines, les Dominicaines, & les Carmelites, où l'on voit le tombeau de la Bienheureufe Marguerite du Saint Sacrement qui y eft morte en odeur de Sainteté, ont auffi des Couvents à Beaune.

L'Hopital de Beaune eft un des plus beaux bâtimens de France en ce genre ; il a été fondé par Rollin, Chancelier de Philippe le Bon, Duc de Bourgogne. Les fources d'eau vive dont il eft entouré contribuent à y entretenir une grande propreté.

La célebre Abbaye de Cîteaux, Chef d'Ordre, où l'Abbé General de l'Ordre, réfide, eft dans le territoire de Beaune. Elle fut fondée par un Duc de Bourgogne de

M ij

la premiere race. Cette Abbaye est une des curiositez que le Voyageur ne doit point négliger. L'enclos en est grand, & on y fabrique tout ce qui est nécessaire à la vie, & même aux embellissemens. L'Eglise est belle en gotique, ornée d'un grand nombre de tableaux qui sont pour la pluspart des copies des plus beaux qu'il y ait à Rome, où ils ont été faits. On y voit encore plusieurs bas-reliefs, & autres ouvrages curieux. Le Réfectoire est d'une structure fort belle dans son gotique. Les Religieux pour leur divertissement, ont jusqu'à un jeu de Paulme, un Mail & un Billard. Ils sont Seigneurs d'un grand nombre de Villages des environs.

De Beaune à Nuits il y a une poste & demie.

NUITS est une petite Ville du Duché de Bourgogne, située sur le ruisseau de Musin, dans une plaine presqu'au milieu, entre Dijon au Septentrion, & Beaune au Midi, à quatre lieues de chacune de ces deux Villes, & à douze de Châlons. Quoiqu'elle ait des murailles, des fossez, un Pont-levis, & un Bailliage ; elle ne consiste qu'en une grande rue, qui n'est presque remplie que de Tonneliers, à cause de la quantité de vins qu'on recueille aux environs, & dont le grand débit répond à la qualité.

Les vins de Nuits sont connus comme

ceux de Beaune, pour les plus délicieux, & les plus salutaires de la Bourgogne.

De Nuits à Dijon, il y a deux postes.

66. L. DIJON est la Ville Capitale du Duché de Bourgogne. Cette Province a vingt-sept lieues ou environ, d'Orient en Occident, & quarante du Midi au Septentrion. Elle est bornée à l'Orient par la Franche-Comté & par la Savoye ; à l'Occident par le Bourbonnois & le Nivernois. Au Septentrion par la Champagne, & au Midi par le Lyonnois, & par le Dauphiné.

La Seine, l'Yonne, l'Ain, l'Arroux, l'Armanson, & d'autres Rivieres, prennent leur source dans cette Province ; & contribuent extrêmement à sa fertilité. Les vins de Bourgogne sont très-excellens, & les plus estimez pour la conservation de la santé. La Bourgogne produit aussi de bons bleds, & d'autres grains en quantité. Les Forests & les pâturages y sont en nombre, & très-abondans.

Les Bourguignons sont naturellement obligeans & aiment l'honneur ; mais ils sont tellement opiniâtres, qu'il faudroit avoir un grand ascendant sur leur esprit, pour les faire changer de sentiment.

Dijon est située à une petite distance des deux Collines de Talan, & de Fontaines, lieu de la naissance de Saint Bernard, & à l'entrée d'une vaste plaine, qui s'étend à plus de huit lieues du côté du Midi. Elle a au Couchant une longue chaîne de Montagnes, peu élevées, couvertes de vignobles, qui rendent cette contrée très-célébre pour ses bons vins.

La Ville est assez grande, très-belle & très-bien bâtie. Ses rues sont bien pavées, larges, droites, & fort éclairées, parce que les maisons sont basses. La plûpart de ses maisons sont magnifiques. La Ville est fermée de bonnes murailles, entourée de larges fossez, & fortifiée de douze bastions. Ses environs sont fertiles & agréables, à cause des Rivieres de Suson & d'Ouche. La premiere, qui n'est à proprement parler qu'un Torrent, prend sa source du Val de Suson, tombe en partie dans les fossez de la Ville, & en partie traverse toute sa longueur, en passant sous plusieurs Ponts & maisons voutées, & va enfin se rendre près des murs de Dijon, dans un des bras de la Riviere d'Ouche. Cette Riviere, appellée en Latin *Oscarus*, a sa source au Couchant, à sept lieues de la Ville, auprès de laquelle elle prend son cours, & arrose un de ses bastions, après avoir traversé sous un Pont de pierre, un de ses Fauxbourgs qui porte son nom ; & près de-là elle forme une Isle qui renferme une grande maison, destinée autrefois pour retirer les Pestiferez.

Dijon a quatre Portes ; près de la porte

Guillaume, par où l'on entre en arrivant de Paris, est le Château, bâti par Louis XI. fortifié de quatre grosses Tours rondes, & de deux ravelins qui en défendent les deux entrées. La Porte Saint Nicolas est pratiquée dans la largeur d'une haute Tour ronde, solidement construite. Hors de la Porte d'Ouche, & du Faubourg de ce nom, est une belle route, bordée d'arbres, qui conduit à Beaune, & à la sortie de la Porte Saint Pierre, l'on trouve le Cours, long d'un quart de lieue, planté de quatre rangs d'arbres, & qui aboutit à un grand Parc, embelli de Parterres, d'Allées de Charmes & de Labyrintes, & terminé par une terrasse au bord de la Riviere d'Ouche, sur laquelle il y a un Pont qui communique au Château de la Colombiere.

Il y a dans Dijon sept Eglises Paroissiales, dont celle de Saint Michel est recommandable par la beauté de son Portail, orné de sculptures, & par ses deux Tours faites en forme de Dôme. La façade de celle de Notre-Dame est ornée d'une belle Architecture, & d'une Tour d'Horloge fort élevée, qui est d'une invention singuliere. L'on admire à celle de Saint Jean, qui est Canoniale, la hauteur de son clocher en pointe, accompagné de deux autres plus petits de même figure ; & l'interieur de l'Eglise, dont la voute & l'étendue ne sont soutenues d'aucuns pilliers. On y voit un bel Autel construit depuis peu, accompagné de trois figures de pierre de Tonnerre, & de plusieurs Tableaux.

Il y a deux Abbayes d'hommes ; l'une est celle de Saint Bénigne, en Commande, de l'ordre de Saint Bénoist, laquelle conserve dans son Eglise,) qui se distingue par ses deux Tours, son Clocher en pointe, & par son ancienneté,) le Corps de Saint Benigne, premier Apôtre de Dijon, où il a prêché la foi & souffert le Martyre. Grégoire Evêque de Langres ayant trouvé le Corps de ce Saint, fonda cette célébre Abbaye, que les Ducs de Bourgogne ont beaucoup augmentée depuis. On voit dans la Nef de cette Eglise, sur une tombe platte, l'Epitaphe Latine d'un Prince ou Roy de Pologne, nommé Uladislas, mort à Strasbourg en 1388, qui fut Moine de cette Abbaye pendant plusieurs années, & obtint dispense du Pape pour se marier, & donner un successeur à la Couronne de Pologne.

Derriére le Chœur de cette Eglise, on voit un édifice ancien bâti en rotonde, & composé de trois voutes l'une sur l'autre, soutenues par des colonnes, au nombre de cent quatre, dont le fust est d'une seule piece. Ce bâtiment, quoique d'une Architecture

tecture assez grossiere, dont le tiers qui est en terre, & vuide dans le milieu, ne reçoit de jour que par une ouverture d'enhaut. Quelques-uns croyent que c'étoit un Temple des Faux Dieux, qui nous est resté du temps du Paganisme, & qui est aujourd'hui consacré à Dieu par plusieurs Chapelles que l'on y a pratiquées; & par la dévotion des Fidéles qui y ont révéré quelques Tombeaux des premiers Chrétiens, ou des Martyrs encore inconnus, dont ce lieu a été l'azile ou la sepulture. Dans ce même lieu, le peuple a une vénération particuliere pour un grand Crucifix que l'on croit avoir parlé, selon une vieille tradition.

L'autre Abbaye, qui est Paroissiale, est celle de Saint Etienne, composée de Chanoines Réguliers de Saint Augustin, sécularisez en 1613. Ils ont à leur tête un Abbé titulaire séculier, de nomination Royale, lequel a un très-bel Hôtel Abbatial, & une grande étendue de Jurisdiction dans la Ville. Sa Bibliotheque est très choisie, & composée en partie des Livres de feu M. Godeau Evêque de Vence. L'histoire particuliere de cette ancienne Eglise, publiée en 1696, attribue le temps de sa fondation à l'an 343. Elle a été restaurée & fort embellie depuis quelques années. On y conserve le Corps de Saint Médard, premier Evêque de Noyon.

Il y a aussi deux Abbayes de Filles : celle des Bernardines, qui ont fait bâtir depuis peu une Eglise en rotonde d'un goût d'Architecture excellent ; & celle des Benedictines de Rougemont Saint Julien, transferée d'Autun à Dijon en 1677.

Une des Eglises des plus considerables de cette Ville est la Sainte Chapelle, que Hugues III, sixiéme Duc de Bourgogne, de la premiere race, fonda à son retour de Jerusalem, en 1172. Elle n'a dans sa façade qu'une tour quarrée, (l'autre étant restée imparfaite), & sur le milieu de sa couverture un haut clocher en piramide, couvert d'ardoises. Le Cloître des Chanoines est attenant de cette Eglise, dans laquelle on voit une Hostie miraculeuse, marquée des gouttes de sang qu'elle versa, à ce qu'on croit, lorsqu'elle fut percée de plusieurs coups de canif, par l'impieté sacrilege d'un Juif. Elle fut envoyée en 1430, par le Pape Eugene IV. à Philippe le Bon, Duc de Bourgogne, qui en fit présent à la Sainte Chapelle, où elle est conservée dans un coffre d'or garni de pierreries, qui est un don du Duc d'Epernon, lorsqu'il étoit Gouverneur de la Province. Quand on expose cette Hostie, on la met dans un Soleil d'or du poids de 51 Marcs, orné de pierres précieuses, & d'une Couronne d'or, qui est celle que le Roi Louis XI. porta le jour de son sacre. On en fait une Fête solemnelle tous les ans le Dimanche entre les deux Fêtes Dieu, par une Procession générale dans la Ville, dont les rues sont tapissées, & les Habitans sous les Armes, à laquelle assiste tout le Clergé Séculier & Régulier, & les Compagnies en Corps ; ce qui attire un grand concours de toute la Province.

On voit dans le Chœur de cette Eglise, les écussons peints des Chevaliers de l'Ordre de la Toison d'or, dont Philippes le Bon, qui l'avoit institué à Bruxelles, assembla un Chapitre à Dijon, au sujet de la naissance de son fils Charles, Comte de Charolois. L'on remarque que les Casques des écussons qui sont à gauche du Chœur, sont tournez du même côté, contre les régles du Blazon, & par respect seulement pour l'Autel. Dans une Chapelle, du côté de l'Evangile, est le Tombeau de Marbre de Gaspard de Saulx Seigneur de Tavannes, Maréchal de France, mort en 1570.

Les Jésuites ont un Collége magnifique, & une ample Bibliothéque. Leur Eglise qui est très-ornée, possede un riche Tabernacle, avec un devant d'Autel, & plusieurs reliquaires, le tout d'argent massif: on les expose aux grandes Fêtes. On voit aussi dans Dijon une Collégiale nommée la Chapelle au Riche ; une Commanderie de Malthe, sous le titre de la Madeléne, & plusieurs autres Maisons Religieuses, comme des Dominicains; des Carmes (où dans une Chapelle à droite du Chœur, est le Tombeau en marbre de Claude Bouchu, Conseiller d'Etat, Intendant de la Province;) des Minimes, des Prêtres de l'Oratoire, & des Cordeliers ; où l'on voit dans une Chapelle à droite le Mausolée de Jean-Baptiste le Goux de la Berchere, Premier Président, & de Marguerite Brulart son Epouse. Il y a encore des Ursulines, des Jacobins, des Carmelites, des Filles de la Visitation, celles de Notre-Dame du Réfuge ; celles du Bon-Pasteur, où l'on met les Repenties, & un Seminaire pour les Jeunes Ecclesiastiques.

Attenant la Sainte Chapelle est l'Hôtel, (ou pour parler le langage de Dijon) le Logis du Roy, autrefois la demeure des Ducs de Bourgogne : c'est où loge le Gouverneur de la Province, lorsqu'il vient à Dijon. Le Bâtiment, quoiqu'ancien, a un air de grandeur par son élevation, & le grand nombre de ses Appartemens. On en a réformé une partie à la moderne, pour faire simetrie avec une très-grande & superbe salle, bâtie depuis quelques années, & destinée pour l'Assemblée des Etats de

Bourgogne. Cette Salle est entourée d'Amphitéatres couverts de tapis bleus semez de fleurs de lys. Dans le fond, sur une haute Estrade, est un fauteuil pour le Gouverneur, avec plusieurs autres fauteuils moins élevez, pour les Evêques qui assistent aux Etats, les Lieutenans de Roi, le Premier Président du Parlement, & l'Intendant.

Dans le Parterre il y a plusieurs bancs ou formes, couverts de pareils tapis, pour placer les Dames, & autres personnes que la curiosité d'entendre les Harangues qui se prononcent à l'ouverture des Etats y attire. Ce fut dans ce Parterre, que l'on mit en 1701 le couvert de Messeigneurs les Ducs de Bourgogne & de Berry, quand ils séjournérent à Dijon dans leur voyage de France. L'on monte à cette Salle, par un grand degré, qui conduit à un Portique formé d'une belle Architecture; la nouvelle entrée du Logis du Roy n'est pas moins magnifique, & l'un & l'autre rendent sur une grande Place formée en demi cercle, avec des Arcades, nommée la Place Royale, au milieu de laquelle on doit placer la figure Equestre de Louis XIV. en bronze, faite à Paris par *le Hongre*, & qui est restée en chemin à une lieue d'Auxerre. Derriere le Logis du Roy, s'éleve une Tour quarrée de pierre de taille, à sept ou huit étages, terminée par une terrasse.

Outre la Place Royale, il y en a plusieurs autres, qui contribuent à l'embellissement de cette Ville, qui sont les Places du Palais, de Saint Etienne, de Saint Michel, des Cordeliers, de Notre-Dame, de Saint Jean & de Morimond. Le Château de Dijon est flanqué de quatre grosses Tours rondes, avec des fossez pleins d'eau, & une forte demi Lune qui le défend du côté de la Campagne.

Le Parlement de Dijon a été établi par Louis XI. l'an 1480, en place du Conseil des Ducs de Bourgogne. Il faut monter plusieurs degrez pour entrer dans le Palais où il tient ses Séances, qui a été bâti par Louis XII. en 1511, & augmenté par Charles IX. en 1571. On voit la figure de Henry II. au dessus du Perron qui est à l'entrée du Palais, & dans la Grande Salle des Procureurs, d'où l'on entre dans celle des Audiences, dont le plafond est d'une très-belle sculpture dorée.

A côté, est la Chambre des Comptes, une des plus anciennes, puisqu'elle est la seconde du Royaume. Elle fut établie à l'instar de celle de Paris, par les Ducs de Bourgogne de la premiere Race. Le Grand Bureau, la Chapelle, & l'entrée de cette Chambre, où l'on arrive par un large dégré, marquent la dignité & l'ancienneté. Tout proche est le Bureau des Finances, établi par Henri III en 1577, & le Bailliage, qui a été uni au Présidial.

L'Hôtel des Monnoyes, & l'Hôtel de Ville sont à voir. Le Corps de Ville est composé de six Echevins & d'un Maire, Président né du Tiers-Etat de la Province; il prend aussi le titre de Vicomte-Mayeur. Hors de la Porte de Saint Nicolas sont les Capucins, dont le bâtiment est grand & très-régulier.

Il y a trois grands Hôpitaux à Dijon; l'un dans la Ville, qui est l'Hôpital de Sainte Anne, pour les Orphelins: le bâtiment en est beau, & construit depuis peu de temps. Le second, situé dans le Faubourg d'Ouche, est l'Hôpital du Saint-Esprit, fondé & bâti par Eudes III. Duc de Bourgogne en 1204 : c'est une Commanderie de l'Ordre du Saint-Esprit de Montpellier, desservie par des Prêtres Hospitaliers, pour les Pelerins & les Passans. Le troisiéme, dans ce même Faubourg, est l'Hôpital général de la Charité, magnifiquement construit, par la liberalité de plusieurs Magistrats & Habitans de Dijon. Il est destiné pour les pauvres Malades, & desservi par des Religieuses, qui ont eu pour leur Instituteur Bénigne Joli Docteur de Sorbonne,

& Chanoine de S. Etienne, mort en odeur de Sainteté, & inhumé dans l'Eglise de cet Hôpital.

Enfin une des curiositez de Dijon c'est la Chartreuse, située au delà de ce Faubourg, du côté de la Porte d'Ouche ; c'est une des plus riches & des plus belles qui soient en France, & qui use le mieux de ses grands biens. Outre une somme considérable qu'elle donne à l'Hôpital du Saint-Esprit, elle fait toutes les semaines une aumône de cinq ou six cens pains. Quoiqu'il y ait nombre de Religieux dans cette Maison, ils sont si exacts observateurs de la retraite & du silence, qu'il semble que ce soit un désert. Cette Chartreuse a été bâtie & dotée par les derniers Ducs de Bourgogne ; elle est recommandable par la vaste étendue de son enceinte, & par la beauté de son Eglise & de ses Cloîtres, dont le plus grand conduit aux Cellules, pratiquées pour le logement des Religieux. Au milieu du Chœur de leur Eglise, on voit deux superbes Tombeaux de marbre noir, sur l'un desquels est représenté au naturel le Duc Philippe le Hardy ; & sur l'autre la figure de son fils le Duc Jean sans peur, avec celle de Marguerite de Baviere sa femme. On y montre le corps & la tête de ce Duc, qui fut tué sur le Pont de Montreau faut-Yonne. Au tour de ces deux Tombeaux regne une suite de petites figures de marbre blanc, d'un pied & demi de hauteur, qui repréſentent le convoy de ces Princes ; les différentes attitudes, & les expreſſions de ces figures ſont admirées de tous les Connoiſſeurs. Ce Chœur a été nouvellement orné d'une belle Boiſerie, executée par un Frere Lay de la Maiſon.

La Milice Bourgeoiſe de Dijon eſt compoſée de trois mille hommes, diviſez en ſept Compagnies. Comme il y a ſept Paroiſſes, qui ſont les ſept quartiers de la Ville, chaque Compagnie a un Capitaine, un Lieutenant & un Enſeigne. Celui de la Paroiſſe de Notre-Dame, comme la Colonelle, porte l'Oriflame, quand toutes les Compagnies ſont aſſemblées. Cet Oriflame eſt un eſpece de Drapeau plus étroit que les autres, il s'étreſſit par le bout, & il eſt fendu à peu près comme les flammes des Vaiſſeaux.

Environ un quart de lieuë de Dijon eſt *Talent*, autrefois Ville Capitale, & ancien ſéjour des Ducs de Bourgogne. Ce lieu jouit encore de quelqu'unes de ſes prérogatives ; parce que ſon Maire précede dans l'Aſſemblée des Etats, ceux des autres Villes de la Province. On y conſerve une Image miraculeuſe de la Sainte Vierge, qu'on prétend être de la main de Saint Luc, & avoir été envoyée par un Pape à un Duc de Bourgogne.

On sort de Dijon pour aller au Val de Suzon, poste & demie: quand on va à Paris par Auxerre. Mais quand on va par la Champagne, on prend la route de Langres, Chaumont, Troyes &c. comme on verra cy-après. Du Val de Suzon à Saint Seine, poste.

SAINT SEINE est un Bourg du Duché de Bourgogne, auprès duquel la Riviere de Seine prend sa source: il y a une Abbaye de l'Ordre de Saint Benoist très-considérable.

De Saint Seine à Chanceaux, poste: de Chanceaux à Ville-neuve, poste & demie: de Ville-neuve à Eringe, poste: d'Eringe à Montbard, poste: de Montbard à Aixey sous Rougemont, poste: d'Aixey à Sauvigné, poste: de Sauvigné à Noyers, poste.

NOYERS est une petite Ville située entre deux Montagnes, sur la Riviere de Serain; elles ne consistent qu'en trois rues, qui aboutissent à la grande Place où est le Marché, la Halle couverte, & l'Eglise de Notre Dame, qui est la seule Paroisse. Les Prêtres de l'Oratoire ont ici une belle Maison, avec un petit Collége; l'Eglise en est proprement ornée. Il y a aussi plusieurs autres Maisons Religieuses.

De Noyers on va à Aigremont, poste: d'Aigremont à Prey, poste: de Prey à Auxerre, poste & demie.

40 l. AUXERRE est une Ville de France, sur les Confins de la Bourgogne, avec titre de Comté & Evêché Suffragant de Sens. Elle est située partie sur une Montagne, partie sur le penchant d'un Vallon, arrosé de la Riviere d'Yonne, qui sépare la Bourgogne du Nivernois. Cette Riviere fait valoir le Commerce d'Auxerre, outre que c'est un lieu de passage, pour aller aux plus considérables Villes du Royaume. Auxerre est grand, orné de belles Places, de plusieurs Fontaines, & de beaucoup d'Eglises.

La Cathédrale est dédiée à Saint Etienne. On y remarque la Tour, le Chœur, & la statue colossale de Saint Christophe, qui paroît au moins une fois plus grosse que n'est celle que l'on voit dans l'Eglise de Notre Dame de Paris. Le Palais de l'Evêque est à voir. Les autres Eglises sont les Abbayes de Saint Pére, dont l'Eglise aproche de la grandeur & de la hauteur de la Cathédrale. L'Abbaye de Saint Germain; celle des Isles; & le Prieuré de Notre-Dame. Auxerre a aussi les Couvents des Dominicains, des Augustins déchaussez, des Ursulines, des Filles de la Visitation, des

Filles de la Providence, & une Commanderie de l'Ordre de Malthe. Les Jésuites y ont un Collége, & les Peres de Saint Lazare y gouvernent le Séminaire Episcopal. Hors de la Ville il y a un Couvent de Capucins, & l'Abbaye de Saint Marien & celle de Saint Julien.

D'Auxerre à Basson, poste & demie: de Basson à Joigny, poste & demie.

JOIGNY, Ville de Champagne dans le Sénonois, est située au bord de la Riviere d'Yonne, sur la pente du Coteau qui la rend d'assiete naturellement forte, à quoi l'art a beaucoup contribué : puisqu'elle est fermée de murs épais, avec de grosses Tours rondes, bien bâties. Sa principale Eglise est assez belle ; on voit à Joigny une grande Place ; un grand Pont de pierres, & un Château. La jonction de la Riviere d'Armançon, avec celle d'Yonne, en rend les environs agréables & très fertiles, sur tout en vins, & en pâturages, qui font la richesse du Pays.

On va de Joigny à Ville-Valier, poste : de Ville-Valier à Villeneuve le Roy, poste.

VILLENEUVE LE ROY, petite Ville du Sénonois, est située sur la Riviere d'Yonne, qu'on y passe sur un Pont.

De Villeneuve le Roy à Sens, poste & demie.

261. SENS, Ville Capitale du Sénonois, est située sur la Riviere d'Yonne, que l'on passe sur un grand Pont de pierres. Quelques Auteurs veulent qu'elle ait eu pour Fondateur *Samotes*, l'un des quatre fils de Japhet. Les rues étroites & tournoyantes de cette Ville, sont des marques de son antiquité; ce qui n'empêche pas qu'on ne l'estime l'une des plus belles & des plus grosses Villes de France. Elle a titre d'Archevêché, & pour Suffragans, Troyes, Auxerre, & Nevers. Elle dispute encore la Primatie des Gaules & de Germanie avec l'Archevêché de Lyon. Elle a aussi un Présidial, & un Bailliage, qui est l'un des quatre plus anciens de France : il ressortit au Parlement de Paris.

L'Eglise Métropolitaine de Sens, dédiée à Saint Etienne, est très-considerable. Sa façade est enrichie de différentes figures, & accompagnée de deux grosses Tours quarrées, dont l'une à un Horloge qui se fait entendre dans tous les quartiers de la Ville. Après avoir descendu quelques marches, on est surpris de la grandeur du Vaisseau de cette Eglise, qui égale celle de Notre-Dame de Paris, & qui la surpasse en ce qu'elle est mieux bâtie. On doit remarquer dans la Nef la Chapelle des Sallezards, où sont leurs Tombeaux soutenus de colonnes de marbre, avec leurs statues en marbre blanc. Celui de l'Archevêque de Sens, ne cede rien à celui de l'Evêque d'Angoulême, tous deux ornez de leurs figures en marbre blanc. Il faut demander à voir un soubassement du grand Autel, qui ne sert qu'aux grandes Fêtes; c'est un bas relief sur une table d'or, toute couverte de pierreries qui représente Saint Etienne à genoux, au milieu des quatre Evangelistes.

Les Chapelles du tour du Chœur sont très-belles; particulierement celle dont la clôture représente une Sphére avec toutes ses constellations. Les Vitres de cette Eglise sont d'une beauté singuliere; ce sont des peintures de *Jean Cousin*, qui étoit natif de Sens.

Les Cordeliers, les Celestins & les Dominicains, ont des Couvents à Sens; les Jésuites y ont un College & une belle Maison. On y voit aussi les Abbayes de Saint Jean & de Saint Martin: mais elles ne sont pas si considérables que celle de Saint Pierre le vif, au Faubourg de Saint Savinien. Celle de Saint Paul en celui du même nom; & celle de Sainte Colombe sont à voir; dans cette derniere Saint Loup voulut être enterré, à cause de la grande dévotion qu'il avoit à cette Sainte. Le Tombeau de l'un & de l'autre sont au milieu de la Nef,

& leurs reliques dans des Châsses d'argent, placées au-dessus du grand Autel.

Ce qui rend la situation de Sens fort agréable, c'est qu'il y a presque dans toutes les rues de petits ruisseaux qui les lavent, & qui sont fort commodes aux Bourgeois pour divers usages. Ils viennent de la Riviere de Vanne, qui remplissant d'eau les fossez de cette Ville, la rend d'autant plus forte qu'on ne sçauroit en approcher facilement, sur-tout du côté du Faubourg Saint Paul, où cette Riviere se divisant en plusieurs Canaux, est cause que le Pays se trouve fort propre au Jardinage.

De Sens on va à Pont sur Yonne, poste & demie : de Pont sur Yonne à Villeneuve la Guiart, poste & demie : de Villeneuve à Faussart, poste : de Faussart à Moret, poste.

MORET est une petite Ville dans le Gâtinois ; elle a un Château très ancien, qui n'est presque qu'un Donjon, couvert d'une terrasse. Les Murailles de Moret sont d'assez bonne défense. La Grande Eglise, dédiée à Notre Dame, est passablement bien bâtie.

De Moret il y a une poste pour aller à Fontainebleau, dont les Curiositez se trouvent cy-devant page 117. De Fontainebleau à Paris on suit la Route marquée à la page 121.

ROUTE DE DIJON A PARIS,
par Langres, Chaumont, Troyes, &c.

De Dijon à Thil, deux postes : de Thil à Prothoy, deux postes : de Prothoy à Langres, deux postes.

57 *l.* LANGRES, Ville de Champagne, est située sur un Promontoire tout environné de prairies. Son assiete est si forte qu'elle n'a jamais été prise ; ce qui lui a fait donner le surnom de *Pucelle*. Aussi-tôt que l'on a passé la Porte de Dijon, où l'on voit quelques fortifications, on trouve une grande rue qui traverse une partie de la Ville, & conduit à une Place appellée de *Champo*. Elle est fort large par rapport aux autres, & en certains endroits elle a l'air d'une Place. On voit à l'entrée les deux Eglises Paroissiales de Saint Amat & de Saint Martin, & tout auprès les Peres de l'Oratoire qui sont bâtis à la moderne, mais assez simplement : & ensuite le Palais Episcopal.

L'Eglise Cathédrale, dédiée à Saint Mamez, est à l'extrémité de cette même rue. L'Evêque est Duc & Pair de France, & Seigneur

gneur Temporel. Le Chapitre est fort nombreux ; les Prébendes sont bonnes & les Chanoines au nombre de soixante, environ. L'Eglise, qui a deux Clochers, est bien bâtie, mais à la gotique; elle est un peu sombre. On y peut remarquer plusieurs Tombeaux considérables; entr'autres, dans le Chœur, celui du Cardinal de Chévry, où il est représenté en bronze sur une tombe de marbre. Derriere le grand Autel, ceux de quatre Evêques sur un même rang, dont deux sont de marbre, avec leurs figures en bronze. On y voit aussi une colonne sur laquelle les Châsses de Saint Gergulphe Martyr, & de Saint Gregoire Evêque, sont exposées. Mais le principal de tous ces Tombeaux est celui des trois enfans Jumeaux, qui furent massacrez au commencement de l'Eglise de Langres. Il est placé devant le Grand Autel, où l'on voit la Châsse de Saint Mamés. On voit encore dans le Chœur plusieurs pierres qui ont servi d'Autel aux Sacrifices des Payens.

La Grande Messe se célèbre dans cette Eglise, à peu près comme à Lyon: après l'*Ite Missa est*, chacun s'en va, en disant *Deo gratias*. Le Camail des Chanoines & des Bénéficiers est doublé de fourrure: ils ne le quittent ni l'Hiver ni l'Eté, & lorsqu'ils officient, le Célébrant le met sous la

Chape ou la Chasuble, & le Diacre & le Soudiacre par dessus.

L'Eglise de Saint Pierre, proche de la Cathédrale, est l'une des principales Paroisses de Langres ; sa grosse Tour est son plus bel ornement. Les Capucins, les Carmes déchaussez, les Jacobins, les Ursulines & les Filles de Sainte Marie, ont leurs Couvents dans Langres, & les Jésuites une Eglise & un Collège considerable. La Maison de Ville n'a rien de remarquable : les murs ou remparts de la Ville sont couverts d'un toit, par le moyen duquel on peut tourner tout au tour sans se mouiller lorsqu'il pleut : le côté du dehors est revêtu du parapet, qui monte jusqu'au toit, & l'on ne voit la Campagne que par des petites fenêtres, ou des embrasures. Au-dessous de la Ville, est une grande Fontaine intarissable, qui fournit l'eau necessaire pour les gens & pour les bêtes de la Ville. Langres est fort connue pour les ouvrages de Coutellerie qui s'y font. Elle est le Siége d'un Bailliage & d'un Présidial, qui ressortissent au Parlement de Paris.

On sort de Langres pour aller à Vesigne, poste & demie ; & de Vesigne à Chaumont, aussi poste & demie.

50 l. CHAUMONT est appellé Chaumont en Bassigni, parce qu'elle en

est la Ville Capitale. Elle est située comme Langres sur un Promontoire, dont la Coline s'étend jusqu'au bord de la Marne. La principale Eglise, qui est Paroisse, dédiée à Saint Jean Baptiste, est desservie par douze Chanoines, qui de toute ancienneté ont été élûs par le Chapitre & par les Habitans, dans les seules familles de la Ville. Les Jésuites y ont un fort beau Couvent, & une Eglise à la moderne tres-bien bâtie. Les Religieuses de Saint Benoist ont aussi une Eglise fort bien décorée, par les statues, l'Architecture, & les autres dépenses qu'elles y ont faites depuis quelques années. Chaumont n'étoit autrefois qu'un Bourg fortifié d'un Château. Il a eu des Seigneurs particuliers, jusqu'à ce qu'il ait été réuni au Comté de Champagne. Les Comtes de Champagne avoient leurs Palais en ce Château, comme le marquent les Salles & les Chambres qu'on y voit encore; sur tout celle que l'on nomme la Salle des Demoiselles. Il y a dans Chaumont Bailliage, Présidial, & autres Jurisdictions subalternes.

De Chaumont à Sazaimecourt il y a une poste & demie, & de Sazaimecourt à Bar sur Aube, deux postes.

42 *l.* BAR-SUR-AUBE est une Ville de Champagne dans le Bassigny; elle a pris son nom de sa situation sur la Riviere d'Au-

be: Cette Ville est passablement bâtie, dans une Vallée fort agréable, auprès d'une Côte qui est à deux lieues de Clairvaux, à six de Chaumont, & à dix de Troyes. Bar-sur-Aube a eu des Comtes particuliers, jusqu'à ce qu'elle ait été réunie à la Couronne avec le reste de la Champagne. Les bons vins de Bar-sur-Aube sont en réputation. L'Eglise Paroissiale est en si mauvais état, qu'à peine trouvera-t-on la pareille en France : on voit encore à Bar-sur-Aube un reste de Château à la gotique qui n'a rien de singulier.

De Bar-sur-Aube à Vendeuvre, deux postes : de Vendeuvre à Montieramé, poste & demie : de Montieramé à Troyes en Champagne, deux postes.

La Champagne a titre de Comté ; elle est ainsi nommée de ses belles & fertiles Campagnes, qui abondent en toutes choses ; mais particulierement en grains & en vins excellens. Elle est bornée à l'Orient par la Lorraine, au Midi par la Bourgogne, par la Brie, & ensuite par la Picardie au Couchant, & par la Flandre au Septentrion. Son étendue est d'environ soixante & dix lieues du Midi au Septentrion. Les Champenois passent pour opiniâtres & entêtez, du reste assez bonnes gens de toutes manieres. Le Proverbe dit d'eux, quatre-vingt dix-neuf Champenois & un mouton font, &c.

34. l. TROYES est la Ville Capitale de toute la Champagne : elle est grande, belle, bien située, & assez connue à cause de son trafic, & de ses Manufactures qui se répandent dans tout le Royaume. Elle est assise sur la Riviere de Seine, dans une belle pleine fort cultivée & fort agréable. En entrant dans Troyes on est surpris de la grandeur de ses rues, & du nombre de ses Habitans, par rapport aux Villes ordinaires.

L'Eglise Cathédrale dédiée à Saint Pierre, est magnifique dans son gotique, tant en dehors qu'en dedans. Son Portail est orné de figures, & de bas reliefs trés-estimez. Trois grandes Portes en font la façade au dessus de laquelle s'éleve une grosse Tour quarrée, qui renferme l'une des plus grosses cloches de France. Dans l'Eglise il y a plusieurs Tombeaux remarquables ; entr'autres ceux du tour du Chœur. On y voit aussi le corps de Sainte Hélene, si bien conservé qu'il paroît tout frais.

L'Abbaye de Saint Loup n'est pas éloignée de la Cathédrale : le Chef de Saint Loup Evêque de Troyes, s'y voit dans une Châsse toute couverte de riches pierreries. Il faut voir aussi la Collégiale de

Saint Pierre; & le Grand Prieuré de Champagne, Commanderie de Malthe. Les autres Eglises remarquables sont les Carmelites, dont le grand Autel fait le plus bel ornement: les Chartreux & les Capucins; l'Abbaye des Filles de Notre-Dame, & la Collegiale de Saint Urbain: cette derniere est la plus belle Eglise après celle de Saint Pierre; elle dépend, ainsi que celle de S. Etienne, immédiatement du Saint Siége. Les Cordeliers & les Peres de l'Oratoire sont aussi à voir, de même que les Jacobins, les Mathurins, & l'Eglise de la Madeléne, qui a une tour dont la hauteur est remarquable.

L'Hôtel de Ville est très-bien bâti, sur un dessein de bon goût, & encore mieux executé; c'est un grand corps de logis, accompagné de deux aîles. Sur la Porte est la statue pédestre de Louis XIV, en marbre blanc; c'est un ouvrage du fameux *Girardon*, qui étoit natif de cette Ville, à qui il a fait present de cette belle piece; cette statue, plus grande que le naturel, est accompagnée de plusieurs autres ornemens & attributs du même *Girardon*. Les Promenades de Troyes sont fort agréables, particulierement vers le Mail, qui est sur les Remparts de la Ville, entre deux rangées d'arbres. Le Commerce de Troyes consiste principalement en Draps, Quinquaillerie, Mercerie, &c. dont il s'y fait un grand trafic.

De Troyes on va au Pavillon, il y a deux postes ; du Pavillon aux Trois-Maisons, poste & demie ; des Trois-Maisons à Nogent, deux postes & demie.

22 *l*. NOGENT sur Seine est une petite Ville d'un Commerce assez considérable, que lui produit l'avantage de sa situation sur les bords de la Riviere de Seine. La grande Eglise est dédiée à Saint Laurent. Sa haute Tour a quelques cloches en réputation pour leur son harmonieux. La Couronne de cette Tour est fort ingenieusement construite. Cette Ville a plusieurs Fauxbourgs, & une Isle nommée de l'Ecluse, occupée presque par des Bateliers. Les Capucins ont leur Couvent dans le Faubourg de la Chaussée, à la fin de laquelle on voit une abîme d'eau, qu'on appelle, *la Fosse des Nones*, parceque, dit-on, il y tomba un jour un Carosse rempli de Religieuses qui y périrent.

De Nogent on va à Provins ; il y a deux postes.

18 *l*. PROVINS est une petite Ville de Brie, dont la situation entre deux Montagnes, a beaucoup de ressemblance, à ce qu'on prétend, avec la Ville de Jerusalem.

On a élevé au dehors unè espece de Calvaire, où les Habitans vont en Pelerinage. Il y a quatre Paroisses dans Provins, quatre Couvents d'hommes, quatre de Filles, & quatre Hôpitaux. On voit un grand tresor dans le riche Prieuré de Saint Ayou. La Collegiale de Saint Quiriace, Notre-Dame du Val, & l'Abbaye de Saint Jacques sont à voir. L'histoire des Cordeliers de Provins & des Religieuses de Sainte Catherine est assez connue, sans en dire ici davantage. Il y a Bailliage, Prévôté & Election dans Provins, dont la Ville ne consiste presque qu'en deux principales rues. L'ancien Château de Provins étoit la demeure ordinaire des Comtes de Brie.

De Provins à la Maison rouge, poste : de la Maison-rouge à la Bertosche, poste : de la Bertosche à Mormans, poste & demie : de Mormans à Guignes, poste : de Guignes à Brie-Comte-Robert, poste & demie.

6 l. BRIE-COMTE-ROBERT est une petite Ville, située près de la Riviere d'Yere, dans une Campagne très-fertile en bleds, dont les coteaux sont chargez de vignobles, & les environs remplis de Maisons de Plaisance, qui en font un séjour des plus agréables pour la Promenade. L'Eglise Paroissiale de Brie-Comte-Robert, le grand Marché, & l'antique Forteresse,
entourée

entourée de Foſſez avec un Pont-levis, ſont ce qu'il y a de plus conſiderable, & à dire vrai ils ne le ſont gueres. Le Château de Grosbois, auprès duquel ſont les Camaldules, n'eſt qu'à deux lieues de Brie-Comte-Robert. Ces deux endroits méritent d'être vûs en paſſant.

De Brie-Comte-Robert à Boiſſy Saint Leger, poſte ; de Boiſſi à Charenton, poſte ; & de Charenton à Paris, poſte Royale.

ROUTE DE LA DILIGENCE
de Paris à Lyon paſſant par la Bourgogne.

Villes & Villages.	Lieues.	Obſervations.
De Paris à Charenton,	1.	De Paris à Mongeron plaine.
Villeneuve ſaint George,	ƺ.	
Mongeron,	d.	De Mongeron à Lieurſaint, Foreſt de Senar.
Lieurſaint,	2 & d.	De Lieurſain à Melun, Plaine, & deux petits bois, l'un à droite & l'autre à gauche.
Melun,	3.	De Melun à Moret, tout eſt
Broſle,	2.	brouſſailles, bruyeres & Fo-
Les Balſes-Loges,	2.	reſt de Fontainebleau, à la réſerve d'environ une demie lieu de Plaine à la ſortie de Melun.
Moret,	2.	De Moret à Touſſard une Vallée, & le reſte Plaine juſqu'à Auxerre.
Touſſard,	2.	
Villeneuve la Guiarre,	2.	
Champigny,	1. & d.	

P

La Chapelle	d.	
Vilmanoche,	d.	
Pont sur Yonne,	d.	
Saint Denis,	2.	
Sens,	1.	
La Maison blanche,	1.	
Ville-neuve le Roy,	2.	
Armaux,	1. & d.	
Villevalier,	d.	
Vilsien,	1.	
Joigny,	1.	
Baſſou,	1.	
Regende,	1.	
Auxerre,	2.	D'Auxerre à Vermenton, Plaine.
Saint Bry,	2.	
Cravant,	2.	
Vermenton,	1.	De Vermenton à Percy le ſec, un petit bois à craindre.
Perſy le ſec,	2.	Les Bois de Perſy le ſec ſont dangereux.
Lucy le Bois,	2.	De Lucy le Bois à Souvigny rien à craindre.
Veſſy,	1.	
Souvigny le Bois,	d.	De Souvigny à Cuſſy, il y a
Cuſſy les Forges,	1. & d.	un Etang environné de bois, nommé l'Etang de Tobie, cet endroit eſt très-dangereux: De Cuſſi à la Roche, les bois d'Empoigne pain, autrement dit la Grurie, il faut ſe tenir ſur ſes gardes.
Rouvray,	2.	
La Roche emberlin,	1.	De la Roche à Saulieu, tout bois & brouſſailles à demi lieue près de Saulieu, au Maupas 2 endroits nommez le petit bras de fer, & la Maiſon des Champs, un Etang & pluſieurs Vallons; ce paſſage eſt à craindre.
Chantan,	1.	
Saulieu,	1.	
Maupas,	1.	Du Maupas à Arnay-le-Duc,
Pouché,	1. & d	bon chemin, à la réſerve du Bois de Joué.

DE FRANCE. 171

Joué,	d.	
Arnay-le-Duc,	1.	
La Canche,	1 & d.	De la Canche à Yvry, bois & broussailles.
Yvry,	1 & d.	D'Yvry à la Rochepot, il y a
la Rochepot,	2.	la Fondriere de la Fiolle : c'est un assez mauvais passage.
Saint Aubin,	1.	De Rochepot à Saint Aubin, ce sont toutes Vignes, & des chemins étroits, de même jusqu'à Chagny.
Chagny.	1.	De Chagny à Châlon, ce sont les bois de Chagny.
Saint Fargeux,	2.	Icy est le bout de la Forest de Beauregard qui a 15 lieues de tour.
Châlon,	1.	De Châlon à Senesé est un Bois nommé la Grôle.
Drou,	dem.	
Senesé,	2 & d.	De Senesé à Tournus, quelques broussailles.
Tournus,	2.	De Tournus à Mâcon, le chemin est sans danger.
Montbler,	2 & d.	
Mouche,	1 & d.	
Mâcon,	1 & d.	De Mâcon à la Maison blanche, le chemin est étroit & serré.
Creche,	2.	
la Maison blanche,	1 & d.	Près la Maison blanche il y a un Vallon & quelques broussailles.
Villefranche.	4.	De Villefranche à Lyon, bon chemin, hors quelques bosquets de bois vers les Echelles & le Maréchal.
Ence,	1 & d.	
les Echelles,	1.	
le Maréchal,	1 & d.	
Lyon,	1 & d.	

P ij

AUTRE ROUTE DE PARIS à Lyon, avec les noms des Villes, Bourgs & Villages, & leurs distances.

DE Paris à Ville-Juif,   2 lieues
De Ville-Juif à Juvify,   2 l.
De Juvify à Ris,   2 l.
De Ris à Eſſone,   1 l.
D'Eſſone au Pleſſis,   1. l.
Du Pleſſis à Auverneaux,   2 l.
D'Auverneaux à Milly,   1 l.
De Milly à Noiſy,   1 l.
De Noiſy à Vandoy,   2 l.
De Vandoy à Verto,   1 l. & demie
De Verto au Pont-Agaſſon,   3 l.
Du Pont-Agaſſon à Prés-Fontaines, 2 l.
De Prés-Fontaines à Montargis,   3 l.
De Montargis à Nogent,   5 l.
De Nogent à la Buſſiere,   3 l.
De la Buſſiere à Briare,   2 l. & demie
De Briare à Ville-Neuve,   3 l.
De Ville-Neuve à Neuvy,   3 l.
De Neuvy à Coſne,   1 l.
De Coſne à Maltaverne,   2 l.
De Maltaverne à Poüilly,   3 l.
De Poüilly à Beuvre, un quart de lieue.
De Beuvre à la Charité,   2 l.

De la Charité à la Marche, 1 l. & demie.
De la Marche à Pougues, 1 l. & demie.
De Pougues à Nevers, 2 l.
De Nevers à Magny, 2 l. & demie.
De Magny à S. Pierre le Moûtier, 3 l.
De S. Pierre le Moûtier à Chantenay, 3 l.
De Chantenay à Ville Neuve, 2 l.
De Ville-Neuve à Moulins, 4 l.
De Moulins à Aps, 3 l.
D'Aps à Naſſau, une demie l.
De Naſſau à Varennes, 3 l.
De Varennes à Saint-Geran, 2 l.
De Saint-Geran à la Palice, 2 l.
De la Palice à Château-Morant, 2 l. & d.
De Château-Morant à S. Martin, demie l.
De S. Martin à la Pacaudiere, 1 l. & demie.
De la Pacaudiere à Roane 3 l.
De Roane à S. Siphorien, 4 l.
De S. Siphorien à Tarare, 5 l.
De Tarare à Breſle, 4 l.
De Breſlé à la Tour de Salvagney, 1 l. & d.
De la Tour de Salvagney à Lyon, 1 l. & d.
De Paris à Lyon, cent lieues moins un quart.

Chemin de Lyon à Marſeille.

De Lyon à Vienne, 5 l.
De Vienne à Serrieres, 6 l.
De Serrieres à Tournon, 4 l.
De Tournon à Valence, 3 l.

De Valence à Charmes, 1 l. & demie.
De Charmes à la Voute, 1 l. & demie.
De la Voute au Pouffin, 1 l.
Du Pouffin à Privas. 2 l.
De Privas à Cruas, 3 l.
De Cruas à Anconne, 1 l.
D'Anconne à Viviers, 2 l.
De Viviers à Donzére, demie lieue.
De Donzére au Pont S. Efprit 3 l. & demie.
Du Pont S. Efprit à Ville-Neuve, 10 l.
De Ville-neuve à Avignon, le Rhofne à paffer.

D'Avignon à Lyon, 43 lieues.

Pour ceux qui veulent voir ces lieux.
{ D'Avignon à Remolin, 3 l.
De Remolin au Pont du Gard, demie lieue.
Du Pont du Gard à Nîmes, 4 l.
De Nîmes à Beaucaire, 5 l.
De Beaucaire à Tarafcon, le Rhofne à paffer.
De Tarafcon à Avignon, 5 l.

D'Avignon à Noves. 2 l. & demie.
De Noves à Orgon, 2 l. & demie.
D'Orgon à Overné, 5 l.
D'Overné à Lambefc, 1 l.
De Lambefc à Saint Cannat, 1 l.
De Saint Cannat à Aix, 2 l.
D'Aix à Pouffeaux, 4 l. & demie.
De Pouffeaux à S. Maximin, demie lieue.
De S. Maximin à la Ste Baume, 3 lieues.

De la Ste Baume à Aubagne, 4 l.
D'Aubagne à Marseille   3 l.

Chemin de Marseille à Nice.

De Marseille à Aubagne,   3 l.
D'Aubagne à la Maison du Bois, 1 l. & d.
De la Maison du Bois au Bausset, 2 l.
Du Bausset à Ollioules,   1 l.
D'Ollioules à Toulon,   1 l. & demie.
De Toulon à Saliers,   1 l.
De Saliers à Cuers,   4 l.
De Cuers à Pignans,   3 l.
De Pignans au Muy,   5 l.
Du Muy à Fréjus,   2 l.
De Fréjus à l'Estrel,   2 l.
De l'Estrel à Cannes,   5 l.
De Cannes aux Isles de S. Honorat & de Ste Marguerite, un quart de lieue.
De Cannes à Antibes,   3 l.
D'Antibes à S. Laurent   3 l. & demie.
De S. Laurent à Nice,   1 l. & demie.

VOYAGE D'ALLEMAGNE A PARIS, PAR STRASBOURG.

Comme on arrive souvent d'Allemagne par Brisach & sa route, jusqu'à Strasbourg, il est à propos d'en dire un mot avant de parler de cette dernière Ville. On passe du vieux Brisach, qui est en Allemagne, sur l'un des bords du Rhein, au neuf Brisach, qui est situé de notre côté.

108. *l.* BRISACH, est une Ville très-bien située, qui a été bâtie & fortifiée sous Louis XIV, par le Maréchal de Vauban grand Ingénieur; elle n'est pas à beaucoup près d'une si forte situation que le vieux Brisach, auquel elle communique par un Pont sur le Rhein.

De Brisach on va à Colmar. COLMAR, est la Ville Capitale de la haute Alsace, située près de la Riviere d'Ill : elle est honorée de la résidence du Conseil Superieur de la Province.

*De Colmar à Guemack, poste & demie;
de Guemack à Scheleftat, poste.*

99 *l.* SCHELESTAT est une petite Ville très-bien fortifiée; elle est située sur les Rivieres d'Ill & de la Cébe, entre Colmar, Benfeld, la Montagne & le Rhein.

De Scheleftat, on peut aller droit à Nanci, par le Lievre, Sainte Marie aux Mines, Gemmingot, Saint Diey, Raon, Azeraille, Luneville, Saint Nicolas, & Nancy.

De Scheleftat on va à Benfeld, poste & demie: de Benfeld, à Feygersheim, poste & demie: & de Feygersheim à Strasbourg, poste & demie.

100 *l.* STRASBOURG est la Capitale de la Province d'Alsace. Cette Province a environ douze lieues d'étendue d'Orient en Occident, & trente-cinq du Midy au Septentrion. Elle est bornée à l'Orient par le Rhein, qui la sépare de l'Allemagne: à l'Occident par la Lorraine; au Septentrion par le Palatinat; & au Midi par la Suisse.

Ses plus considerables Rivieres sont le Rhein & l'Ill. Le Pays est très-fertile, quoique l'air y soit froid; le bled, le vin, le chanvre, les fruits, le tabac, &c. y croissent en abondance. Les paturages y sont excellents, & les forests en nombre. Il y a plusieurs mines d'argent, de plomb, de cuivre; On y trouve aussi de beaux marbres, des veines de Jaspe & d'Agate.

Les Strasbourgeois se sont tellement francisez dans leurs mœurs & dans leurs Coutumes, depuis qu'ils sont réunis à la Monarchie Françoise, qu'on les prendroit pour des François même.

Strasbourg, dont le mot signifie Ville de passage, est une très-grande Ville, fort bien bâtie, à la maniere Allemande, & une des plus fortes Places du Royaume. Elle n'est pas moins considerable, par son antiquité & sa grandeur, que par ses richesses & ses fortifications ; son nom ancien est *Argentina*, & les Italiens, les Espagnols, &c. la nomment encore de même. Elle est située au bout d'une fertile & vaste Campagne si droite & si unie, qu'on la découvre des Montagnes de Saverne, dont elle est éloignée de huit lieues. La Riviere d'Ill, qui passe presqu'au milieu, la divise en vieille & nouvelle Ville ; celle de Brusch y vient aussi, & toutes deux se vont rendre dans le Rhein, qui n'en est éloigné que d'un quart de lieue.

L'Eglise Cathédrale de Strasbourg, dédiée à Notre-Dame, est un Evêché Suffragant de Mayence, & le plus considérable édifice de la Ville ; elle peut même passer dans son gothique, pour une des plus belles de l'Europe. On y entre par un magnifique Portail, chargé de figures comme celui de Notre-Dame de Paris. Les Portes qui sont d'airain, & tout le dedans, répond fort bien à cette grande façade représentée en la figure cy-à-côté : & quoique son vaisseau ne soit pas de la derniere beauté, les curieux y trouveront de quoi se satisfaire.

Depuis que les Catholiques sont en possession de cette Eglise, le Cardinal de Fustemberg y a fait faire un magnifique Autel, d'une structure entiérement isolée, & situé presque à l'entrée du Chœur, de maniere qu'on le voit de tous côtez. La coupe ou couronnement n'est que de bois doré ; mais sculpté dans un goût excellent. Le Chapitre est composé de vingt-quatre Chanoines qui sont Princes, Comtes, ou Barons : ils assistent à l'Office en Soutane rouge avec des aumusses en forme de camail; quelques-uns portent des peruques blondes & quarrées qui leur descendent jusqu'à la ceinture. Les PP. Jesuites ont le soin de la Sacristie.

Les autres Eglises considerables sont S. Pierre le Jeune, Collégiale ; elle sert aux Lutheriens, après que les Catholiques y ont fait leur Office. Saint Pierre le Vieux, Saint Etienne, Saint Laurent, &c. Il n'y a que trois Couvents d'hommes, & trois de Filles dans cette Ville.

La haute tour qui s'éleve fur cette Eglife, eft un édifice piramidale, élevé d'une fi grande hauteur qu'il femble que la pointe fe perde dans les nues : elle n'a fûrement point de pareille au monde. Elle devroit être accompagnée d'une autre tout qui n'a pas été faite. Elle eft conftruite de pierres de taille rouges, & prefque par-tout ornées de reliefs à la gotique. Tout l'ouvrage, à jour comme il eft, femble être découpé : il fe foutient par la quantité de fer qui le lie. Cette Tour ou Clocher a 574 pieds de hauteur, ce qui joint à la quantité d'ornemens dont elle eft chargée, offre à la vûe une Piramide des plus admirables. Elle eft accompagnée de quatre efcaliers en forme de tournelles dont le travail eft merveilleux pour fa délicateffe. On y monte 654 marches. Sur la platte forme il y a une grande citerne pour fournir de l'eau en cas d'incendie. Le Clocher eft rempli de feize cloches, dont la plus groffe péze dix-huit mille livres. Il y en a une d'argent alié qui en péfe quinze mille ; on ne la fonne que deux fois l'année pour la Foire. Dans les réjouiffances publiques, on illumine cette Piramide, en mettant de gros flambeaux dans des trous pratiquez dans les pierres tout autour ; c'eft un fpectacle des plus charmans. Quoiqu'elle ait une élévation prodigieufe,

j'ay vû un Allemand assis sur les traverses de la Croix, qui avoit gagé d'y boire une bouteille de vin du Rhein, & qui gagna avec plus de bonheur que de sagesse.

L'Horloge de cette Eglise, communément appellée l'Horloge de Strasbourg, tel que la figure cy à côté le represente, est un Chef d'œuvre d'Astronomie & de Méchanique ; il fait l'admiration des Voyageurs & des Curieux. On le distingue en trois parties principales, dont voicy le détail, d'après un imprimé qui se vend à Strasbourg.

La premiere, qui est celle d'enbas, semble servir de base aux deux autres. Elle contient trois tableaux ; un rond, au milieu, & deux quarrez, aux côtez. Le rond a trois cercles l'un dans l'autre, deux mobiles & un fixe. Le premier cercle a dix pieds de diametre, dans toute sa largeur, & fait le tour seulement une fois par an de la gauche à la droite. Le second cercle qui a neuf pieds de diametre, est aussi une année à faire son tour de la droite à la gauche ; avant qu'il fût arrêté, il marquoit les jours de vigiles & de fêtes, & devoit servir un siécle. Le troisiéme cercle, situé au milieu des deux autres, represente l'Allemagne, & la Ville de Strasbourg ; il est fixe & ne sert que d'ornement. Les quatre Monarchies

L'HORLOGE DE STRASBOURG

sont peintes dans les encoignures : entre lesquelles sont aussi peints le Jour & la Nuit.

Au devant de ce tableau on voit un Pélican portant un Globe sur ses aîles. Le Soleil & la Lune représentez sur ce globe, y font chaque jour leur cours dans le Zodiaque en vingt-quatre heures; ce globe est enfermé par une grille de fer. Les tableaux quarrez qui sont aux deux côtez de cette premiere partie inferieure, ont servi à marquer les Eclipses du Soleil & de la Lune; du moins c'est l'usage auquel ils étoient destinez; mais tout cela ne marche plus.

Le second étage a encore une partie de ses mouvemens; il contient un grand tableau, au milieu duquel paroît un Astrolabe qui marque le cours du Ciel : les quatre Saisons sont peintes au tour. Audessus, est une montre qui marque les heures & les minutes, & plus bas, les sept jours de la semaine, figurez par les sept Planettes, passent sur des chariots. Au dessus on voit une espece de cadran, dans lequel est un visage de Lune qui fait paroitre ses phases, & en marque l'âge & le jour. Ce second étage est accompagné de figures de Lions, & d'autres animaux qui avoient chacun une organe qui contrefaisoit la voix naturelle. Il y a encore deux petits Anges, dont l'un tient un Sceptre à sa main avec lequel il frape: l'autre tourne un Sable avant que l'heure sonne, & après que le Coq a chanté.

Le troisiéme étage est considerable par un ingénieux jeu de figures, & par l'execution de leur sonnerie. Les quatre âges de l'homme y sont représentées par des figures convenables. A chaque quart d'heure elles paroissent & passent tour à tour pour sonner les quarts sur de petites cloches. La mort vient ensuite, aussi à chaque quart d'heure, passant au devant de chaque âge: elle est chassée par un Christ ressuscité, qui lui permet cependant de sonner l'heure, afin qu'on se ressouvienne de son heure incertaine. Le comble est rempli de cinq statues, & d'ornemens de sculpture.

Au côté droit de cet Horloge, il y a une haute Armoire, ou Arche, qui renferme les contrepoids & les differents mouvemens. Sur le comble est un Coq de métail, rempli de ressorts, qui avertit par son chant quand l'heure doit sonner; alors il allonge le cou, bat des aîles, & contrefait le chant du Coq. Mais à force de chanter sa voix est devenue si fort enrouée, que celui de l'Horloge de Lyon, qui n'est pas trop bon, l'emporte de beaucoup.

Plus bas on remarque dans un cadre le Portrait de *Nicolas Copernic*, inventeur (à ce qu'on dit à Strasbourg) de ce bel Horloge, qui fut achevé en 1573, apparemment par quelqu'autre, puisque Copernic étoit mort dès 1543. Comme il est difficile qu'une si grande quantité de mouvemens differens se puissent entretenir long-temps dans leur justesse, le soin en étant souvent confié à des Horlogers peu intelligens dans les Mathématiques ; il est arrivé que ceux de cet Horloge se sont arrêtez, & si fortement dérangez, qu'il n'y a plus que la moindre partie qui aille son train ; quelques dépenses que l'on ait fait pour les rétablir, on n'y a pas pu réussir.

Après la Cathédrale de Strasbourg, la Citadelle, formée de cinq Bastions & de cinq demi-Lunes, est le lieu le plus remarquable. Les fortifications que Louis XIV. y a fait faire sont très-considérables : elles ont coûté des sommes immenses. Mais avec tout cela, comme la Ville est extrêmement grande & fort découverte, elle seroit très-difficile à garder, si les Forts imprenables que ce Prince y a fait construire sur le Rhein ne la mettoient en sûreté. C'est le fameux Maréchal de Vauban, qui a conduit la plûpart des fortifications de l'enceinte de Strasbourg.

L'Hôtel

L'Hôtel de Ville est un grand édifice quarré, terminé par deux Pavillons avancez, dont la façade est chargée d'anciennes peintures: l'interieur a des beautez qu'il ne faut pas négliger. L'Evêché, le Gouvernement, l'Intendance, l'Arsenal, où l'on voit l'Armure du Grand Gustave Adolphe Roy de Suede, tué à la Bataille de Lutzen; l'Amphithéatre anatomique, & les Magazins de la Ville sont des lieux à voir; ainsi que l'Hôpital des Bourgeois, & encore plus celui de la Garnison, dont le bâtiment est presque comparable à l'Hôtel Royal des Invalides à Paris. Le Théatre est aussi digne d'être vû; sa structure est fort bien conduite, & fort commode, sur-tout en cas d'incendie, par le nombre de portes qu'on y a pratiquées.

Strasbourg est fort peuplé: on y compte près de quarante-cinq mille Habitans, dont les maisons sont plus solidement bâties que bien meublées. La boiserie en est l'ornement le plus ordinaire. Dans cette Ville on passe la Riviere d'Ill sur deux Ponts de pierres, & sur quatre de bois. Le Pont du Rhein, qui est de bois, a près d'un quart de lieue de longueur.

Les environs de Strasbourg sont remplis de promenades agréables, & d'un grand nombre de maisons de Campagne.

On fréquente ordinairement le lieu appellé, *l'Arbre verd*, dans lequel on a pratiqué des cabinets qui peuvent contenir plus de quatrevingt personnes en différentes tables. Les instrumens & les danses accompagnent ces sortes de parties de plaisir.

On sort de Strasbourg, pour aller à Stissen, poste & demie ; de Stissen à Vilden, poste : de Vilden à Saverne, poste & demie.

94 *l.* SAVERNE est une petite Ville située au pied d'une Montagne, sur la Riviere de Soor ; qui remplit ses fossez d'un côté, & de l'autre il y a un grand Marais qui la fortifie : elle n'a qu'une grande rue remplie de maisons peintes en dehors, & occupées par de riches Marchands. La grande Eglise est une Collégiale, au devant de laquelle il y a une place avec une Fontaine. La Maison de Ville, celle de l'Evêque de Strasbourg, & celle du Gouverneur sont à voir. Les Coteaux des environs de Saverne sont remplis de vignobles qui produisent d'excellens vins.

De Saverne on va à Phalzbourg, poste.

92 *l.* PHALZBOURG est une petite Ville qui a titre de Principauté : elle est située au pied du Mont de Vauge, près de la Riviere de Zinzel, qui se jette dans la Saare. Elle a un Château que Louis XIV. a fait fortifier à cause de l'importance de sa situation.

Cette Place est capable de soutenir un long siége, par la difficulté de ses approches.

De Phalzbourg à Hommartin, poste : de Hommartin à Sarrebourg, poste.

88 *l.* SARREBOURG est une petite Ville située sur la Riviere de Saare : il n'y a presque qu'une grande rue, dont les maisons sont bâties en partie à la mode d'Allemagne. Le Château, l'Hôtel de Ville, & la Commanderie de Saint Jean, sont ce qu'il y a de plus remarquable.

De Sarreboug à Heming, poste : d'Heming à Hazondange, poste & demie ; d'Hazondange à Donnelai, poste & demie ; de Donnelai à Vic, poste & demie.

VIC est un Bourg situé sur la Seille, à une lieue de Marsal, & à cinq de Nancy. On y voit un Château qui appartient à l'Evêque de Metz.

De Sarrebourg on peut aller par Blamont à Luneville, Saint Nicolas, Nancy, Toul & route, jusqu'à Châlons en Champagne : sinon de Nancy à Metz, & suivre ensuite la grande Route jusqu'à Paris.

De Vic à Donjeu, deux postes ; de Donjeu à Solgne, deux postes ; de Solgne à Metz, deux postes.

68. *l.* METZ est une grande Ville, Capitale du Pays Messin : la Moselle qui l'environne du côté du Nord & du Couchant,

Q ij

se divise en deux canaux, dont l'un baigne ses murailles ; l'autre canal entre dans Metz sous le Pont de Bar. La Riviere de Seille environne aussi cette Ville du côté du Midi & du Levant.

La Citadelle de Metz a quatre bastions, avec de bons fossez, où en levant une écluse on peut faire entrer la Seille. Le fossé du côté de la Campagne a plusieurs sources d'eau vive. Elle a deux Portes pour entrer dans la Ville, & une pour en sortir, qu'on nomme la Porte d'Enfer : elle est du côté de la Moselle. Pour la Citadelle, habitée par des Artisans, on n'en sçauroit sortir par là sans batteau. Le tour en est fort, & muni de Boulevarts, de platteformes, garnies de Canon.

L'Eglise Cathédrale, dédiée à S. Etienne, est bâtie sur le penchant d'une Coline. Il faut descendre six ou sept marches pour y entrer. Cette Eglise est renommée par son ancienneté : ce qu'on y voit de plus remarquable, est une belle cuve de porphire qui sert de fonts baptismaux : elle est d'une seule piece, d'environ dix pieds de longueur. L'Evêque de Metz, qui est Suffragant de Tréves, prend la qualité de Prince du Saint Empire.

Les autres Eglises sont Saint Sauveur, Saint Thibault, & Notre-Dame la Ronde :

l'Abbaye de Saint Arnould, Ordre de Saint Benoît; & celles de Saint Vincent, de Saint Clement & de Saint Simphorien, toutes du même Ordre: de même que celles de Saint Pierre, de Sainte Marie & de Sainte Glossine, Abbaye de Filles, aussi de l'Ordre de Saint Benoît, & le College des Jésuites.

Metz est une des Villes de France où les Juifs ont la liberté de s'établir; ils occupent le quartier de Saint Féron, auprès de la Moselle. Ils sont obligez, pour être distinguez, de porter des Manteaux Hiver & Eté, & un Bouquet de Barbe. Louis XIII. créa un Parlement à Metz en mil six cens trente trois, & il assujetit à ce Parlement, Toul, Verdun, & tout le Pays Messin.

On va de Metz à Gravelotte, poste & demie; de Gravelotte à Malatour, poste: de Malatour à Harville, poste; d'Harville à Manheule, poste; de Manheule à Verdun, deux postes.

57 l. VERDUN est la Ville Capitale de l'Evêché de ce nom, avec titre de Comté. La Meuse qui y forme plusieurs Isles, la rend d'autant plus agréable, qu'elle est au milieu de belles prairies où l'on trouve des Promenades charmantes. On peut diviser Verdun en trois parties: la plus grosse est proprement la Ville, située sur un lieu éminent, qui panche doucement du côté

de la Riviere. La Citadelle est de ce même côté, sur une pareille hauteur ; ensorte qu'elle peut commander facilement sur les autres parties de la Ville, & même sur celle-cy.

Les Vents qui régnent sur la Ville de Verdun, sont si extraordinaires, qu'on n'a osé élever l'Eglise Cathédrale, dediée à Notre-Dame, à une hauteur proportionnée à sa grandeur. La largeur & la longueur de la nef, ses deux Chœurs, & ses quatre clochers sont remarquables, pour être construits dans le gout des Eglises d'Allemagne. Le grand Autel du premier Chœur, où les Chanoines officient est fort embelli, & plus élevé que la Nef, dont il est séparé par un Jubé ; l'autre Chœur, qui est au bout de l'Eglise, est appellé le haut Chœur, & pavé en Mosaïque. Dans le milieu de la Nef il y a un puits qu'on y a conservé pour s'en servir, en cas que le feu prît à l'Eglise ; comme l'endroit est élevé, il ne seroit pas fort aisé d'y porter de l'eau.

Il y a dans Verdun plusieurs Abbayes & Eglises Collegiales & Paroissiales, comme la Madeléne, Saint Nicolas, Saint Pierre, Saint Agri, Saint Maur, & Saint Vannes: cette derniere est la plus considérable ; elle est située au milieu des six bastions de la Citadelle. Les plus curieux endroits sont, le

Palais Episcopal, l'Hôtel de Ville avec son Horloge. La rue qui fait une Place devant la Maison du Roy, l'une des plus grandes de Verdun, rend dans celle appellée la Moisée. Les Jésuites ont leur Collége dans cette derniere; & plus avant les riches Marchands de la Ville y ont leurs Maisons. On vend à Verdun une quantité de Confitures considérable; les Anis sur-tout sont en réputation.

De Verdun à Jouy, poste & demie; de Jouy à Clermont, poste.

CLERMONT Ville, avec titre de Comté, est située sur une Colline dont la petite Riviere d'Air arrose le pied. Cette Ville, qu'on nomme ordinairement Clermont en Argonne, a eu autrefois de bonnes fortifications: mais ses murailles furent abattues dans le dernier siécle.

De Clermont aux Islettes, poste; des Islettes à Sainte Menehoud, poste.

49 *l.* SAINTE MENEHOUD, Ville de Champagne dans l'Argonne, est bâtie dans un marais entre deux rochers. Elle n'est considerable que par son Château, construit sur le plus élevé de ces deux rochers; la vûe en est par consequent fort agréable.

De Sainte Menehoud, à Orbeval, poste; d'Orbeval à Aulve, poste; d'Aulve à Som-

meuelle, poste; de Sommevelle à Notre-Dame de l'Epine, poste; de Notre-Dame de l'Epine à Châlons, poste.

39 l. CHAALONS est une Ville considérable de Champagne. C'est le Siége d'un Evêque qui est Pair Ecclesiastique, Suffragant de Rheims. Elle est située dans une Plaine fertile, sur la Riviere de Marne, dont une partie entre dans la Ville, où elle forme une Isle, & donne de grandes commoditez aux Habitans. François I. y fit faire d'assez bonnes fortifications du côté de la Riviere. Une muraille avec des fossez, presque toujours pleins d'eau, renferment cette Ville, & facilitent par consequent la visite des Marchandises, qui se fait ici avec beaucoup d'exactitude, pour empêcher la contrebande.

L'Eglise Cathédrale, dédiée à Saint Etienne est dans l'Isle: l'Evêque a titre de Comte & Pair de France. Il y a dans Chaalons treize Paroisses, dont plusieurs sont Collégiales, comme celles de la Trinité & de Notre-Dame, treize Ponts, treize Justices, & treize Couvents, entre lesquels sont les Abbayes de S. Pierre-au-Mont, Ordre de S. Benoist; de S. Menge lès Chaalons, & de Toussaints, Ordre de Saint Augustin. Les Jésuites y ont aussi un Collége. L'Hôtel de Ville est à voir. Chaalons est le séjour de l'Intendant de Champagne.

Les rues sont belles à Chaalons, & les maisons assez bien bâties, avec de grandes Places, entr'autres celle où est l'Hôtel de Ville, & celle de l'Eglise de Notre-Dame. La Marne rend Chaalons une Ville de Commerce, remplie de riches Marchands, jusques dans le Faubourg de Marne, qui est très-considérable, ce qui est cause que l'on divise Chaalons en Ville, Isle, & Bourg, qui communiquent par plusieurs Ponts. Le Jards est une Promenade enchantée, qui conduit, par des allées de près d'une lieue, à la Maison des Evêques de Chaalons, très-estimée par la beauté de ses jardins & de ses canaux.

On va de Chaalons à Mastogne, poste ; de Mastogne à Jalons, poste ; de Jalons à Plivaux, poste ; de Plivaux à Epernai, poste.

EPERNAI est une petite Ville située sur la Marne, entre Chaalons & Château-Thierry : elle est peu considerable, & n'a rien qui puisse arrêter la curiosité d'un Voyageur.

D'Epernai à la Cave, poste ; de la Cave à Port-à-Binson, poste ; de Port-à-Bison à Dormans, poste ; de Dormans à Parroy, poste ; de Parroy à Château-Thierry, poste.

22 l. CHATEAU-THIERRY, Ville située sur la Riviere de Marne, est un Duché

R

Pairie qui appartient à M. le Duc de Bouillon. Elle est du côté de la Champagne, à l'exception d'un Faubourg & du Couvent des Capucins qui sont du côté de la Brie. Cette Ville, quoique de médiocre grandeur, est assez bien bâtie. Le Château, qui est élevé, jouit d'une charmante vûe sur l'étendue de la Marne, & sur les Prairies des environs qui sont bornées par d'agréables côteaux.

De Château-Thierry à Chézy, poste ; de Chézy à Nanteuil sur Marne, deux postes ; de Nanteuil à la Ferté, poste.

LA FERTE' est une petite Ville de la Brie Champenoise, appellée aussi la Ferté Gaucher. Elle est située sur la Riviere de Morin, à quatre lieues de Coulomiers.

De la Ferté à Saint Jean, poste ; de Saint Jean à Meaux, poste.

10. *I.* MEAUX est la Ville Capitale de la Brie, avec Evêché Suffragant de Paris. Elle est située sur la Riviere de Marne, qui la divise en Ville & en marché. La Ville paroît très-ancienne dans l'arrangement de ses rues qui sont très étroites. L'Eglise Cathédrale, dédiée à la Sainte Vierge & à Saint Etienne, quoique gotique, est magnifique dans sa structure & ses ornemens. C'étoit un ouvrage achevé, avant que les Anglois eussent ruiné l'une de ses Tours.

Celle qui subsiste est considérable par sa hauteur, sa grosseur & ses sculptures. Son escalier est construit sans marches, en maniere de rampe, de sorte qu'un cheval chargé pourroit y monter facilement ; le pavé en est de brique. Le Palais de l'Evêque a ses beautez particulieres, entr'autres une belle Cour.

Il y a dans Meaux plusieurs Paroisses, plusieurs Collegiales, Abbayes & Monasteres de l'un & de l'autre sexe. Cette Ville a aussi Bailliage, Présidial, Prevôté, &c. Le Pont qui joint les deux parties de la Ville, est bâti de Pierres ; celui des Moulins qui est tout proche, n'est que de bois. Le Marché de Meaux est fort considérable, pour les bleds & les bons fromages de Brie.

De Meaux on va à Claye, deux postes ; de Claye au Vergalant, poste ; du Vergalant à Bondi, poste ; & de Bondi à Paris, poste Royale.

Voitures de Strasbourg à Paris, & de Paris à Strasbourg.

LEs Carosses de Strasbourg à Paris logent à Strasbourg rue Saint Jean. Ils partent tous les Mardis matin. On paye par place cinquante-cinq francs, & cinq sols la livre pour le port des hardes ou paquets.

Les Carosses de Paris à Strasbourg se trouvent rue de la Verrerie à l'Hôtel de Pompone; ils partent tous les Samedis à sept heures du matin. On donne pareillement cinquante cinq livres par place, & cinq sols pour livre du port des paquets. Il y a des Berlines & des Chaises pour l'Allemagne, l'Alsace, &c.

Les Lettres de Strasbourg arrivent tous les jours, hors le Jeudi. Elles partent tous les jours à dix heures du matin, hors le Jeudi. On paye dix sols pour la simple Lettre, douze sols avec enveloppe, dix-huit sols la Lettre double, & quarante sols l'once des paquets.

ROUTE DE PARIS A Strasbourg.

De Paris à Bondi, deux lieues.
De Bondi au Vergalant, 2.
Du Vergalant à Claye, 2.
De Claye à Meaux, 4.
De Meaux à Saint Jean, 2.
De Saint Jean à la Ferté. 2.
De la Ferté à Nanteuil sur Marne, 2.
De Nanteuil à Chézy, 4.

De Chezy à Château-Thierry, 2.
De Château-Thierry à Parroy, 2.
De Parroy à Dormans, 2.
De Dormans à Port-à-Binson, 2.
De Port-à-Binson à Epernai, 3.
D'Epernai à Plivaux, 2.
De Plivaux à Jalons, 2.
De Jalons à Châlons, 4.
De Châlons à Sommevelle, 4.
De Sommevelle à la Maison du Val, 6.
De la Maison du Val à Bar. 4.
De Bar à Ligni, 3.
De Ligni à Saint Aubin, 3.
De Saint Aubin à Void, 3.
De Void à Laye, 2.
De Laye à Toul, 2.
De Toul à Wlaine, 2.
De Wlaine à Nancy, 2.
De Nancy à Saint Nicolas, 2.
De Saint Nicolas à Luneville, 3.
De Luneville à Bennaminy, 3.
De Bennaminy à Blamont, 3.
De Blamont à Saarbourg, 6.
De Saarbourg à Hommartin, 2.
De Hommartin à Phalsebourg, 2.
De Phalsebourg à Saverne, 2.
De Saverne à Wiltz, 3.
De Wiltz à Schtitz, 2.
De Schtitz à Strasbourg, 2.

De Paris à Strasbourg, 100 lieues.

VOYAGE D'ALLEMAGNE
à Paris: par Basle, Montbeliard, Besançon, &c.

BASLE en Suisse est une belle & grande Ville, frontiere de France, située sur le bord du Rhein qui la divise en deux parties. Elle n'est éloignée que d'une petite demie lieue d'Huningue, à laquelle elle communique par un Pont assez long.

100 l. HUNINGUE est la premiere Place de France du côté de la Suisse. Elle est située sur le bord du Rhein, & fortifiée par le Maréchal de Vauban. Quoique la Ville soit petite, elle ne laisse pas que d'être d'une grande importance par rapport à sa situation. C'est le passage ordinaire de France en Suisse, & le plus fréquenté.

D'Huningue on va à la Maison-Rouge, poste & demie: de la Maison Rouge à Seppois, poste & demie: de Seppois à Delle, poste & demie: de Delle à Befort, deux postes.

98. l. BEFORT est une Ville de la haute Alsace, située au pied du Mont de Vauge, sur la Frontiere du Comté de la Bourgogne; environ à quatre lieues de Ferrette à l'Occident. Cette Ville, divisée en vieille Ville, & en Ville-neuve, a un bon Châ-

teau sur une hauteur, & est assez bien fortifiée. Après avoir eu des Comtes de ce nom, elle appartint à la Maison d'Autriche, & fut cedée avec toute l'Alsace à la France, en 1648, par le Traité de Munster.

De Béfort à Montbéliard, poste & demi.

94 l. MONTBELIARD est la Ville Capitale d'un Comté dont elle prend le nom; & qui reléve de la Couronne à cause du Comté de Bourgogne. Elle appartient à un Comte particulier qui fait battre Monnoye. Cette Ville est sur les limites de l'Alsace & de la Franche Comté, située au pied d'un rocher occupé d'un grand & fort Château en façon de Citadelle, que l'assiette rend en quelque façon imprenable, le rocher étant escarpé par tout. La Ville de Montbeliard est assez forte; elle a pour rempart d'un côté la Riviere d'Halle ou d'Alaine, qui se jette un peu au dessous dans le Doux; ce qui fait que la Ville est d'un accès fort difficile de ce côté-là, parcequ'elle y forme un grand marais toujours couvert d'eau. La même Riviere remplit les fossez de Montbéliard, qui est défendue de plusieurs grands bastions, & de hauts remparts terrassez. Les Habitans de Montbéliard font profession de la Religion Prétendue Réformée. Le dedans de la Ville est peu de chose; il n'y a que deux ou trois ruës,

tirées à la ligne, qui commencent à la Porte par où l'on entre en venant de Basle, & qui finissent à celle par où l'on sort pour Vésoul.

De Montbeliard on va à Saint Maurice, poste & demie ; de Saint Maurice à Clairval, poste & demie ; De Clairval, en suivant la Riviere du Doux, à Baume les Nonnes, poste & demie : de Baume les Nones à Roulans, poste : & de Roulans à Besançon, poste & demie.

82. *1.* BESANÇON est la Ville Capitale du Comté de Bourgogne, appellé Franche-Comté. La Province de Franche-Comté peut avoir vingt-cinq lieues d'étendue d'Orient en Occident, & trente cinq du Midi au Septentrion. Elle est bornée à l'Orient par la Suisse, à l'Occident par le Duché de Bourgogne, au Midi par la Bresse, & au Septentrion par la Lorraine. Les principales Rivieres qui passent dans cette Province sont la Saône, le Doux, la Louve & Lognon. Le Poisson y est abondant & exquis. Le Gibier de ses Forests n'est pas moins excellent. Le pays produit des bleds, des vins, & nourrit quantité de bétail.

Besançon est aujourd'hui la plus considérable Ville du Comté de Bourgogne, & l'une des plus anciennes Villes de l'Europe; c'est le siege d'un Archevêque, d'un Parlement & d'une Université. Elle est située sur la Riviere du Doux, qui la divise en deux parties inégales, dont la plus grande, forme une Presqu'Isle que cette Riviere arrose. Elle est d'autant plus forte que cet Istime ou Presqu'Isle, à son entrée, est fermée d'une haute montagne, sur laquelle on a bâti une grande Citadelle. Cette Citadelle, qui commande sur toute la Ville, étant élevée sur un rocher, au bout de la partie la plus grande de Besançon que le Doux environne, en façon d'un fer à cheval ; mais elle est commandée de la Montagne de Chandane, qui est de l'autre côté de la Riviere. Cette montagne est un lieu où l'on sacrifioit anciennement à Diane ; ce qui l'a fait appeller Chandane, comme qui diroit *Campus Dianæ*. Les curiositez de cet endroit sont les restes du Panthéon, qu'on appelle les Colonnes ; celles d'un grand Aqueduc : & plusieurs endroits qui ont tiré leurs noms des anciennes demeures des Romains, comme Chamars ; qui veut dire *Campus Martis*, Chamuse, *Campus Musarum* : Chailla, *Campus Lunæ*, & autres. Outre la Citadelle, il y a le fort Griffon, qui ne consiste qu'en un Bastion fortifié.

L'Eglise Métropolitaine, dédiée à Saint Jean, est bâtie au pied du Mont Saint Etienne : elle est fort belle, & accompagnée d'une haute Tour. Le grand Autel est placé au milieu du Chœur; élevé au dessus d'une cave où l'on conserve beaucoup de corps saints, & d'autres reliques que l'on expose les jours solemnels sur cet Autel, dans des Châsses d'argent, brillantes d'or & de pierreries. Les Chanoines portent la Soutane & le Camail d'étoffe de soye bleue, doublée de taffetas rouge, comme les Evêques, & au dessus de leurs armes ils ont la Crosse & la Mitre, parce qu'ils s'en servent quand ils officient. L'Autel, dédié à la sainte Vierge, est orné d'un Tableau très-estimé ; c'est sous cet Autel qu'est renfermé le *Saint Suaire* de Notre-Seigneur, à ce qu'on croit. On le montre au Public deux fois l'année, à Pâques & à l'Ascension, dans une galerie qui est en dehors de l'Eglise. On voit aussi dans cette Eglise, où l'on conserve le Chef de Saint Agapit, plusieurs tombeaux de Ducs, de Palatins, & de Comtes de Bourgogne. Les Archevêques de Besançon sont Princes de l'Empire.

Il y a dans Besançon plusieurs Eglises Collégiales & Paroissiales, qui sont la Madeléne, Notre-Dame, Saint Pierre, dont le clocher sert de Tour d'Horloge à la Ville ; Saint Paul, Ordre de Saint Augustin, &c. Les Couvents sont, Saint Vincent, Abbaye de Bénédictins ; les Carmes, dont la Chapelle Notre-Dame & le Tombeau d'Alteneau sont remarquables, de même que la Fontaine de Neptune qui est vis-à-vis. Après avoir passé Notre-Dame, & la Place qu'elle regarde, on voit un grand Arc de Triomphe élevé en l'honneur de l'Empereur Aurelien, où l'on remarque des figures d'hommes & d'animaux assez entieres. Cet Arc de Triomphe sert de Porte au Cloître de Saint Jean le Grand. Les Jésuites ont le Grand College de Besançon.

Le Parlement a été transferé en 1676, de Dole en cette Ville, de même que l'Université, fondée en 1416, l'a aussi été en 1691. L'Archevêque en est Chancelier. Il y a Bailliage, Présidial, Monnoye, &c. mais le Magistrat ou Corps de Ville, exerce la Police sous l'autorité immédiate du Parlement, & connoît par prévention avec le Bailliage, de plusieurs matieres civiles. Le Grand Hopital de Besançon, de l'Ordre du Saint Esprit de Montpellier, est un lieu à voir pour la magnificence de son bâtiment.

Les rues de Besançon sont belles, droites & larges; les Maisons y sont bien bâties, de pierre de taille, & couvertes d'Ardoise, principalement aux environs de la Place de Battan, qui est ornée d'une Fontaine qui donne de l'eau par une figure de Bacchus. On passe le Doux sur un Pont de pierres, pour entrer de cette partie de Besançon dans l'autre. La Place du Marché est à l'entrée. On trouve ensuite sur la gauche une grande Place ornée d'une autre Fontaine, où commence la grande rue qui traverse toute cette partie, depuis le Pont jusqu'à Saint Jean le Grand.

La Place neuve n'est pas loin de cette rue; il y faut aller pour voir l'Hôtel de Ville; c'est un beau & grand bâtiment de quatre aîles, qui environnent une Cour quarrée. On voit devant la façade une figure en bronze de l'Empereur Charles-quint, qui tient un Globe d'une main, & une épée de l'autre, avec ces mots au dessus *Plût à Dieu*; l'Aigle Imperial s'éleve au dessus d'un grand bassin, où il rend l'eau par ses deux becs.

Le Palais du Gouverneur est le plus grand & le plus magnifique de la Province, quoiqu'il n'ait que deux Corps de logis, dont celui de devant est le plus beau. La Fontaine qu'on trouve un peu plus avant est ornée d'une figure de femme toute nue, assise, qui rend l'eau par ses mamelles. L'Hôtel ou Palais du Cardinal de Granvelle, renferme des curiositez à voir; mais le détail meneroit trop loin.

On sort de Besançon, pour aller à S. Vit, poste & demie; de Saint Vit, à Orchamps, poste & demie, & d'Orchamps à Dole, poste & demie.

75 l. DOLE étoit cy-devant la Ville Capitale du Comté de Bourgogne, & le séjour ordinaire du Parlement & de l'Université, transferez à Besançon. Il n'y reste que la Chambre des Comptes. Dole est située au bord de la Riviere du Doux, dans un pays aussi agréable que fertile. Les rues de Dole sont larges & droites & remplies de grands édifices, sur-tout dans celles de Fripapat, de Besançon, d'Eschevannes des Gréaux & du vieux Marché. Entre ces grands bâtimens, on distingue le Palais où étoit le Parlement, d'un dessein bien entendu, superbe par sa grandeur, & magnifique dans ses Appartemens. Le Palais de la Chambre des Comptes; la Maison de l'Université; les Colléges de Saint Jérôme & des Jésuites, doivent attirer les curieux.

L'Eglise de Notre-Dame, la plus considérable de la Ville, est située dans un lieu fort élevé, ce qui fait beaucoup paroître de loin la haute Tour qui est au dessus de son Portail. Le Grand Autel est orné de belles colonnes, & de statues de marbre fort estimées. Du côté de l'Evangile on voit le tombeau du Chancelier *Carondelet* & de sa femme. Les Couvents des Cordeliers, des filles de la Visitation &c. sont à voir.

Les Antiquitez de Dole sont la Place des Arènes, où les Romains faisoient leurs lutes & combats. Près de la Riviere, on voit les restes d'un Superbe Palais qu'ils ont fait bâtir, avec plusieurs grosses Tours. Proche la Fontaine des Gougéans, on voit encore deux Aqueducs du même temps. Ils ont aussi bâti plusieurs Temples aux environs de Dôle, dans les lieux où sont presentement des Villages qui en portent encore le nom ; comme celui de Joue, & autres, le long des coteaux des vignes qui forment le Val d'Amour de ce côté-là. Il y a à Joue des sources d'eaux minerales qui sont bien estimées dans le Pays.

On va de Dole à Auxonne, poste & demie.

71. *l.* AUXONNE *ou* AUSSONNE est une petite Ville de Bourgogne dans le Dijonnois, arrosée par la Saone, & munie de quelques fortifications. Elle a Bailliage & Vicomté. L'Eglise de Notre-Dame, le Château & le Pont sont à voir. Il y a aussi quelques Couvents & un Hôpital.

D'Auxonne on va à Genlis, poste & demie : & de Genlis à Dijon, poste & demie: d'où l'on suit jusqu'à Paris la route cy-devant marquée au Voyage de Lyon à Paris par la Bourgogne, page 154, où est aussi la description de Dijon, page 141.

Voitures de Besançon à Paris.

Les Carosses & Messagers de Besançon à Paris, logent rue Saint Vincent, vis-à-vis le Seminaire. Ils partent tous les Mercredis en Eté, & tous les Mardis en Hyver. On paye 36 francs par Place pour Paris, & quatre sols pour livre, pour le port des hardes & paquets.

De Dijon à Paris, tous les Mardis & Vendredis en Eté, & les Lundis & Vendredis en Hyver ; en Eté on est sept jours, & en Hyver huit.

Voitures de Paris à Besançon.

Les Carosses de Besançon, de Dole, & de toute la Franche-Comté, se trouvent à Paris, à l'Hôtel de Sens, près l'Avé Maria. Ils passent par Dijon ; & partent tous les Vendredis en Eté, & les Jeudis en Hyver, à six heures du matin. Ils sont neuf jours en chemin, en Eté, & onze en Hyver. On paye par Place 42 francs pour Besançon, & quatre sols la livre du port des paquets.

Pour Dijon, c'est tous les Lundis & Mercredis en Eté, & en Hyver tous les Lundis & Jeudis. On paye par Place 30 livres, & 3 sols par livres du port des hardes.

Les Lettres de Besançon & de Franche-Comté, partent tous les Dimanches, Mercredis & Vendredis à midi ; Elles arrivent à mêmes jours & heures. On paye six sols pour la simple Lettre, sept sols avec envelope, dix fols la Lettre double, & vingt-quatre fols l'once des paquets.

ROUTES DE PARIS A BESANÇON.

La Route depuis Paris jusqu'à Auxerre est la même que cy-devant, page 169.

Villes & Villages.	Lieues.	Observations.
D'Auxerre à la Brosse,	1.	D'Auxerre à Praity Plaine.
Praity,	2.	De Praity à Lichere, la Vallée de Vaucharme est dangereuse.
Lichere,	1 & d.	De Lichere à Aygremont, mauvais bois.
Aygremont,	d.	D'Aygremont à Noyers, une fondriere avec des broussailles.
Noyers,	2.	
Sancy,	1.	De Noyers à Estivet Plaine, à la reserve d'un petit bouquet de bois.
Estivet,	1.	
Aisy sous Rougemont,	2.	D'Estivet à Aisy, bois, Valons & fondrieres.
Fontenay.	2.	D'Aisy à Monbard, chemin serré & ruelles.
Monbard,	1.	De Monbard à Lussenay, quelques Valons.
Morville,	1.	
Lussenay,	2.	De Lussenay à la Villeneuve, Plaine.
La Villeneuve	1.	De la Villeneuve à Chanceaux, bosquets de bois & Valons.
Chanceaux,	3.	De Chanceaux à Dijon, bois & montagnes; chemin dangereux.
Saint Seine,	2.	
Val-Suzon.	2.	
Dijon,	3.	

De Paris à Auxerre, 39 lieues.
D'Auxerre à Dijon 28

Total. 67 lieues.

ROUTE

ROUTE DE PARIS A DIJON,
passant par la Champagne.

Villes & Villages.	Lieues.	Observations.
De Paris à Charenton,	1.	
Boilly,	3.	
Brie.	2.	
Gobert,	1.	
Les Etaires.	1.	
Cuigne,	1.	
Mormand,	2.	
Nangis,	3.	
La Maison rouge,		
Provins,	2.	Il y a une lieue de Provins à la Forest de Sourdun, qui continue jusqu'à une lieue & demie de Nogent sur Seine;
Nogent sur Seine,	4.	au delà de Nogent sur Seine, à moitié chemin des trois Maisons, il y a un petit bois nommé le Paradis qui n'est pas toujours sans danger.
Trois Maisons,	5.	Des Trois Maisons à Bar-sur-Seine Plaine.
La Maison Blanche,	4.	
Vaude,	1. & d.	
Fouchere,	1. & d.	
Bar-sur-Seine,	2.	
Courtron,	1.	
Gié,	1.	
La Gloire de Dieu,	1.	De la Gloire de Dieu à Mussy il y a un bois dans un fond.
Mussy l'Evêque,	1. & d.	De Mussy à Nau Plaine.
Poi iers,	1.	
Chatillon,	2.	De Nau à Dijon, tout montagnes, bois, broussailles, qui sont assez dangereuses.
Nau,	2.	
Saint Marc,	2.	
Ampilly,	2.	
La Periere,	2. & d.	
Billy,	trois quarts.	

S

NOUVEAU VOYAGE

Chanceaux,	dem.	Les Bois de Saint Seine ne
Saint Seine,	2.	sont pas des meilleurs.
Val-Suson,	2.	
Dijon,	3.	

De Paris à Dijon, 60 lieues.

ROUTE DE DIJON A BESANÇON.

De Dijon à Cromoloy,	1.	
Genlis,	2.	
Voujau,	1.	
Auxonne,	2.	A moitié chemin de Dôle
Dôle,	3.	à Besançon, il y a une Mon-
Orchamps,	3.	tagne & des broussailles pen-
Dampierre,	2.	dant un quart de lieue ; de
Saint Vit,	1.	Dôle à Besançon, Plaine, à la
Besançon.	3.	réserve d'un quart de lieue de
		broussailles, en entrant à
		Besançon.

De Dijon à Besançon, 18 lieues.

VOYAGE D'ESPAGNE
A PARIS,
PAR SAINT JEAN DE LUTZ,
BAYONNE, BORDEAUX, &c.

FONTARABIE est la derniere Ville d'Espagne, dans la Province de Guipuscoa, & frontiere de France. Elle est située près de la Mer, dans un petit Golfe. Elle a été prise par les François le dix-septiéme Juin 1719.

De Fontarabie on va à Orognes.

OROGNES est un Bourg où l'on ne parle que Biscayen, sans se servir de la Langue Françoise, ni de l'Espagnole.

D'Orognes à Saint Jean de Lutz il y a une poste.

154 *l.* SAINT JEAN DE LUTZ, Ville de France, est située dans la terre de Labour, à l'embouchure de l'Urdacuri, dans la Mer de Gascogne. On construit des Navires à Saint Jean de Lutz, & l'on tient que ses

Habitans sont fort experts dans la pêche des Baleines & de la Moluc.

De Saint Jean de Luz à Bidars, poste; de Bidars à Bayonne, poste.

142 l. BAYONNE, Ville de France en Biscaye, est située à une lieue de la Mer, à la jonction des Rivieres de l'Adour & de la Nive. La premiere l'arrose d'un côté, & la seconde la divise en deux parties inégales, au dessus desquelles ces deux Rivieres s'assemblent, & font de Bayonne, par leurs flux & reflux, une Ville d'un grand trafic, & un Port de Mer fameux. Il y a dans le Faubourg du Saint-Esprit, un Pont de bois, que l'on passe pour entrer dans la partie la plus petite de cette Ville, appellée le Bourgneuf, ou le petit Bayonne. Cette partie est séparée de la grande par la Riviére de Nive, qui est plus profonde que l'Adour, quoiqu'elle soit moins rapide ; ce qui fait que tous les Vaisseaux arrivent jusqu'au milieu de la Ville. sur cette Riviere, où sont deux Ponts, sans compter ceux que l'on trouve aux endroits par où la Riviere y entre, & par où elle en sort. Il y a là des Chaînes qui en ferment les avenuës. Le Pont Majour, qui est le plus grand, donne entrée à une rue du même nom, occupée par de riches Marchands. Plus avant, cette rue est appellée de Salié, par où l'on passe pour aller dans la grande Place où est l'Eglise Cathédrale, dédiée à la Sainte Vierge ; elle n'a rien de remarquable que la Châsse de Saint Leon Patron de cette Ville.

Il faut passer le Pont de Parregault pour aller dans le petit Bayonne, par une rue du même nom. Ce qu'on y voit de singulier est le neuf Château, qui défend une Porte de la Ville, & l'entrée de la Nive, qui en lave les murs. Ce Château est flanqué de six grosses Tours rondes. Le College que la Ville entretient est tout proche. C'est dans la grande rue du petit Bayonne, que les Capucins & les Dominicains ont leurs Couvens. Le Palais de l'Audience est sur le Quai, dans une Place d'où l'on a le plaisir de voir le Port, toujours rempli de Vaisseaux de toutes les Parties de l'Europe. Il y a aussi un Château dans le grand Bayonne ; ce sont quatre Tours rondes & basses, mais fort larges, avec des fossez pleins d'eau. Il est défendu d'une grosse garnison, & d'un bon nombre de Canons, qui paroissent sur le haut des murs.

Non seulement le voisinage d'Espagne, dont cette Ville est frontiére, la rend d'un fort grand commerce : mais elle est encore très-considérable, à cause de la quantité de vins qu'on y recueille dans le pays d'alentour. Les Holandois en emportent tous les ans un très-grand nombre de piéces dans leurs Vaisseaux, en échange des épiceries, & des autres marchandises qu'ils y apportent. Les Habitans ont le Privilege de garder deux de leurs trois portes. Les Troupes du Roy gardent seulement celle du Faubourg du Saint Esprit. Plusieurs Juifs sont établis dans cette Ville.

On sort de Bayonne pour aller à Hondres, poste ; de Hondres à la Cabane, poste ; de la Cabane à Saint Vincent, poste : de Saint Vincent à Mons, poste ; de Mons à Magest, poste, de Magest à Castet, poste & demie ; de Castet à l'Epron, poste & demie : de l'Epron à la Harie, poste : de la Harie à Janquillet, poste & demie : de Janquillet à la Bouhaire, poste : de la Bouhaire à l'Hispotey, poste & demie : de l'Hispotey à Muret, poste & demie : de Muret à Bélain, poste : de Bélain à l'Hôpitalet, poste : de l'Hôpitalet à Barcoi, poste : de Barcoi au Pust de la Gubatte, poste ; Du Pust de la Gubatte à Lestaule, poste : de Lestaule à Gradignan, poste : de Gradignan à Bordeaux poste.

110 l. BORDEAUX est la Ville Capitale du Gouvernement de la Guyenne, dont l'étendue a environ quatre-vingt lieues d'Orient en Occident, & soixante-cinq du Midi au Septentrion. Ce Gouvernement est borné à l'Orient par le Languedoc ; à

l'Occident par la Mer Oceanne, au Midy par les Monts Pyrennées, & au Septentrion par le pays d'Aunis, l'Angoumois, la Marche & l'Auvergne.

Les plus confidérables Rivieres font la Garonne, la Dordogne, la Charente, le Lot & l'Adour. Les autres font en nombre. Les environs de la Garonne font abondans en bleds, en fruits, & fur-tout en excellens vins; on y fait aussi quantité d'eau de vie.

Les Peuples de ce Pays paffent pour être gens d'Efprit, un peu indociles, & Fanfarons à l'excès. Mais la régle n'eft pas fans exception: car l'on y trouve des gens aufsi affables qu'ailleurs, & d'une franchife fans pareille. Ce font les meilleurs Soldats de France, lorfqu'ils ont fait une Campagne ou deux.

La Ville de Bordeaux eft une des plus belles, des plus marchandes & des plus florissantes du Royaume. Elle eft fituée dans un lieu très-avantageux & très-commode, à caufe de plufieurs Rivieres qui s'y affemblent, & de la beauté de fon Port, qui la fit choifir par les Romains pour un féjour des plus agréables, enforte qu'ils l'ornérent de grands édifices & de Palais fomptueux, dont il y en a encore quelques-uns qui font prefque tout entiers.

Sa forme représente un Arc dont la Rivière de Garonne est la corde; cette Riviere est bordée d'un grand Quai; & le reflux de la Mer y croit plus de deux toises, ce qui fait que les plus gros Vaisseaux de l'Océan y peuvent aborder facilement. Le Château Trompette est situé à l'entrée de ce Quai. Il est flanqué de six grands bastions Royaux. La Riviere coule tout au Tour de ses murailles, qui sont défendues par de grands fossez. La plûpart des grandes rues de Bordeaux, qui a douze Portes, aboutissent sur ce Quai, mais en général elles sont fort étroites, à la réserve de celle du Chapeau rouge.

L'Eglise Métropolitaine & Primatiale d'Aquitaine est dédiée à Saint André; la grandeur de son Vaisseau, & les deux hautes tours, méritent l'attention des Curieux: son Chapitre est un des plus augustes de France. Le Palais de l'Archevêque est proche des remparts de la Ville; où est le Château du Hâa, qui ne consiste qu'en une grosse tour quarrée, flanquée de quatre Tours rondes, par où une petite Riviere entre dans la Ville. Ce Château est situé près de la belle Promenade de la Plateforme de Sainte Eulalie, sur les remparts, qui sont couverts de plusieurs longues allées d'arbres qui donnent un couvert agréable

ble, pendant qu'on a la vûe de toute la Campagne & des environs de Bordeaux ; c'eſt auſſi la promenade & le rendez-vous des Marchands, pour voir arriver les Navires & autres Bâtimens qu'ils attendent. Il y a auſſi à Bordeaux le fort Saint Louis, ou de Sainte Croix ſitué ſur la Riviere, à l'opoſite du Château Trompette.

Les Egliſes conſidérables de cette Ville ſont, Saint Michel, dont le clocher eſt bâti de pierre en forme d'aiguille ; il en eſt peu en France d'auſſi haut & de mieux travaillé. Les Collégiales de Saint Sernin dans le Faubourg du même nom, dont les tombeaux du Cimetiere ſont très-anciens. Les Cordeliers dont le clocher eſt ſemblable à celui de Saint Michel. Les Jéſuites & les Chartreux ſont à voir : de même que l'Hôtel-Dieu.

Les plus curieux endroits de cette Ville ſont, le Parlement, qu'on dit être logé dans un ancien Palais des Romains : il eſt diſtingué en pluſieurs Chambres qui ſont à voir: l'Univerſité de Bordeaux, qui fut fondée en 1441. l'Hôtel de Ville, où le Maire, qui eſt toujours un Seigneur de la premiere qualité, & les quatre Jurats ou Echevins s'aſſemblent ; l'Horloge ou Béfroy : l'Arſenal, la Douanne, la Monnoye, &c. ſont dignes de la curioſité du Voyageur. L'Academie de Bourdeaux a été établie en 1713, sous la protection de M. le Duc de la Force.

Les Antiquitez remarquables de cette Ville sont le Palais de Tutéle, ancien Temple dédié aux Dieux Tutelaires : mais on ne le voit plus, parce qu'il a été détruit pour faire le glacis du Château Trompette ; le Palais de Galien, bâti en Amphithéatre. La porte basse, monument dont la solide construction prouve la haute antiquité. La Fontaine de Duge, d'où l'eau coule avec tant d'abondance, qu'elle suffit aux Tanneurs qui demeurent dans le Faubourg où elle passe ; & plusieurs Aqueducs en differents endroits.

Il y a à Bordeaux plusieurs Foires très-fameuses pour le Commerce des vins : les principales tiennent le 1 Mars, & le quinze d'Octobre ; elles durent 15 jours. Il est surprenant de voir arriver un si grand nombre de Vaisseaux Etrangers : car alors ils passent ordinairement 500. Dans le cours de l'année on charge à Bordeaux 100000 tonneaux de vin & d'eau de vie, dont ce Pays & le Languedoc sont très-abondans : on les transporte dans toutes les parties de l'Europe. C'est dans le Faubourg des Chartreux, que se font ces cargaisons.

De Bordeaux on va à Carbonblanc, poste : de Carbonblanc à Cubsac, poste : de

Cubjac à Boismartin, poste : de Boismartin à Cavignac, poste : de Cavignac à Pierre-Brune, poste : de Pierre-Brune à Cherzac, poste : de Cherzac à Montlieu, poste : de Montlieu à Chenonceau, poste : de Chenonceau à la Grolle, poste : de la Grolle à Reignac, poste : de Reignac à Barbesieux, poste & demie.

96 l. BARBESIEUX, est une Ville de Saintonge, quoique sans murailles, qui ont été ruinées. Elle est dans un terroir assez fertile : bien qu'éloignée des Rivieres. Il y a deux Paroisses, Saint Mathias, Prieuré de l'Ordre de Cluni, & Saint Ismas. Les Cordeliers y ont un Couvent.

De Barbesieux à Nonaville, poste & demie : de Nonaville à Château-neuf, poste : de Château-neuf à Villars marangé, poste & demie : de Villars à Saint Cibardeau, poste : de Saint Cibardeau à Gourville, poste : de Gourville à Aigre, poste : d'Aigre à Villefagnan, deux postes : de Villefagnan à Bannieres, poste : de Bannieres à Sauzai, poste : de Sauzay à Chaunai, poste : de Chaunai à Coué, poste : de Coué aux Minieres, poste : des Minieres à Vivonne, poste.

VIVONNE est un Bourg de France dans la Province du Poitou, qui a titre de Duché. Il est situé sur la Riviere de Clain, & orné d'un Château.

T ij

De Vivonne à Ruffigni, poste: de Ruffigni à Poitiers, poste & demie.

Le Poitou est borné de la Bretagne & de l'Anjou au Septentrion ; de la Touraine, du Berry & de la Marche à l'Orient ; de l'Angoumois & de la Saintonge au Midy ; & de l'Ocean au Couchant. Il a soixante & quinze lieues de longueur, & vingt-cinq de largeur. Il consiste en de belles & fertiles Campagnes, qui produisent une très-grande quantité de bled. Les Poitevins sont civils & obligeans : mais ils sont si portez à faire des railleries piquantes, qu'il faut ne les pas frequenter, ou se soumettre à passer par leurs langues, souvent médisantes.

86. *I.* POITIERS est la Capitale du Poitou, l'une des plus grandes & des plus anciennes Villes du Royaume. Elle est située à seize lieues de Tours, & à dix-sept d'Angoulême, sur une platte-forme élevée entre la Riviere de Clain, & une autre petite qui y fait un grand Etang. Ces deux Rivieres se joignent à l'un des bouts de cette Ville, près de la Porte Saint Lazare, où est un vieux Château à Lutins, qu'on prétend avoir été bâti par les Romains. Il en reste encore quelques grosses tours rondes, & des murailles épaisses que la Riviere lave ; de même que celles qui sont de-

puis cette Porte Saint Lazare jufqu'à la Porte de la Tranchée ; ce qui fait toute la longueur de la Ville. Dans cette étendue on remarque plufieurs endroits aſſez vaſtes qui ne font point habitez, principalement aux environs du Couvent des Capucins, & fur la grande côte qui regarde l'Etang de Saint Hilaire, qui n'eſt couvert que de vignes & de grands Jardins.

L'Eglife Cathédrale de Poitiers eſt dédiée fous le titre de Saint Pierre le Grand. La Collégiale de Saint Hilaire le Grand reléve immédiatement du Saint Siége ; ce Saint mourut en cette Ville au commencement du quatriéme fiécle. Les autres Chapitres font, Sainte Radégonde, Saint Pierre le Puillier ou Puellier ; & Notre-Dame. Les Abbayes font Saint Hilaire le Grand, dont le Roy eſt Abbé, la Trinité, Saint Cyprien, Sainte Croix, & autres. La Ville renferme vingt-deux Paroiſſes, neuf Couvents d'hommes, douze de Filles, &c. L'Univerſité de Poitiers a été fondée en 1431, par Charles VII. Le Tréſorier de l'Eglife de Saint Hilaire le Grand en eſt le Chancelier né. Les Jéſuites ont un beau Collége en cette Ville.

Les Romains, qui ont demeuré longtemps à Poitiers, à cauſe de ſa belle fituation, y ont laiſſé des antiquitez trés-curieuses : l'Amphithéâtre en est une des plus remarquables, quoiqu'en partie détruit, & caché de Maisons. L'ancien Arc de Triomphe, qui sert comme de Porte à la grande rue qui va au Pont de Saint Cyprien ; & le Palais de Galien, sont aussi des antiquitez considérables, ainsi que la grosse Tour appellée le Château de Maubergeon, près le Palais du Présidial. A un quart de lieue de la Ville, du côté de la Porte de la Tranchée, on voit les restes d'un grand Aqueduc, appellé les Arceaux de Périgny, où les Capucins ont un Hermitage.

A mille pas de Poitiers, en sortant par la Porte de Saint Cyprien, on trouve ce qu'on appelle *la Pierre levée* ; c'est une pierre ovale, qui a vingt-cinq pieds de circuit : elle est épaisse d'une demie toise, & élevée sur cinq pilliers qui ont seulement trois pieds de haut : les bonnes gens du Pays disent qu'elle a été apportée en ce lieu-là par Sainte Radégonde, dont les reliques qui sont à Poitiers dans une Eglise du même nom, sont portées solemnellement en Procession le jour de la Fête, avec beaucoup de cérémonies, & un grand concours de gens de la Province. On fait plusieurs contes fabuleux de cette pierre, fort propres pour endormir les enfans.

De Poitiers à Clan, deux postes : de Clan à

la Tricherie, poste: de la Tricherie aux Barres de Naintré, poste: des Barres de Naintré à Châtelleraud, poste.

78l. CHATELLERAUD, Ville du Poitou, est située sur la Riviere de Vienne, qu'on y passe sur un Pont de pierre, long de deux cens trente pas, & large de soixante-six. Cette Ville est très-renommée par l'excellence des ouvrages de Coutellerie qui s'y font en grande quantité, & les ouvrages d'acier poli qu'on y travaille en perfection.

De Châtelleraud à Ingrande, il y a une poste.

INGRANDE est une petite Ville de Bretagne, située sur le bord de la Loire, à quatre lieues d'Ancenis, & à six d'Angers; c'est là qu'est le grand Bureau pour la visite de toutes les Marchandises, qui s'y fait avec une extrême exactitude. Une partie de ce lieu est de l'Anjou; mais la plus considérable est de la Bretagne qui finit en cet endroit.

D'Ingrande, on va à Danger, poste; de Danger à la Haye, poste.

LA HAYE est une Ville de Touraine située sur la Creuse; c'est le lieu où le celebre *René Descartes* naquit le 31 Mars 1596. Sa grande réputation donna envie à la Reine Christine de Suéde de connoître un homme si savant, elle le fit venir à Stokolm, où il mourut le 11 Février 1650. Son corps fut apporté à Paris, & enterré dans l'Eglise de Sainte Géneviéve du Mont.

De la Haye à Sigogne, poste : de Sigogne à Ligueuil, poste : de Ligueuil à Cyran, poste : de Cyran à Varennes, poste : de Varennes à Loches, poste.

64 l. LOCHES est une Ville de Touraine située sur l'Indre, à dix lieues de Tours. L'assiette de son Château est spacieuse, & le séjour très-charmant : la nature & l'art ont rendu cette forteresse une des meilleures places du Royaume. Ses fortes murailles, & ses grosses Tours, n'y laissent qu'une avenue du côté de l'Orient. On trouve dans l'enceinte de ce Château l'Eglise Collégiale de Notre-Dame, dont l'édifice est admirable ; les voutes en sont grandes & belles. On y voit deux Clochers faits en pointe, élevez en l'air par un artifice surprenant, avec trois superbes pyramides extrêmement hautes ; l'une sur le Portail, & les deux autres entre les Clochers, le tout de pierres de taille, jusqu'aux couvertures. On voit dans le Chœur de cette Eglise le Tombeau d'Agnès Sorel, Maîtresse de Charles VII. surnommée *la belle Agnès*, à cause, dit Monstrelet, *qu'entre les plus belles femmes elle étoit la plus belle ;*

& dans l'Eglise celui de Ludovic Sforce, Duc de Milan, mort à Loches, où il avoit été envoyé prisonnier par Louis XI.

La Ville de Loches est sur la pente d'une montagne, & le Château au dessus sur un Rocher dont le circuit est de douze mille pas : il est hors d'escalade. Le Mont voisin, qu'on appelle Vignemont, autrefois contigu à la Forteresse, en est séparé par un fossé large & profond. Dans ce Château, du côté du Levant, est l'appartement Royal appellé *les Salles*, que Louis XI fit bâtir ; & tout auprès, le Palais de la belle Agnès Sorel, Dame de Beaulieu.

Ces deux Palais n'en font qu'un seul à présent ; d'un côté la vûe est bornée par les plus belles prairies de France, & de l'autre par la spâtieuse Forest de Loches, où nos Rois prenoient souvent le plaisir de la Chasse ; on y voit encore les restes des pavillons qu'ils avoient fait faire pour les relais. A l'opposite de l'Appartement Royal, on voit une grosse Tour quarrée très-ancienne, auprès de laquelle est un Donjon, achevé par Louis XII, dans lequel sont deux cages de fer ; l'une appellée la cage de Balue, parceque Louis XI y fit resserrer le Cardinal Balue Evêque d'Angers ; l'autre est dans la grande Chambre de la grosse Tour ; toutes deux longues de huit pieds, larges de six, & environnées de treillis de bois, revêtu de fer.

On va de Loches à Saint Quentin, poste : de Saint Quentin à Liége, poste : de Liége à Sevelle, poste : de Sevelle à Montrichard, poste : de Montrichard à Pontlevoi, poste : de Pontlevoi à Sanbin, poste : de Sanbin aux Montils, poste : & des Montils à Blois, poste & demie. Mais ceux qui veulent voir Amboise, sortant de Loches, vont à Saint Quentin, poste : de Saint Quentin à Sublaine, poste : de Sublaine à Bléré poste : de Bléré à Amboise, poste.

57 l. AMBOISE, Ville en Touraine, est située sur la gauche de la Riviere de Loire, ayant un Pont de pierre très-long : il traverse une Isle dans laquelle il y a plusieurs maisons qui forment une rue qui finit à un faubourg. Amboise n'est pas d'une grande étendue ; il n'y a proprement que deux rues, & le Château qui en font le plan. La plus grande est celle qui commence le long du Quai sur lequel on voit de belles Maisons, & qui passe dans le Carroy ; c'est le nom d'un marché où il y a une Halle couverte, & le gros Horloge de la Ville. Le Château d'Amboise est élevé sur un rocher, du côté qui regarde la Ville, & fortifié de plusieurs Tours rondes. Du côté de la Campagne il y a une grande place dont

il est séparé par un fossé taillé dans le roc, & chargé d'un Pontlevis, pour donner entrée dans une grande Cour. Charles VIII étant né dans ce Château, l'orna de grosses tours, & de differens bâtimens qu'il fit faire par des Architectes qu'il avoit amenez de Naples. Ce Prince y mourut le 7 Avril 1498 ; s'étant heurté le front à la porte d'une Galerie, allant pour jouer une partie de Paume, il tomba ensuite en apoplexie. La promenade ordinaire de la Ville est un Cours formé de quatre rangées d'arbres.

On va d'Amboise à Haut-chantier, poste : de Haut-chantier à Veuve, poste : de Veuve à Chouzy, poste : & de Chouzy à Blois, poste & demie.

46 l. BLOIS, Ville Capitale du Blaisois, est située au bord de la Riviere de Loire, sur le penchant d'une colline, environnée d'une Campagne très-abondante. Le Château de Blois, où plusieurs Rois ont tenu leur Cour, est très-considérable ; il est composé de quatre gros Pavillons & de quatre grands corps de logis, dont les appartemens sont embelis de peintures & de tableaux du temps d'Henry second, qui y demeuroit. Pour voir les Jardins, on passe de ce Château par un Pont qui traverse le fossé, & par une rue qui l'en sépare. Ce qu'il y a de plus remarquable est une lon-

gue Gallerie ornée de piéces rares & curieuses : elle est au milieu de deux Jardins, dont l'un est rempli d'arbres fruitiers, & l'autre de parterres, de fontaines, de jets d'eau, & de plusieurs statues de marbre faites en Italie. On trouve ensuite un grand Parc, où le Gibier est en abondance. Il y a aussi plusieurs antiquitez à voir, entre autres quelques arcades qui servoient à un Aqueduc qui portoit des eaux à un Palais qui étoit en place du Château. Les voutes en sont si larges, que trois hommes de front & à cheval, passeroient dessous sans peine.

L'Eglise Cathédrale, dédiée à Saint Soulcine, est située dans l'endroit le plus élevé de la Ville. Blois étoit de l'Evêché de Chartres ; le Pape Innocent XII l'érigea en Evêché, en 1697. On y unit les Manses Abbatiales de Saint Laumer, de Pontlevois, & de Bourgmoyen. On a pris aussi les Prieurez de Saint Laumer pour l'entretien des Chanoines, dont le Doyen est un Chanoine régulier de Sainte Geneviève.

Les autres Eglises de Blois sont ; la Collégiale de Saint Sauveur, l'Abbaye Nôtre-Dame des Bois, appellée Brumoy ; les Jacobins, les Cordeliers & les Jesuites, qui y ont un Collége.

Blois a une Chambre des Comtes, comme étant de l'Appanage de M. le Duc d'Orleans, & un Présidial. Le Palais est un bâtiment fort ancien. L'Hôtel de Ville est assez bien bâti, dans une rue qui rend sur le Quai où l'on va se promener, pour jouir de la vûe de la Loire, sur laquelle est un grand Pont qui communique au Faubourg de Vienne. Il y a quelques maisons dessus ce Pont, avec deux Tours qui en défendent l'entrée.

On sort de Blois pour aller à Saint Dié, deux postes : de Saint Dié à Nouant, poste : de Nouant à Saint Laurent des Eaux, poste : de Saint Laurent aux trois Cheminées, poste : des trois Cheminées à Clery, poste.

CLERY est une petite Ville, renommée par son Eglise Collegiale de Notre-Dame, où il s'est fait, dit-on, de grands miracles. Louis XI qui l'a fait rebâtir, l'a considérablement enrichie : il a voulu y être enterré. On y voit son tombeau au milieu de la Nef, sur lequel il est représenté à genoux, en marbre blanc, avec quelques Anges de même matiere au tour de lui.

On va de Cléry à Saint Mesmin, poste :
SAINT MESMIN est un Bourg sur la Loire, considerable par la célebre Abbaye de Saint Mesmin, Ordre de Saint Benoist, que les Feuillans possedent présentement.

De Saint Mesmin à Orleans, il n'y a qu'une poste.

30 *l.* ORLEANS est une Ville Episcopale, suffragante de l'Archevêché de Paris, & Capitale de l'Orleanois : elle est connue dans toute l'Europe pour une des plus grosses & des plus agréables Villes du Royaume, tant par sa situation, qui est au bord de la Loire, que parce qu'elle est dans une contrée des plus fertiles. Sa forme représente un Arc dont la Riviere est la corde, le Pont la fléche, & l'Arc le circuit de ses murailles, fortifiées de quarante Tours. Toutes ses rues sont grandes, & toujours nettes ; la plûpart rendent sur le Quai, pour la commodité du Commerce.

Le plus superbe de ses édifices, est l'Eglise Cathédrale, dédiée à Jesus-Christ crucifié, sous le titre de Sainte Croix ; c'est un très-beau Vaisseau, quoique d'un ordre gotique, & qu'il ait été fort détruit durant les Guerres civiles que firent naître la Religion, ensorte qu'il est encore imparfait : Il y avoit un des plus beaux & des plus hauts Clochers de l'Europe. L'Evêque d'Orleans a des droits considérables, comme celui de délivrer tous les Prisonniers qui se trouvent dans Orleans le jour de son entrée, pour quelque crime que ce soit, à la réserve des cas proditoires, & d'être porté à la Cathédrale, par les Barons d'Yevre le Chastel, de Sully, de Chéray, d'Achéres

& de Rougemont. Toute cette troupe de Criminels le suit en Procession, & ensuite il leur fait délivrer les Patentes d'absolution. Ceux qui ne sont point dans le cas, obtiennent un sauf-conduit, pour se retirer sans pouvoir être pris.

On compte vingt-deux Paroisses dans Orleans; preuve de la grandeur de cette Ville. L'Eglise Collégiale de Saint Aignan est une des grandes & des anciennes d'Orleans: ses Cloîtres, que les Guerres civiles ont fort endommagez, font une belle platteforme, un peu élevée, au bord de la Riviere de Loire. La Tour est encore en son entier, mais une partie de l'Eglise est ruinée. L'Abbaye de Saint Euvert est desservie par des Chanoines Reguliers de Saint Augustin. Il y a encore à Orleans plusieurs autres Maisons & Communautez Religieuses.

La Place de l'Etape n'est pas loin de la Cathédrale: on s'y proméne à l'abry de quelques arbres. Les Cordeliers & les Dominicains y ont leurs Couvents; & plusieurs grandes rues y aboutissent. La rue des Peres de l'Oratoire est belle: mais celle qui commence à la Place du Martroy, la surpasse de beaucoup, par la quantité de beaux édifices; entre-autres la Maison & le Collége des Jésuites. Leur Eglise a sa principale entrée dans la plus grande rue d'Orleans, qui traverse la Ville entierement, quoiqu'elle change de nom en plusieurs endroits. Cette rue, qui commence à la Porte Banniere est si large qu'elle semble ne faire qu'une même place avec celle du Martroy, par où elle passe. Les Maisons qui l'environnent la rendent le plus beau quartier d'Orleans. L'Hôtel de Ville a pour ornement une haute Tour & un bel Horloge.

Le Pont d'Orleans est construit de Pierres, & très-bien bâti ; il a seize Arches qui finissent au Faubourg Portereau. Sur le milieu, est une Isle qui sert de Promenade, à cause de plusieurs allées d'arbres, qui forment un beau couvert, & de l'agrément de la Riviere de Loire qui l'environne. On voit sur ce Pont une statue de la Sainte Vierge en bronze, tenant entre ses bras son fils prest à être enseveli ; à l'un de ses côtez le Roi Charles VII, à genoux & tout armé : de l'autre Jeanne d'Arc, appellée la Pucelle d'Orleans, habillée & armée en Cavalier. Tout le monde sçait que le premier Exploit de cette vaillante fille, fut de délivrer la Ville d'Orleans que les Anglois tenoient assiégée : c'est en mémoire de ce grand événement, que tous les ans le 11 de May on fait icy une Procession solemnelle que l'on appelle la grande Fête de la Ville.

A l'entrée de ce Pont est le Châtelet, ancien bâtiment, construit sur le bord de la Riviere. Il sert de Palais à la Justice ordinaire, & à celle du Présidial. La Promenade du Quai est la plus agréable de la Ville; on y voit à toute heure arriver ou partir des cabanes ou batteaux, qui viennent de toutes les Villes par où la Loire passe, sur laquelle plusieurs bâtimens vont à la voile, comme sur Mer. Il en remonte aussi de Nantes & d'ailleurs, chargez de Marchandises des lieux les plus éloignez. Ils prennent en échange des vins du Pays, parmi lesquels le Gennetin, l'Auvernat, & celui du petit Val de Loire sont ceux qu'on estime davantage. La partie du Quai qui est au dessus du Pont, sert aux batteaux qui viennent du côté de Moulins, de Nevers & de Roanne, où l'on charge les Marchandises de Lyon, pour les transporter à toutes celles qui sont sur la Loire, & par le moyen du Canal de Briare, à celles qui sont sur la Riviere de Seine.

D'Orléans à Sercottes, poste & demie: de Sercottes à Artenai, poste & demie: d'Artenai à Château-Gaillard, poste: de Château-Gaillard à Thoury, poste; de Toury à Boisseau poste; de Boisseau à Angerville, poste: d'Angerville à Monerville, poste: de Monerville à Mon desir, poste; de Mondesir à Estempes, poste.

V

14. *l.* ESTEMPES est une Ville de la Beausse dans le pays Chartrain : elle est située sur la Riviere de Iujne, au milieu de plusieurs prairies, environnées de côteaux plantez de vignobles, entremêlez d'arbres fruitiers, de Jardins & de Maisons de plaisance. La grande Eglise, la Collégiale de Notre-Dame, & celle de S. Martin, sont ce qu'il y a de plus considérable. Il y a aussi un Château antique, dont on prétend que le Roy Robert a jetté les premiers fondemens.

D'Estempes à Estréchy, poste : d'Estréchy à Châtres, deux postes : de Châtres à Linas, poste ; auprès duquel on voit Montl'hery.

6 *l.* MONTLEHERY, Ville du Gouvernement de l'Isle de France, à trois lieues de Corbeil, & à six de Paris. Elle est située sur une Colline, avec un Château, qu'un Forestier du Roy Robert, nommé Thibault *file-étoupe*, suivant le Livre intitulé *La Mer des Histoires*, fit bâtir en l'an 1015. Les Seigneurs de Montlehery ont autrefois donné bien de la peine à nos Rois. Philippe premier, à ce que disent les Historiens, avoit employé toutes sortes d'artifices pour se rendre Maître de ce Château, sans avoir pû en venir à bout. Il confessoit que l'inquiétude que ces Seigneurs lui avoient causée durant presque toute sa vie,

se portant toujours les premiers, à exciter ou à entretenir des factions, l'avoit fait vieillir avant le temps. Lorsqu'il y pensoit le moins, une favorable occasion lui mit cette place entre les mains. Guy, fils de Milon, Seigneur de Montlehery, pratiqua le mariage de sa fille unique Elizabeth, avec un fils naturel du Roy Philippe, qu'il avoit eu d'une Comtesse d'Angers. Louis le Gros son fils fit démolir ce Château, à la reserve de la Tour qu'on y voit encore, à cause que Guy tâcha d'y rentrer par force. Les restes de cette importante & forte Place en marquent encore la grandeur & l'antiquité. Ce qui la rend célébre sur toutes choses, c'est la bataille qui s'y donna le 16 Juillet 1465, entre Louis XI & Charles de France son frere, dont les Ducs de Bourgogne & de Bretagne, & divers autres Seigneurs suivirent le parti, sous prétexte d'un bien Public.

De Linas à Longjumeau, poste: De Longjumeau au Bourg de la Reine, poste & demie: & du Bourg de la Reine à Paris poste Royale.

Voitures de Bordeaux, Bayonne, &c. à Paris.

LEs Caroſſes & Meſſagers de Bordeaux à Paris, logent à Bordeaux prés les Jacobins ou le Chapelet. Ils partent tous les Samedis à Midy. On paye ſoixante francs par place pour Paris, & cinq ſols par livre pour le port des hardes & paquets.

Ceux de Bayonne logent près la Place. Ils partent tous les Samedis à Midy. On paye par place quatre-vingts francs pour Paris, & ſept ſols pour le port des hardes & balots.

Voitures de Paris à Bordeaux, Bayonne, &c.

LEs Caroſſes & Meſſagers de Paris à Bordeaux, Bayonne & route, ſe trouvent rue Contreſcarpe, & partent tous les Mardis à dix heures du matin. On paye ſoixante francs par place pour Bordeaux, & cinq ſols par livre pour le port des hardes & balots. On paye quatre-vingt livres par place pour Bayonne, & ſept ſols pour livre pour le port des paquets.

Les Lettres de Paris à Bordeaux partent tous les Lundis, Mercredis, & Vendredis. Elles arrivent à Paris les Mercredis & Samedis. On paye sept sols pour la simple Lettre, huit sols avec enveloppe, douze sols la Lettre double, & vingt-huit sols l'once des paquets. De même de Bordeaux à Paris. Et de Paris à Bayonne neuf sols la simple Lettre, dix sols avec enveloppe, seize sols la Lettre double, & trente-six sols l'once des paquets.

De Bayonne à Madrid, six sols la simple Lettre, sept sols avec enveloppe, dix sols la Lettre double, & vingt-quatre sols l'once des paquets. Mais de Madrid à Paris en droiture, douze sols la simple Lettre, treize sols avec enveloppe, vingt-deux sols la Lettre double, & quarante huit sols l'once des paquets. De même pour le retour.

En temps de Paix les Lettres pour l'Espagne partent de Paris tous les Vendredis à minuit, & les Courriers n'arrivent que tous les quinze jours.

ROUTE DU CAROSSE DE Paris à Bordeaux, par petites journées.

Il part tous les Mardis avant Midi.

DE Paris à Seaux, *Buvette.* 2 l.
A Châtres, au Dauphin, *Coucher.* 6 l.

A Estampes, au Lyon d'or, *Disner.* 6 l.
A Angerville, aux trois Rois. B. 6 l.
A Thoury, à l'Ecu. C. 4 l.
A Sercottes. B. 7 l.
A Orleans aux trois Empereurs. D. 3 l.
A Clery, à l'Image. C. 4 l.
A Saint Laurent des Eaux, à l'Image. B. 4 l.
A Saint Dyé, aux 3 Rois & à l'Ecu. D. 4 l.
A Blois, aux trois Marchands. C. 4 l
A Veuve, à l'Ecu. D. 6 l.
A Amboise, au Bureau. C. 4 l.
A Bleré, à Saint Louis. D. 2 l.
Au Faux, aux trois Rois. C. 3 l.
Au Mantelan, à la Fontaine. D. 3 l.
Au Port de Pile, au Grand
 Monarque. C. 4 l.
A Châtelleraut, au Cheval blanc, D. 4 l.
A la Tricherie, au Chapeau rouge. C. 3 l.
A Clan, au Chêne vert. D. 2 l.
A Poitiers, aux trois Pilliers. C. 2 l.
A Lusignan, au Cheval blanc. D. 5 l.
A Chenay, au Chêne vert. C. 4 l.
A Saint Leger, à S. Martin. D. 3 l.
A Briou, au Cheval blanc. B. 2 l.
A la Ville-Dieu, à la Balme. C. 2 l.
A Varaise, à Saint Germain. D. 3 l.
A Escoyeux, à Saint Louis. C. 2 l.
A Saintes, à la Cloche. D. 3 l.
A Pont, à Saint Martin. C. 4 l
Au Petit Niort, à la Fontaine. D. 4 l.

A Saint Aubin, au Cheval blanc.　C. 2 l.
A Blaye, aux trois Empereurs.　B. 3 l.
A Bordeaux,　7 l.
Le Carosse & les Chevaux restent à Blaye, où l'on embarque le monde & les hardes, pour aller à Bordeaux par un trajet de sept lieues.

ROUTE DE BORDEAUX à Bayonne, & Frontiere d'Espagne.

Le Carosse part avant Midy.

DE Bayonne on va à Castres. *Coucher* 4 l.
A Langon.　*Disner.* 4 l.
A Bolac.　C. 3 l.
A la Maroise.　D. 3 l.
A Roquefort.　C. 4 l.
Au Mont de Marsan.　D. 4 l.
A Tartas.　C. 4 l.
De Tartas à Dax.　C. 5 l.

Le Carosse reste icy.

On va de Dax à Bayonne par terre & par eau. Par terre on prend des chevaux.

De Dax on va à Saint Vincent.　4 l.
De Saint Vincent à Hondres.　2 l.
De Hondres à Bayonne.　2 l.

Par eau ; on s'embarque à Dax. Le trajet est de sept lieues jusqu'à Bayonne.

VOYAGE D'ESPAGNE à Paris, par Mont-Louis, Perpignan, Narbonne, &c.

Outre le Voyage d'Espagne à Paris par Saint Jean de Lutz, Bayonne, Bourdeaux & route, celuy-cy aura son utilité pour ceux qui après avoir traversé la Catalogne & le Roussillon arrivent à Mont-Louis.

MONT-LOUIS est la premiere Ville de France de ce côté-cy, située vers les Monts Pyrenées ; elle fait la séparation de la Cerdagne & du Conflent. Cette Ville, qui est fort petite, a été bâtie en 1681. L'importance de sa situation, qui la rend une des clefs du Royaume, a porté Louis XIV à la fortifier avec beaucoup de régularité. Entre différens ouvrages dont les travaux sont estimez ; elle est munie d'une des meilleures Citadelles, qui de même que les autres fortifications, ont été conduites par le Maréchal de Vauban, si connu par son rare mérite.

De Mont-Louis à Aulette, poste & demie : d'Aulette à Prades, poste : de Prades à Perpignan, trois postes.

176 l. PERPIGNAN, Ville Episcopale, est

est la Capitale du Comté de Roussillon. Le Comté de Roussillon peut avoir environ vingt lieues d'étenduë d'Orient en Occident, & dix du Midy au Septentrion. Il est borné à l'Orient par la Mer Méditerranée, à l'Occident & au Midy par la Catalogne, & au Septentrion par le Languedoc.

La Tet, le Tech, & Legly, qui arrosent le Roussillon, y font croître de bons pâturages : au reste il est fort montagneux, & produit peu de bleds & de vins.

Perpignan est située prés de la Riviere du Tet, environ à deux lieuës de son embouchure. Cette Ville est considérable pour être une des clefs du Royaume. Elle a une forte Citadelle que Charles-Quint fit construire, à laquelle on a ajoûté de nouveaux ouvrages. Les fortifications sont extrémement régulieres ; & la Ville qui n'est pas moins fortifiée de remparts, de gros bastions & de larges fossez à fond de cuve, passe pour imprenable, s'il en est aucune.

L'Eglise Cathédrale, dédiée à Saint Jean, a peu d'apparence, si l'on en excepte la grosse Tour, bâtie à côté de la Place où est l'Hôpital. L'Eglise de Saint Jacques est aussi ornée d'une haute Tour. Le Couvent des Carmes est un des principaux de Perpignan. Les Dominicains & les Franciscains y ont aussi les leurs. L'Hôtel de Ville, avec

X

un gros Horloge, est dans le quartier le plus rempli de Bourgeois & de Marchands, ainsi que la Place du Marché, où est une très-belle Fontaine. Perpignan est honorée d'une Université établie en 1349, par Pierre Roy d'Arragon.

De Perpignan on va à *Salies*, poste & demie: de *Salies* à la *Palme*, poste & demie: de la *Palme* à *Villefaces*, poste: de *Villefaces* à *Narbonne*, poste & demie.

166. l. NARBONNE, Ville du bas Languedoc, avec titre d'Archevêché, est grande, riche & bien peuplée. Elle est située sur un Canal tiré de la Riviere d'Aude, appellé *la Roubine*, qui la divise en Cité & en Ville, avec cet avantage, que ce Canal n'étant éloigné de la Mer que de deux lieues, il y apporte des barques chargées de marchandises qui produisent un grand Commerce. Le Canal de la Roubine communique aussi avec le Canal Royal, par le Port du *Garousti*, qui est prés du Bourg de *Salleles*, d'où l'on porte les Marchandises à *Somail*, Port célèbre du Canal Royal, & qui n'est éloigné du *Garousti* que d'une demie lieue.

L'Eglise Métropolitaine de Narbonne, dont la Tour est fort belle, est dédiée à la sainte Vierge,& aux saints Juste & Pasteur. On y voit plusieurs Tombeaux de marbre, avec les figures de quelques Archevêques, entre lesquels, ceux qui sont du côté du grand Autel, & celui du milieu du Chœur, sont les plus estimez. Ce dernier est le Tombeau de Philippes le Hardy, fils de S. Louis, qui mourut à Perpignan l'an 1285. Les peintures exquises du Lazare ressuscité, & les belles Orgues de cette Eglise attirent les Curieux. Le Palais de l'Archevêque mérite d'être vû.

Les autres Eglises de Narbonne sont, la Collégiale de Saint Paul, dont les tapisseries, quoiqu'anciennes sont d'un travail excellent; elles representent la vie de Saint Paul-Serge, premier Apôtre de cette Ville. Il faut avoir vû la Grenouille qui est dans le fond de son bénitier, pour persuader les bonnes gens qu'on a été à Narbonne. La Collégiale de Saint Sébastien, bâtie par Charlemagne. L'Eglise des Carmelites, dédiée sous le titre de Saint Sebastien né, à cause que ce Saint y prit naissance, merite d'être vûë pour la beauté des marbres du grand Autel & des Chapelles. Les Peres de la Doctrine Chrétienne ont le Collége de Narbonne. Le Seminaire est digne de l'attention des curieux, par la beauté de ses bâtimens.

De la Cité, on passe au Bourg sur un Pont, bordé des deux côtez de maisons, occupées par les plus riches Marchands de la Ville. La Place du Bourg est moins grande que celle de la Cité ; mais sa Fontaine est plus belle, & son marché au bled d'une fort grande étenduë. Les fortifications de Narbonne sont solides, & défendues de fossez pleins d'eau : la plûpart ont été faites du temps de François I. dont on voit les Salamandres aux murailles. Alors elle n'avoit que deux portes, à present elle en a quatre. Les deux dernieres ont été ouvertes pour faciliter le Commerce des Barques qui viennent de la Mer, ou de celles qui arrivent par le Canal Royal.

Narbonne étant une Ville très-ancienne, renferme une si grande quantité d'antiquitez, & d'ouvrages des anciens Romains, comme le Capitole, les Aqueducs, &c. une infinité d'inscriptions & de bas reliefs, entr'autres ceux de la Maison de la Vicomté, & de celle qui est vis-à-vis la ruë de Notre-Dame la Majour, qu'il faudroit un volume entier pour en parler en détail : ainsi on s'est contenté d'en donner une simple indication.

De Narbonne à Villedaigne, il y a une poste : de Villedaigne à Lésignan, poste : de Lésignan à Mons, poste : de Mons à Barbeyrac, poste : de Barbeyrac à Carcassonne, poste.

158. CARCASSONNE est une Ville Episcopale de haut Languedoc. Elle est divisée en haute & basse Ville. Toutes deux séparées & closes de murailles, quoique de différentes situations, sont arrosées de la Riviere d'Aude. La Cité, ou haute Ville, est élevée sur une Montagne, avec un Château qui lui commande, ainsi qu'à la Ville qui est au bas. Elle paroît forte, non seulement par son assiette sur un rocher escarpé en plusieurs endroits ; mais aussi par plusieurs grosses Tours qui accompagnent ses épaisses murailles, & qui lui donnent une forme ronde, & la rendent d'un difficile accès.

L'Eglise Cathédrale, dédiée à Saint Nazaire, n'est remarquable que par son antiquité. Celle de la Ville basse est ornée d'un haut clocher. Les Dominicains sont à voir. La Riviere d'Aude sépare la Cité d'avec la Ville, qui est plus belle, plus grande, & bâtie à la moderne. Après avoir passé le Faubourg, on entre dans ses ruës qui sont droites & tirées à la ligne : elles rendent à un grand carefour ou maniere de place, d'où l'on voit les quatre Portes de la Ville. Carcassonne a Sénéchaussée & Présidial. Le grand Commerce de cette Ville consiste en draps. Les environs de Carcassonne sont remplis d'Oliviers : on trouve dans les montagnes des environs beaucoup de marbres, communément appellez marbres de Languedoc.

On va de Carcassonne à Villesecq, poste: de Villesecq à Villepinte, poste: de Villepeinte à Castelnaudary, poste.

147 l. CASTELNAUDARY est une Ville du haut Languedoc, dans le Lauragcois, dont elle est la Capitale : elle se trouve située dans une Plaine très-fertile, & arrosée de la petite Riviere ou bassin du Canal de Languedoc. Les toits des maisons de Castelnaudary avancent de telle sorte qu'ils couvrent presque toute la grande rue, qui fait le principal lieu de cette Ville, avec ses deux Places. L'Eglise Collégiale est à voir : de même que celle des Carmes.

C'est auprès de Castelnaudary qu'on commence à trouver le fameux Canal de la Communication des deux Mers, qui se fait par le jonction de l'Aude qui tombe dans la Méditerranée, & de la Garonne qui se dégorge dans l'Ocean. On traverse l'Aude sur un Pont de pierres, après lequel on découvre sur une hauteur *les Pierres de Norouse*. Les bonnes gens du Pays & les rieurs racontent qu'une bonne femme passant son chemin avec sept petits cailloux dans son tablier les jetta séparément dans la Campagne, & dit que ces cailloux grosfiroient & se joindroient quand les femmes auroient mis à part toute pudeur. Ces sept cailloux ont plus de quatre toises d'étendue, & je crois qu'en effet ils se joignent ou peu s'en faut; tout ce qu'on peut dire de cette histoire, c'est que la prophetie s'accomplit assez juste.

De Castelnaudary, on va à la Bastide d'Anjou, poste: de la Bastide à Villefranche, poste; de Villefranche à Montgiscard, poste; de Montgiscard à Castenet, poste: de Castenet à Toulouse, poste.

157 *l.* TOULOUZE est la Ville Capitale du Languedoc. Cette Province a soixante lieues d'étendue d'Orient en Occident, & 40 du Midi au Septentrion. Elle est bornée à l'Orient par le Rhône, qui la sépare de la Provence & du Dauphiné, à l'Occident par les pays d'Armagnac, de Commenges & de Conserans; au Midi par la Catalogne, le Roussillon & la Mer Méditerranée, & au Septentrion par le Quercy, le Rouergue, les Montagnes d'Auvergne, & par le Lyonnois.

Les principales Rivieres de Languedoc sont le Rhône & la Garonne; les autres sont le l'Aude, le Tarn, l'Agout, &c. Cette Province, qui est des plus fertiles du Royaume, abonde en bleds, en fruits, en oliviers, en vins délicieux, en toute sorte de gibier, & du meilleur : en gros & menu bétail, en tout ce qui peut faire le bonheur d'un pays, & enfin, en simples les plus rares & les plus estimées.

Les Languedociens sont fort spirituels: ils aiment l'étude : ils sont civils jusqu'à fatiguer les gens : ils tâchent de paroître, même au delà de leurs facultez. On les accuse d'être grands parleurs, & souvent des diseurs de rien : fort inconstans, & peu capables de garder un secret. Les femmes y sont fort enjouées, gâtées le plus souvent par la lecture des Romans : elles se donnent plus de liberté qu'il n'est séant à leur séxe. On peut cependant dire, à l'égard des Toulousains, que c'est un peuple différent, & dont les mœurs sont opposées au reste de la Province. Ils ont de l'esprit, mais ils sont peu affables: ils sont mocqueurs & médisans, & douez d'une malice, qui souvent les fait se réjouir de la peine d'autrui; ils sont fiers jusqu'à l'impertinence ; & à tout cela le peuple joint une superstition extraordinaire, qui les fait en quelque maniere ressembler aux Espagnols.

Toulouse est la plus considerable des Villes du Languedoc: elle est le siége d'un Archevêché d'une Université & d'un Parlement. Elle est située sur la Garonne, qui la divise en deux parties fort inégales, qui communiquent par un grand Pont de pierse appellé le *Pont-neuf*. L'avantage de sa situation l'a rendue la plus grande Ville du Royaume après Paris; mais elle n'est pas peuplée à proportion de sa grandeur. Les rues y sont belles; les murailles de la Ville, aussi-bien que les maisons, sont toutes bâties de briques. Le Commerce de Toulouse est assez florissant.

L'Eglise Métropolitaine, dédiée à Saint Etienne, est dans une grande Place, ornée d'une fontaine sans eau, & chargée d'un petit obélisque très-bien travaillé. Cette Eglise est considérable par plusieurs belles Chapelles: le Chœur est des plus magnifiques. La grosse tour renferme une des plus fameuses cloches de France.

Après l'Eglise Saint-Etienne, c'est celle de *Saint Sernin* ou Saturnin, Abbatiale, Collégiale, & l'ancien lieu de sépulture des Comtes de Toulouse. Dans chacune des Chapelles qui entourent le Chœur, il y a une Châsse enfermée dans une armoire où le nom du Saint est écrit dessus. Dans la voute souteraine on voit les reliques de plusieurs Apôtres dont les Châsses sont de vermeil. Celle de Saint Sernin, placée audessus du grand Autel, est faite en argent, sur le modéle de cette Eglise, dont elle représente toutes les parties. Elle pése plus de deux cens marcs, à cause de la hauteur de son clocher. L'Eglise de Saint Sernin est d'un gotique fort beau en dedans : mais elle est trop sombre.

L'Eglise Paroissiale de la Dalbade est aussi une des plus belles de cette Ville ; c'étoit anciennement un Temple dédié à Apollon; ce sont les Peres de l'Oratoire qui la deservent. Celle de Saint Dominique a ses beautez, quoique petite. Celle appellée vulgairement le Taur, n'a d'autre recommandation que son antiquité : elle est bâtie au lieu où l'on dit que Saint Saturnin fut traîné par un Taureau indompté, à la queue duquel on l'avoit attaché. Il n'y a point de Ville, hors Paris, qui ait autant de Maisons Religieuses, de Colléges, d'Hôpitaux, &c. que celle cy.

Le Couvent des Cordeliers a des Cloîtres embélis de peintures qui représentent la vie de Saint François : on voit dans le Chœur quelques Tombeaux remarquables. Il y a une cave qui sert de Charnier, très renommée par la vertu qu'elle a de conserver les corps incorruptibles, en desséchant les chairs sans gâter la peau, ni déranger les membres. On les met de bout, appuyez contre le mur, & contre des barres de fer posées à hauteur d'appuy. On y en voit un grand nombre ainsi desséchez, entr'autres des restes du corps d'une Maitresse de Raymont Comte de Toulouse, nommée *la belle Paule*, morte depuis plus de 500 ans. C'étoit, à ce qu'on dit, la fille d'un Boulanger qui étoit fort belle; ce corps a été rompu par le milieu; lorsque Louis XIV. 'allant à Fontarabie passa à Toulouse, & voulut voir quelques uns de ces corps qu'on tira de cette Cave.

Les Curieux doivent voir dans le Cloître des Carmes un monument des plus considérables; c'est un morceau de peinture dont voici l'histoire. Le Roy Charles VI. étant à la Chasse, à quelques lieues de Toulouse, s'écarta si fort de ses gens, qu'étant surpris de la nuit au milieu des bois, sans savoir où il étoit, il se voua à la Sainte Vierge pour se tirer de ce danger, & adressa particuliérement ce vœu à une Chapelle de Notre-Dame érigée dans l'Eglise des Carmes, sous le titre de Notre-Dame de Bonne-Espérance. A peine, dit-on, eut-il fait ce vœu, qu'il entendit sonner le cor & la voix des chiens, qui lui firent connoître qu'il n'étoit pas éloigné de ses gens. Il piqua du côté où il avoit ouy ce bruit, & rejoignit sa troupe lorsqu'il se croyoit en danger de passer la nuit dans un bois, dont il ne connoissoit pas les routes. Il songea au plûtôt à satisfaire sa devotion, & à s'acquiter de son vœu; étant allé ouir la Messe dans la Chapelle de Notre-Dame de Bonne-Espérance, il y fit un riche présent, & distribua aux Princes & aux Grands Seigneurs qui étoient avec lui, à chacun une ceinture d'or sur laquelle étoit ce mot, *Espérance.*

On voit dans ce Tableau, Charles VI à Cheval, rendant son vœu devant l'image de Notre-Dame. Son casque est posé sur la plus haute branche d'un arbre, qui fait partie d'une Forest représentée au fond de ce Tableau.

Louis de France, Duc de Touraine, & depuis Duc d'Orleans, est le premier derriere le Roy avec sa cotte d'armes, marquée aux Armoiries des Ducs d'Orleans. Il a la ceinture d'Espérance sur sa cotte d'armes.

A son côté est Louis Duc de Bourbon, oncle maternel du Roy, & grand Chambrier de France.

Le troisiéme est Pierre de Navarre, Comte d'Evreux, fils de Charles II. Roy de Navarre, & de Jeanne de France, fille aînée du Roy Jean. Ainsi il étoit, des deux côtez, de la Maison de France.

Le quatriéme est Henri de Bar, Cousin germain du Roy. On croit que le cinquiéme est Robert, ou Philippes d'Artois Comte d'Eu. Froissart nomme l'un & l'autre entre les Princes qui vouloient suivre Charles VI, lorsqu'il dressa une puissante Armée navale pour passer en Angleterre. Si c'est Philippes, il fut depuis Connétable de France, après la déposition d'Olivier de Clisson, qui est icy le sixiéme; sa cotte d'armes est de gueules, au Lion d'argent couronné.

Enfin le dernier est Enguerrand de Coucy, Grand Bouteiller de France, qui par une modestie assez rare aux personnes de la Cour, refusa l'Office de Connétable de France, dont le Roy voulut l'honorer après la mort de Bertrand du Guesclin, disant au Roy, qu'Olivier de Clisson en étoit plus capable que nul autre.

Le reste des peintures de ce Cloître, qui représente les autres Seigneurs associez à cet Ordre est effacé; c'est une véritable perte, que de ne pas conserver des monumens si utiles à l'Histoire.

Les autres Monastéres sont les grands Carmes, les Minimes, les Chartreux, les Dominicains, qui conservent le corps de Saint Thomas d'Aquin: les Carmes déchaussez, qui ont un trés beau clos: les Benedictins, ou la Daurade, dont l'antiquité, les peintures en Mosaïque du Chœur, les orgues & le baptistaire sont remarquables. Les Jesuites ont trois Maisons, le Noviciat, le Collége & la Maison Professe, où l'on voit le tombeau fait en piramide de marbre noir, d'Henri Duc de Montmorency, premier Pair de France, & grand Amiral, qui fut décapité à Toulouse du tems de Louis XIII. L'Hôpital de S. Jacques, pour les malades est encore à voir.

Le Parlement de Toulouse est le premier du Royaume après celui de Paris. Philippes le Bel l'institua en 1302; mais ce ne fut qu'une maniére d'assemblée d'Etats qui ne dura pas long-temps. Charles VII l'établit tel qu'il est en 1443, par une Charte expresse qui subsiste encore. Les Conseillers jouissent d'une prérogative fort singuliere, qui est d'avoir séance au Parlement de Paris, selon l'ordre de leur réception. Le Palais où siége cette Cour, étoit la demeure des anciens Comtes de Toulouse, il est bâti sur le bord des fossez de la Ville. Les Chambres ne sont que médiocrement belles, excepté la premiere & la seconde des Enquestes qui sont ornées à la moderne. Les Requestes du Palais, la Chancellerie, la Table de Marbre & les Prisons de la Conciergerie sont dans la même enceinte. Il faut laisser son épée dans la Cour du Palais lorsqu'on veut y entrer.

L'Hôtel de Ville est fort magnifique : on lui donne le nom de Capitole, & les Echevins ou Consuls ont celui de Capitouls. Ils sont tous representez dans les Salles au naturel, avec les ornemens qu'ils ont dans l'exercice de leurs Charges. Il y a differentes Chambres qui méritent l'attention du Curieux ; de même que l'Arsenal qui est auprès de l'Hôtel de Ville. Entr'autres Salles de l'Hôtel de Ville, il faut remarquer la grande, qu'on appelle la Salle des Illustres ; on y voit les statues ou les bustes des anciens Comtes de Toulouse & de tous les Personnages de la Ville dont la memoire est en recommandation, soit dans les Sciences, les Arts, ou dans la Magistrature. Dans les autres Salles, on conserve, par de grands Tableaux, la memoire de tous les évenemens remarquables qui regardent la Ville; comme les Entrées des Roys, les Fêtes, & autres pareilles ceremonies. Pour entrer dans l'Hôtel de Ville il faut observer la même chose qu'au Palais, c'est-à-dire laisser l'épée à la porte. Il en est de même quand on va au Palais de la Sénéchaussée, ou *Sénéchal*, qui est aussi le siége du Viguier de la Ville.

La savante Université de Toulouse fut, à ce qu'on tient, fondée en 1233 ; les principaux Colleges sont ceux des Jésuites, de Foix, de Sainte Catherine, de Saint Nicolas, de Navarre & de Narbonne: les Ecoles de Droit, de Medecine & de Théologie ; celles de Droit font des plus renommées du Royaume, & le nombre d'Etudians en est très-considerable.

La partie de Toulouse qui est en deça de la Garonne, que l'on nomme la Cité, est divisée en huit quartiers appellez *Capitoulats*. Celle qui est au delà le Bourg est appellée *S. Cyprien* : elle fut entourée de murailles l'an 1346. On y voit encore des restes d'antiquitez Romaines. Toulouse est située au milieu d'une belle plaine très-fertile ; la Garonne, comme je l'ai cy-devant dit, la divise en deux parties, dont la plus grande est du Languedoc, & l'autre de la Gascogne. Les Amphithéatres, les Temples, les Acqueducs, &c. font juger que cette Ville est des plus anciennes. Les Romains y bâtirent le Capitole, prérogative réservée aux plus grandes Villes qui étoient Colonies Romaines. Il reste encore des vestiges de celui cy au bord de la Garonne, près de la petite Eglise où étoit l'inquisition. Dans l'enceinte de Toulouse la Garonne forme une Isle nommée *Tounis*, composée d'une rue où sont établies plusieurs manufactures, & plusieurs Teinturiers. En 1709 un débordement de la Riviere emporta une partie de cette Isle ; il fut si étrange qu'il entraîna plus de 300 maisons du Faubourg S. Michel, & le Moulin appellé du *Bazacle*,

qui

qui étoit composé de 48 meules qui alloient tout à la fois; & sa Chaussée, qui étoit un ouvrage digne des Romains. Le Canal qui vient se jetter dans la Garonne, auprès de Toulouse, lui apporte en abondance les fruits du Bas Languedoc & de la Provence. Avant de sortir de Toulouse on peut voir plusieurs belles Maisons de Campagne qui sont aux environs.

Les spectacles du Carnaval & de la Semaine Sainte sont également dignes de curiosité, quoique d'espéce fort diférente. Il en est de même des processions de la Pentecôte, & du 17 de Mai.

La Fête des Jeux Floraux est une chose remarquable dans Toulouse; ils furent institués l'an 1324 par sept hommes de condition de cette Ville qui aimoient les belles Lettres. Ils invitérent les Troubadours ou Poetes des environs de se rendre à Toulouse le premier Mai, promettant une violette d'or à celui qui réciteroit les plus beaux vers. Le projet plut tellement aux Capitouls, qu'il fut résolu dans le Conseil de la Ville qu'on l'executeroit tous les ans aux dépens du Public. On ajoûta depuis deux fleurs à la Violette, l'Eglantine & le Soucy, pour second & troisiéme prix. Vers l'an 1540, une Dame de Toulouse nommée *Clemence Isaure*, forma le deſſein d'éterniſer ſa memoire par l'imitation des Jeux Floraux, qu'elle voulut qu'on célébrât le premier & le troiſiéme jour de Mai. Pour cet effet, elle laiſſa la plus grande partie de ſon bien à Meſſieurs de Ville, à condition qu'ils feroient faire tous les ans quatre fleurs de vermeil, qui feroient l'Eglantine, le Soucy, la Violette & l'Oeillet. L'Hôtel de Ville étoit alors la maiſon de cette Dame, qu'elle donna pour y célébrer ces jeux. Sa ſtatue eſt dans une niche contre le mur de la grande Salle de cet Hôtel ; elle eſt repréſentée en marbre blanc, couronnée de fleurs, & ceinte d'une ceinture auſſi de fleurs, qui deſcend juſqu'à ſes pieds. Par Lettres Patentes du mois de Septembre 1694, Louis XIV érigéa ces Jeux Floraux en Académie de Belles Lettres, avec le Brevet de nomination de Chancelier de ces Jeux, & de trente-cinq Académiciens ordinaires. Les Prix qui ſe donnent à preſent ſont une Amarante d'or, une Violette, une Eglantine, & un Soucy d'argent. L'Amaranthe d'or, de la valeur de 400 livres, qui eſt le premier Prix, ſe gagne par une Ode. La Violette d'argent, de 300 livres, par un Poëme de 60 vers au moins, ou de cent au plus, ſur un ſujet héroïque. L'Eglantine, de 290 livres, par une piece en Proſe, d'une petite demie heure de lecture, au plus. Le Soucy, de 250 liv. par une Elegie, une Eglogue ou une Idylle. On adresse ces ouvrages au Secretaire perpetuel des Jeux Floraux, sans y mettre son nom, mais seulement une marque & une Sentence par où l'on puisse reconnoître l'Auteur.

Ceux qui voyagent pour leur plaisir, au lieu de se rendre tout d'un coup à Montauban, peuvent faire un circuit de quelques lieues pour voir les Villes suivantes.

LAVAUR est la premiere à cinq lieues de Toulouse; elle est située sur l'Agout, sur un Terrain assez beau: elle n'a rien de considerable que son titre d'Evêché, qui est un des meilleurs de la Province. De Lavaur on va à Castres, située à cinq lieues plus loin dans l'Albigeois, sur la même Riviere d'Agoût.

CASTRES, Chef du Diocese de ce nom, est aussi le Chef-lieu d'un Comté qui appartenoit anciennement aux Comtes de Toulouse, ensuite à la Maison de Monfort, par la Conqueste que Simon de Monfort en fit sur Raymond Comte de Toulouse, dans la guerre des Albigeois, & par le don qu'il en obtint de Philippe Auguste; mais il est réuni à la Couronne depuis plusieurs siécles. Cette Ville est située dans une plaine assez agréable, bornée de tous côtez par des Montagnes très-fertiles en grains, en vins & en bois. C'est en cet endroit que Jules Cesar avoit choisi un Camp pour son Armée, dont le lieu a depuis retenu le nom. L'Agoût sepáre la Ville en deux, & la petite Riviere appellée *Durenque*, passe auprès de ses murs, & va former un Confluent à l'un des bouts de la Ville ; trois ponts de Pierre servent pour le passage de ces Rivieres, dont deux sur la principale.

Castres, le siége de la Chambre de l'Edit, créé pour les Religionnaires de Languedoc, étoit autrefois une de leurs principales places : ils l'ont occupée long-tems avec ses fortifications à la Gotique ; mais elles ont été démolies après la révocation de l'Edit de Nantes, de maniere qu'il n'en reste que quelque vestige. L'Eglise Cathédrale est dédiée à Saint Benoist : elle a été commencée de nos jours, & on travaille actuellement à la finir sur les desseins qui en ont été faits à Paris par les Architectes du Roy, ainsi c'est une fort belle Eglise moderne. Le Palais Episcopal qui est vis-à-vis sur le bord de la Riviere, est des plus magnifiques de France, il est bâti depuis trente ans sur les desseins *de Mansart*. Le Jardin très-spacieux, & porté en partie par des grandes voutes, à cause de l'inégalité du terrein, est un des morceaux du meilleur goût : les

Fontaines ornées de figures, les Berceaux, les Bosquets & les Parteres, y offrent une variété charmante. Il regne sur la Riviere & sur la Campagne, à la maniere d'un Bastion ou platteforme, & cela par le moyen des voutes immenses qui le soutiennent.

La principale promenade de la Ville est ce qu'on appelle le jeu de Mail ; c'est une esplanade couverte de gazon, de mille pas de long, sur quatre ou cinq cens de large ; elle regne le long de la petite Riviere dont j'ai parlé. Deux grandes allées plantées d'Ormeaux, & séparées par l'élevation du terrain, & par des tambours de pierre de taille, dans les tournans, forment le grand & le petit jeu de mail, qui est fort en vogue à Castres, comme dans toutes les autres Villes de la Province. Le milieu, qui est un tapis verd fort spacieux, sert de promenade & de place à faire faire l'exercice aux Troupes & à la Milice Bourgeoise. Les Eglises de la Ville, autres que la Cathédrale, ne sont pas des plus belles ; il n'y a que deux Paroisses, Notre-Dame & Saint-Jacques ; mais les Cordeliers, les Capucins, les Trinitaires, les Jacobins & les Jesuites y ont leurs Eglises : ces derniers ont le College, où ils enseignent jusqu'en Philosophie. Il y a encore deux Couvens de Religieuses, mais c'est peu de chose. La Jurisdiction Civile de la Ville est exercée par un Sénéchal qui a deux Lieutenans Generaux Civils, dont l'un connoît par prévention avec le Sénéchal de Carcassonne des appellations de l'autre ; celui-là se nomme le Juge d'Apeaux, & sa Charge est presque unique en France. Les grands Consuls ont la Police, & en tout temps, soit dans leurs maisons ou ailleurs, chacun d'eux est Souverain jusqu'à 20 liv. quand on lui porte ses plaintes. Les teintures de Castres pour le bleu foncé sont fort estimées, & les Manufactures de Flanelle, de Bonneterie, & de Couvertures de lits fines, & autres petites étoffes de laine, sont presque le seul commerce de la Ville & des environs.

A une lieue de la Ville, sur la Riviere, près du Village de Saix, est la Chartreuse, nommée de Castres : c'est un très beau bâtiment moderne, qui paroît de loin une petite Ville tant il est vaste. Il est composé d'une Eglise fort belle, ornée de son architecture, & de statues ; d'un Cloître fort spacieux & entouré de Cellules. Ce Cloître est parqueté, ainsi que les grands appartemens du premier étage, où pourroit loger un Prince avec sa suite. Il y a aussi un second Cloître moins grand, au tour duquel sont plusieurs grandes pieces ou plusieurs appartemens.

De Castres, on va à Alby par Réalmont.

ALBY est une Ville fort ancienne, située sur le Tarn, c'est la Capitale du pays d'Albigeois ; les rues en sont fort étroites & peu agréables ; l'Eglise Métropolitaine dédiée à Sainte Cecile, est fort belle dans son goût gotique, & la Tour ou Clocher de figure triangulaire, est une des plus hautes de la Province.

D'Alby, on arrive par Gaillac à Montauban ; mais suivant la route de la poste, en partant de Toulouse, on va à Saint Jory, deux postes ; de Saint Jorry à Fronton, deux postes ; de Fronton à la Bastide, poste ; de la Bastide à Montauban, poste.

128 *l*. MONTAUBAN, belle & grande Ville, participe du Quercy & de la Guyenne, qui communiquent par les Ponts; elle est située à sept lieues de Toulouse, sur une colline dont le bas est arrosé de la Riviere du Tarn, qui reçoit l'Aveyron, à deux lieues audelà, & se décharge dans la Garonne, cinq lieues audessous. On divise ordinairement Montauban en trois parties, qui sont la Ville Bourbonne, la Ville, & la nouvelle Ville. La premiere n'est proprement qu'un Fauxbourg rempli d'ouvriers qui travaillent à la soye. Il est séparé des deux autres parties par la Riviere, où il y a un grand Pont de pierre, qui, du côté de la Ville, finit au

Palais de l'Evêque, que tous les Etrangers ont la curiosité de voir, aussi bien que la promenade appellée Falaise, & la Fontaine Griffon.

L'Eglise Cathédrale de Montauban est dédiée à Saint Martin. L'Evêché est sous la Métropole de Toulouse, & l'Evêque qui est en partie Seigneur temporel, a séance dans les assemblées des Etats Generaux de Languedoc, quoique la Ville n'y entre pas, à cause qu'elle est du Gouvernement de Guyenne. La Grande Place de Montauban est environnée d'Arcades d'une même symetrie, dans le goût de la Place Royale de Paris; c'est-là dans un coin qu'est placée la Fontaine.

La Ville de Montauban n'est pas d'une haute antiquité: en voici l'origine. L'Abbaye de S. Martin, qui, sur la fin du IX siécle, changea son nom en celui de Saint Theodard, & par abréviation Saint Audard, étoit située sur une Montagne que l'on appelloit *Mons-Aureolus*. La dévotion que l'on eut pour ce Saint, après qu'il eut été enterré dans cette Abbaye, qui étoit de l'Ordre de Saint Benoist, y attirant beaucoup de monde, on bâtit insensiblement un petit Bourg sur la Montagne, du nom de laquelle il fut appellé *Podium Aureoli*, ou *Mons Aureolus*. Il fut même nommé *Villa-Audardi la Auduardi*, par corruption pour *Villa-Theodardi*. En 1144, Alphonse Comte de Toulouse, & Raymond son fils, voyant que ce Bourg ne suffisoit pas pour recevoir tous ceux qui s'y vouloient transporter, donnerent une place dans le voisinage, où ils permirent aux Habitans de bâtir une Ville sous le nom de *Montalba*, & c'est sur cette place que la Ville de Montauban a été bâtie.

Depuis, cette Ville a été occupée par les Religionnaires, qui en soutinrent le siége contre l'armée & la présence de Louis XIII. mais enfin elle a été soumise, & quoi qu'il y ait encore bien de ces gens-là, ils n'en font pas la plus grande partie. Il y a à Montauban une Sénéchaussée & Présidial; une Election, un Intendant: & un Bureau des Finances. Les Consuls ont la Police, ainsi que dans le Languedoc. Les peuples y sont d'assez bonnes mœurs: un peu interessez, sur-tout les gens de Commerce. Les manufactures de Montauban sont pour la plûpart en laine.

De Montauban à Saint Romans, il y a une poste & demie ; de Saint Romans à Castelnau, poste & demie : de Castelnau à l'Hospitalet, poste : de l'Hospitalet à Cahors, poste.

118 *l.* CAHORS, Evêché, Ville Capi-

tale du Quercy, est située dans une Peninsule que fait la Riviere appellée le Lot, au bord de laquelle on la voit élevée, principalement du côté d'Orient, sur un rocher escarpé. En y arrivant par le Faubourg de Saint Jordy, on suit un grand Quay où l'on ne voit que rochers, qui bordent cette riviere que l'on passe sur un grand Pont de pierre : deux autres ponts, & plusieurs moulins, pour differentes sortes de mêtiers, se voyent aussi sur cette Riviere, qui se jette dans la Garonne. A ce premier pont commence la grande ruë, qui est fort étroite, & qui finit au Marché, où il y a une grande Halle au bled couverte, & l'Hôtel de Ville.

L'Eglise Cathédrale, dédiée à Saint Etienne, en est assez proche : son Architecture est très-ancienne, principalement les voutes. Elle est accompagnée d'une grosse Tour quarrée. L'Evêque se qualifie *Comte de Cahors ; & par une prérogative peu commune,* dit Duchesne dans ses Antiquitez, *il a l'Epée, les Gantelets, la Bourguignote sur l' Autel, & les Botines aux jambes, à la Pontificale, quand il célébre Pontificalement.*

La Place appellée le petit Mars n'est pas éloignée de la Cathédrale ; il y a une grande ruë, qui aboutit delà au lieu où étoit la

Citadelle, dont on voit encore quelques restes de murailles. Les fortifications de cette Ville sont régulieres. Il y a d'épaisses murailles qui ferment la Peninsule, & entourent le grand Faubourg de la Bar, qui est comme une seconde Ville.

L'Eglise de Saint Barthelemi est la plus considerable de Cahors, après la Cathédrale. Le College des Jesuites est à voir. L'Université de Cahors a été fondée en 1332, par le Pape Jean XXII, qui s'appelloit Jacques d'Ossa; il étoit fils d'un Cordonnier de cette Ville. La sublimité de son génie l'éleva à cette premiere dignité de l'Eglise. Après une vacance du Saint Siége pendant deux ans, les Cardinaux étans toujours partagez dans leurs suffrages, convinrent que le Cardinal d'Ossa choisiroit le plus digne: alors il se nomma lui-même au Pontificat, en disant *Ego sum Papa*. Cette Election, qui se fit en Septembre 1316, eut l'approbation generale.

De Cahors on va à Pellacoi, poste: de Pellacoi, à Fressinet, poste; De Fressinet à Peyrat, poste & demie: de Peyrat à Souilliac, poste & demie. De Souillac à Cressensac, poste & demie: de Cressensac à Brives, poste & demie.

BRIVES, Ville du Bas Limousin, est située sur la petite Riviere de la Curréze, qui

aux environs de là fait le plus beau paysage de la Province. Cette Ville qui est fort
ancienne, est aussi appellée *Brives la Gail-
larde*, tant à cause de la beauté de sa situation, que pour la fertilité de son terroir,
& le nombre de ses Habitans, dont elle est
fort peuplée, quoiqu'elle ne soit pas grande.
Il y a Présidial, & Sénéchaussée. Quant aux
Eglises, les Paroisses de Saint Martin & de
Saint Sernin sont considérables. Le Couvent de Saint Antoine de Padoue ; hors de
la Ville est des plus curieux : l'Eglise mérite d'être vûe, tant pour ses deux Clochers, que pour ses riches ornemens, ses
Cloîtres & ses Jardins.

*De Brives il y a une poste à Donnezat ;
de Donnezat à Barriolet, poste & demie : de
Barriolet à Userches, poste : d'Userches à
Frégefond, poste & demie : de Frégefond à
Magniac, poste : de Magniac à Pierre-Buffiere, poste : de Pierre-Buffiere à Boisseil,
poste : de Boisseil à Limoges, poste.*

83. *l.* LIMOGES est la Ville Capitale du
Limousin, située près de la Riviere de
Vienne, qui en rend les environs très-fer-
tiles en Marons, & sur-tout en raves.

Le Limousin est borné de la Marche au
Nord, de l'Auvergne à l'Orient ; du Quercy au Midy, du Perigord & de l'Angoumois à l'Occident. On le divise en haut &
bas Limousin.

Limoges est partie dans un Vallon, & partie sur la croupe d'une petite Colline. Sa forme est beaucoup plus longue que large : pour les fortifications, elles consistent en des fossez profonds. César, dans sa conquête des Gaules, la trouva forte, grande, & très-peuplée.

Saint Martial la convertit à la Foi par ses Prédications ; il y jetta les premiers fondemens de l'Eglise Cathédrale, qu'il dédia à Saint Etienne premier Martyr. On y remarque le tombeau d'un Evêque de Limoges, & la grosse tour de l'Eglise. Ensuite c'est l'Abbaye de Saint Martial, dont on voit le Chef, la Chasse & le Cercueil. Saint Pierre est une des principales Eglises. Celle de Saint Michel, & le College des Jesuites sont à voir, de même que l'Abbaye de Saint Martin ; celle des Augustins. Les Couvens des Cordeliers, des Dominicains & des Carmes.

Il y a plusieurs Places à Limoges, avec leurs Fontaines ; les rues étroites & tournoyantes de cette Ville font preuve de son ancienneté ; mais les maisons en général y sont bâties de torchis ; c'est-à-dire de sable & de foin haché : les toits avancent si fort sur la rue, qu'à peine y voit-on le Soleil en plein midy. Le peuple Limousin n'est pas fort poly : mais le Sexe en est beau & frais. Ils sont accusez d'avoir l'appetit plus éguisé que les autres gens ; ce peut être une marque de la subtilité de l'air, qui est fort pur à Limoges. Cette Ville est le siége d'un Présidial, d'un Sénéchal, d'une Election, & la résidence d'un Intendant qui ne trouve gueres à s'enrichir avec les Limousins.

La Route de Limoges à Paris, en droiture, est cy-après à la page 280.

TRAVERSE DE LIMOGES à Lyon, & route de Limoges à Paris par Moulins, &c.

De Limoges on va à Userches.

USERCHES est une Ville du bas Limousin, dont la situation est toute particuliere ; elle occupe un gros rocher élevé & escarpé du côté de la Vézére qui passe au pied. On remarque deux singularitez dans Userches ; la premiere, qu'il n'y a point d'Habitans qui ne voye la Riviere au pied de sa Maison ou de son Jardin. La seconde est qu'il n'y a point de Maisons, à les regarder par derriere, qui n'ayent l'air d'un petit Château à l'antique, avec des pavillons & des tournelles couvertes d'ardoises ; ce qui fait dire communément, que qui a maifon à Userches a Château en Limofin. La riche Abbaye d'Userches, Ordre de Saint Benoift, fondée en 960, dont l'Abbé eft Seigneur fpirituel & temporel de la Ville, eft à remarquer par plufieurs curiofitez dignes d'être vûes.

D'Userche, on trouve Tulles.

97. *l.* TULLES, Ville du Bas Limofin, à quatre lieues de Brives, eft située au confluent des Rivieres de Coureze & de Solan. Il y a Préfidial & Election. L'Eglife Cathédrale, dédiée à S. Martin, eft renommée pour l'aiguille ou flèche de fon Clocher. L'Evêque de cette Ville en eft Seigneur temporel. Les peuples y font affez chicaneurs & mutins.

De Tulles on va à Aurillac.

112 *l.* AURILLAC, Ville de la haute Auvergne, a un Bailliage & une Election. L'Abbaye du lieu, qui dépend immédiatement du Saint Siége, eft confidérable. L'Abbé eft Seigneur temporel de la Ville. Le Château d'Aurillac, appellé Saint Eftéphe, eft bâti dans l'enclos de fes murailles, & fur le fommet d'un Rocher fi élevé, qu'il peut commander à toute la Ville. L'air eft fort fain dans Aurillac, parce que dans chaque rue il y a un canal par lequel les immondices s'écoulent dans la Jordane ou Jourdain. Saint Géraud, fils d'un Com-

te ou Gouverneur d'Aurillac, en est le Patron titulaire; il y a fondé plusieurs Eglises, entr'autres celle de Saint Benoist. L'Eglise & le Réfectoire des Carmes sont à voir.

D'Aurillac à Saint Flour.

SAINT FLOUR, Ville Capitale de la haute Auvergne, est située sur un roc fort élevé & entaillé tout à plomb, au pied du Mont Cantal, sur l'Adie. L'Eglise Cathédrale est dédiée à Saint Pierre & Saint Paul. L'Evêque de Saint Flour en est Seigneur. Le principal Commerce de cette Ville, qui a Bailliage & Election, est en Grains, Mules & Mulets.

De Saint Flour à Brioude.

92. *l.* BRIOUDE, Ville de la basse Auvergne, près de l'Allier, est bâtie à l'antique: les rues y sont assez mal disposées. Les Chanoines de Brioude en sont Seigneurs temporels & Comtes, comme les Chanoines & Comtes de Saint Jean de Lyon. Cette Ville n'est d'aucun Diocèse, & relève directement du Saint Siége. Il y a plusieurs Couvens dedans & dehors la Ville, entr'autres l'Eglise de Saint Ferréol, qui est fort célèbre. Au Bourg de vieille Brioude, auprès duquel est la voute de Chillac, ou Sillac, est un pont de pierre, sur l'Allier; il est fait d'une seule arche,

dont la hauteur & la largeur causent de l'admiration.

De Brioude on trouve Issoire.

86 l. ISSOIRE, petite Ville de la basse Auvergne, est située sur la Riviere de Couze, qui se jette un peu au dessous dans l'Allier, & qui en rend les environs fertiles & agréables. Son Bailliage, & l'Eglise de l'Abbaye, sont les deux choses qui la distinguent du Bourg ou Village. On y voit une grande Place, & une rue assez large, qui traverse toute la Ville en tournoyant un peu.

D'Issoire on va à Clermont.

80. l. CLERMONT est la Capitale de l'Auvergne. Cette Province est bornée du Bourbonnois, au Septentrion ; du Forest, à l'Orient ; du Rouergue & du Gevaudan, au Midy ; de la Marche & du Limousin, à l'Occident. Elle a quatre-vingt deux lieues de longueur, & quarante-huit de largeur. Elle est divisée en haute & basse : la haute est un pays plein de Montagnes, qui abonde en pâturages, & qui nourrit une grande quantité de bétail. La basse Auvergne est vulgairement appellée la Limagne d'Auvergne, à cause de sa fertilité. La plûpart des Auvergnats sont laborieux, rusez, dissimulez, quereleux & fort opiniâtres.

Clermont est considérable par sa situation sur une petite éminence, avec des montagnes & des côteaux de vignes qui l'environnent d'un côté en maniere de fer à cheval, & de l'autre on voit une belle Campagne & d'agréables prairies.

L'Eglise Cathédrale, dediée à Notre-Dame, est remarquable par sa grandeur & son Architecture : elle est accompagnée de quatre belles tours, d'où l'on voit avec plaisir l'étendue de la Ville. La Collégiale de Notre-Dame du Port, l'Eglise Saint Genest, le Séminaire, & le Collége des Jésuites, sont à voir : de même que les Places de cette Ville, ornées de Fontaines. Le Palais du Présidial ; la Cour des Aydes, &c.

Il faut aussi voir l'Abbaye de Saint Alirye, hors de la Ville, qui ayant été ruinée par les barbares, fut réparée par le Pape Paschal II. & fortifiée de tours & d'ouvrages, comme un Château, & fort embellie au dedans. Au dessous de cette Abbaye passe une Riviere qu'on dit avoir été autrefois nommée *Scatéon*, & qu'on appelle aujourd'hui *Tiretaine*, sur laquelle on prétend qu'il s'est formé naturellement un Pont de Pierre merveilleux, par les eaux d'une Fontaine qui ont la vertu de pétrifier ce qu'on y jette. Ce Pont peut avoir trente toises de long sur huit de large. L'épaisseur est de six toises. Charles IX. faisant son voyage de Bayonne, voulut voir ce Pont. Un Religieux de cette Abbaye, qui avoit son jardin proche de cette Fontaine, trouva moyen d'y faire entrer quelque partie de ses eaux, lorsque tous les fruits pendoient aux arbres. Les eaux qu'il y conserva pétrifiérent les fruits, les fleurs, & tous les arbres du jardin, ce qui se voit encore à présent dans cette Abbaye. Voilà ce qu'on raconte sur ce sujet.

De Clermont on va à Lyon, en passant le Forest & le Lyonnois par la Route suivante.

De Clermont à Pont-Château, poste; de Pont-Château à Lezou, poste. De Lezou à Thiers, poste & demie.

THIERS est une Ville de la basse Auvergne, située sur la Durolle qui lave ses murailles. Cette Ville est fort peuplée, & d'un grand commerce, particulierement de Papier & de Coutellerie. La Dure, qui passe à un quart de lieue, commence à porter batteau au Pont de Thiers. Il y a plusieurs Paroisses dans cette Ville; une Collégiale, & une Abbaye de Bénédictins. Les Moulins à Papier, & les Martinets pour forger des lames de couteaux, sont ce qu'il y a de plus curieux à voir à Thiers.

De Thiers à Ricornet-Rimbaut, poste : de

Ricornet à la Pau, poste : de la Pau à l'Hôpital, poste & demie : de l'Hôpital au Mas, poste : du Mas à Feurs, poste : de Feurs à Saint Martin de l'Etra, poste : de Saint Martin à la Bordeliere, poste : de la Bordeliere à Croisieu, poste : de Croisieu à Gréfieu, poste : de Gréfieu à Lyon, poste Royale & demie.

Route de Clermont à Paris par Moulins.

De Clermont on se rend à Riom.

78 l. RIOM, Ville du Duché d'Auvergne, est située sur une petite hauteur qui a une vue fort agréable, ce qui la fait appeller le jardin de la Limagne; nom qu'on a donné à la basse Auvergne. La grande rue, fort large & fort longue, traverse toute la Ville d'un bout à l'autre. Les maisons y sont assez bien bâties : cette grande rue est croisée par une autre, qui sont les seules considérables. Il y a dans Riom, Sénéchaussée, Présidial, Généralité, Election, Monnoye, &c.

Il y a aussi trois Chapitres considerables dans Riom. Le Chapitre de S. Amable, Patron de la Ville, dont le Clocher est fait en pointe d'aiguille, & extrémement élevé.

Le Chapitre de Mathuret, dont l'Eglise est dédiée à Notre-Dame, a été rebâtie par Alphonse frére de Saint Louis. Le Chapitre de la Sainte Chapelle, dont le bâtiment est trés-estimé.

De Riom on va à Gannat.

GANNAT, petite Ville du Bourbonnois, située dans un pays très-fertile en bled, en vins & en noix. Il n'y a presque qu'une grande rue dans toute la Ville, qui en est traversée d'un bout à l'autre. Le Château du Roy est flanqué de quatre Tours rondes: il y a une grande Place fort commode. Saint Etienne & Sainte Croix sont les deux plus belles Eglises de Gannat. Celle de Saint Etienne est ornée de deux Clochers, dont l'un sert de Tour d'Horloge à la Ville.

De Gannat à Saint Pourfin.

SAINT-POURSIN, Ville du Bourbonnois, est située sur la Riviere de Cioule qui se rend, une lieue plus bas, dans l'Allier.

Et de Saint-Pourfin à Moulins.

MOULINS, que vous trouverez cy-devant, page 108, à la route de Lyon à Paris, que vous devez suivre.

ROUTE DE PARIS A CLERMONT
par Moulins.

Villes & Villages.	Lieues.	Observations.
De Paris à Ville-Juif.	1.	Plaine jusqu'à Chailly.
Juvify,	3.	
Ris,	1.	
Essones,	2.	
Le Plessis,	1.	
Pontricoy,	2.	
Chailly,	2.	
Fontainebleau,	2.	Forest de Fontainebleau, jusqu'à une lieue de Nemours.
Bouron,	2.	
Nemours.	2.	Plaine jusqu'à Puifcalofe.
Soupe,	2.	
Dardive,	1.	
Fontenai,	1.	
Puifcalofe,	1 & demie.	Icy commence la Forest de Montargis, où il y a des fonds dangereux.
Montargis,	1 & demie.	
La Commodité,	2.	Très de la Commodité est un petit bois qui n'est pas des meilleurs.
Nogent fur Vermisson,	2.	Vers Nogent il y a un Etang couvert de bois & de broussailles.
La Buffiere,	3.	De Nogent à la Buffiere est un petit & mauvais Bois, par de là les Besarts : Il a un quart de lieue. Il y a un autre petit bois à la Buffiere.
Briare,	3.	De Briare à Neuvy le chemin est bon.
Louffon,	1 & demie.	
Bony,	1. & d.	
Neuvy,	1. & d.	De Neuvy à Cofne, c'est tout bois & broussailles.
Cofne,	2.	De Cofne à Maltaverne, plaine.

Maltaverne,	2.	De Maltaverne, un Bois jusques auprès de Poüilly.
Pouilly,	2.	De Pouilly à Meuve, Plaine.
Meve,	1 & demie.	De Meuve à la Charité, un Bois à moitié chemin. Il n'est pas des plus sûrs.
La Charité,	1 & d.	Près de la Marche est un mauvais endroit nommé Barbeloup.
Pougues,	2	De Barbeloup à Pougues, c'est toujours montagnes, bois, broussailles.
Nevers,	2.	De Pougues à Nevers, le trou de Fousselin est mauvais.
Magni,	2. & d.	De Nevers à Magny, le pire est la Croix des bois, & la rue d'Enfer.
S. Pierre le Montier,	2 & d.	De Saint Pierre le Montier à la Ville-neuve, tout bois.
Chantenay,	2.	
La Ville-neuve,	2.	De la Ville-neuve à Moulins, bon chemin.
Moulins,	3.	De Moulins à Bessey, toutes broussailles.
Bessey,	3.	De Bessey à la Croix d'Auvergne, un fort mauvais fond.

On quitte à Bessey le chemin de Lyon.

Saint Pourſin,	3.	De Saint Pourſin à Gannat, bon chemin.
Le Maillet de l'Ecole,	2.	
Gannat,	3.	De Gannat à Riom, fort bonne route.
Aygue-perſe.	2.	
Riom,	3.	De Riom à Clermont, continuation de beau chemin.
Clermont,	2.	

Quatre-vingt cinq lieues.

SUITE DU VOYAGE
d'Espagne à Paris.

Interrompu cy-devant à la page 270.

De Limoges on va à la Maison rouge, poste & demie : de la Maison rouge à Rases, poste: de Rases à Mortrolles, poste & demie : de Mortrolles à Arnac, poste & demie: d'Arnac à Chéseaux, poste : de Chéseaux à Saint Benoist du Sault, poste ; de Saint Benoist à Montbertuy, poste : de Montbertui à Argenton, poste.

ARGENTON est une Ville du Berry, située sur la Creuse, qui la divise en haute & basse Ville : elle a un Château fortifié de dix Tours, sur l'une desquelles, appellée la Tour d'Hercule, sont gravez ces mots, *veni, vici* : avec des vestiges d'antiquité. Les vieilles ruines des bâtimens, que l'on voit encore aux environs, font connoître que la Ville d'Argenton n'est pas moderne, & qu'elle a été quelque chose de plus qu'elle n'est présentement.

D'Argenton à Lottier, poste & demie: de Lottier à Châteauroux, poste & demie.

62 l. CHATEAUROUX, Ville de Berry, située sur la Riviere d'Indre, à seize lieues de Bourges. Raoul le Large y fit bâtir

tir un Château qui est d'une assez grande étendue, avec un Donjon, qui fait la partie la plus considérable de ce Château, & un grand Parc: c'est de là que cette Ville a pris le nom de Château-Raoul, dont par corruption on a fait Châteauroux. Il y a quatre Paroisses dans cette Ville, qui sont, S. André, la plus grande: Saint Christophe; Saint Martin & Saint Marceau. Il y a aussi un Couvent de Cordeliers, & l'Abbaye de Saint Gildas, Ordre de Saint Benoist. Le Faubourg des Marins est rempli d'ouvriers qui travaillent en draps de Berry. Le Domaine de Châteauroux appartient à la Maison de Condé: on y voit la sepulture de la Princesse, femme du Grand Condé, qui y mourut il y a quelques années.

On va de Châteauroux à Leuroux, deux postes: de Leuroux à Vatan, deux postes: d'où l'on peut en se détournant aller à Issoudun, qui en est fort proche, & qui est une petite Ville assez agréable: *de Vatan à la Bouterie, poste: de la Bouterie à Dun le Poillier, poste: de Dun à Saint Julien, poste: de Saint Julien à Romorentin, poste.*

ROMORENTIN, Ville du Blaisois, située sur la Riviere de Saudre, est connue par ses manufactures de draps. La tradition prétend que cette Ville est fort ancienne, & que Cesar fit bâtir la Tour dont les restes que l'on y voit sont d'un épaisseur extraordinaire ; le Château a été bâti par les Princes de la Maison d'Angoulême.

Avant de sortir du Berry, les gens qui voyagent pour leur curiosité ne doivent pas manquer d'aller à Bourges, qui en est la Capitale. L'Archevêché est un des plus anciens. L'Université est fort connue, peut-être à cause du Proverbe : cependant on y fait des Docteurs.

De Romorentin à Château-vieux, deux postes & demie : De Château-vieux à Chaumont, poste.

CHAUMONT est un Bourg dans le pays de Sologne, située sur la Riviere de Calne, entre Romorentin & Orleans.

De Chaumont à la Ferté, poste & demie.

LA FERTÉ Seneterre n'est digne de remarque, que par le Château, bâty à la moderne, au temps du Maréchal de la Ferté : les Jardins & le Parc qui l'environnent, avec leurs accompagnemens, sont très agréables.

De la Ferté à Orleans, deux postes & demie. Voyez cy-devant, Orleans page 230, au voyage d'Espagne par Bordeaux, d'où l'on doit suivre la route marquée jusqu'à Paris.

LE VOYAGE D'ESPAGNE

à Paris se peut faire aussi par le bas Languedoc, en allant de Narbonne au Pont-Saint-Esprit, d'où l'on suit le grand chemin de Lyon, pages 107 & 134. Par cette Route, on passe par Béfiers, Montpellier, Nismes, Usez, Bagnols, &c.

De Narbonne on va à Nissan, poste & demie : de Nissan à Béfiers, poste.

160 l. BESIERS, Ville Episcopale du bas Languedoc, est située sur une petite Montagne qui en rend les avenues très-difficiles. Elle passe pour une des jolies Villes du Royaume. La Riviere d'Orbe, qui coule au pied, se dégorge dans le Golfe de Lyon, à deux lieues au-dessous.

L'Eglise Cathédrale, dédiée à Saint Nazaire, est très grande, avec une Tour au-dessus du Portail. L'Abbaye de Saint Jacques, Ordre de Saint Augustin & le Couvent des Dominicains sont à voir. Il y a aussi plusieurs Maisons Religieuses. Les Jésuites y ont un College: le Portail de leur Eglise est très-estimé.

Les rues de Béfiers font grandes & larges, de même que fes Places, entre lefquelles celles de l'Hort, du Marché couvert, & de la Fontaine, font les plus confidérables. On voit encore en cette Ville les reftes d'un Amphithéatre, qui fait preuve de fon antiquité.

Sur la droite de Béfiers, on trouve AODI, Ville Epifcopale du bas Languedoc; elle eft fituée fur la Riviere d'Erraut, un peu au-deffus de l'endroit où elle fe décharge dans le Golfe de Lyon. Elle eft environnée de Marais, ce qui rend fon affiete auffi forte que commode. Les groffes barques y abordent facilement le long du Quai qui borde le Port. La Ville n'eft pas grande. La Cathédrale, dédiée à Saint Etienne, eft accompagnée d'une groffe Tour quarrée.

De Béfiers on va à la Begude de Jordy, pofte; de la Begude à Pezenas, pofte.

PEZENAS eft une Ville du bas Languedoc, fituée fur une hauteur, dans une Plaine fertile, & l'une des plus agréables de cette Province, par fon heureufe fituation, par fes belles avenues, par fes promenades du dedans & du dehors; par fes Places publiques ornées de Fontaines, avec de grands baffins & des coupes portées fur des pieds-deftaux, & de grandes piramides au dessus, toutes entourées de balustrades de fer. La petite Riviere de Peyne lave ses murailles; & celle d'Erraut n'en est pas éloignée.

Il y a dans Pezenas une Eglise Collégiale dont le Doyen est le Chef. Un College des Prêtres de l'Oratoire. Un Couvent de Capucins, & un de Cordeliers hors la Ville. Pézenas est considerable par son antiquité, & pour avoir été souvent honorée des Assemblées des Etats de Languedoc, qui s'y sont tenues, à cause du bon air & du climat temperé. Elle est très commode pour le Commerce, & dans le temps de ses Foires on y en fait un grand de Draperies.

On va de Pézenas à Villemagne, poste: de Villemagne à Loupian, poste: de Loupian à Gigéan, poste: de Gigéan à Fabregues, poste: de Fabregues à Montpellier, poste.

150 l. MONTPELLIER est une des belles Villes du Languedoc. Elle est située sur une Colline dont la Riviere du Lez arrose le pied, à deux lieues de la côte de la Mer Méditerranée, à huit de Nismes, & à quinze de Narbonne. On passe le Lez sur le Pont de Juvenceau: elle reçoit la petite Riviere de Merdanson, qui remplit une partie des larges fossez dont cette Ville est fortifiée. Louis XIII y fit bâtir une forte

Citadelle, flanquée de quatre grands Baſtions Royaux.

Quoique Montpellier ne paſſe pas pour une Ville fort ancienne, les rues en ſont cependant très étroites & tournoyantes: elles ſont toujours fort nettes, par le moyen de la pente & des petits canaux ſouterrains qui ſe déchargent hors la Ville. La grande rue, celles de l'Eguillerie, du Cheval blanc, de la Blanquerie, de Caſtres, & du Pila Saint Géry, ſont les plus conſidérables.

L'Egliſe Cathédrale, dediée à *Saint Pierre*, & ruinée par les Religionnaires, a été en partie rétablie par le Cardinal de Richelieu. On admire la beauté de ſa ſtructure, la hauteur de la Tour qui s'éleve au deſſus du Chœur, & les deux autres Tours qui ſont au-deſſus du Portail. L'Egliſe de Notre-Dame, l'une des trois Paroiſſes de la Ville, eſt remarquable par ſa haute Tour, par le grand Autel, & par la Chapelle de la Vierge. Le Palais de l'Evêque, eſt bâti de groſſes pierres, comme la plûpart des maiſons de Montpellier: elles ſont ornées de leurs petites guérites, bâties un peu au deſſus du toit, pour y aller prendre l'air, & le petit vent frais qu'ils nomment *Gorbin*, qui s'éleve toujours ſur les neuf heures du ſoir, ſans quoi il ſeroit impossible de vivre dans le bas Languedoc, à cause des grandes chaleurs.

Les Eglises & les Couvens étoient en grand nombre dans Montpellier, avant les grands troubles de 1561, qui causerent la ruine de trente six. Il y en a cependant de Capucins, de Dominicains, de Trinitaires, des Jésuites qui ont un beau College, & outre cela des Pénitens & des Observantins. Les Couvens de Filles sont, la Visitation, ou Saint Guilhem, &c.

Ce qui rend Montpellier célebre, c'est son Université, & particulierement ses Ecoles de Medecine, renommées par toute l'Europe pour les plus célebres. On y conserve la Robe & le Bonnet du fameux Rabelais, dont on revest sept fois les nouveaux Docteurs. La cause de cette cérémonie, est une reconnoissance de ce que Rabelais a procuré le rétablissement des Privileges de cette Université. Pour cet effet il se presenta un jour chez le Chancelier du Prat, en habit de Docteur. D'abord il parla en Latin au Suisse, qui n'y entendant rien fit venir un Officier, à qui Rabelais parla en Grec. On lui presenta ensuite plusieurs Savans, à qui il répondoit en Hebreu, quand on lui parloit en Grec, en Syriaque à l'Hebreu, en Arabe au Syriaque. De sorte qu'il épuisa toute la science de l'Hôtel du Chancelier : ce Magistrat en ayant été averti, lui voulut parler. Alors Rabelais l'harangua avec tant d'Eloquence sur le rétablissement des Privileges de cette Université, qu'il l'obtint facilement.

L'auditoire de la Faculté, ses logemens & son théatre Anatomique sont à voir ; le Jardin des Simples n'est rien en comparaison de celui qui est dans un des Fauxbourgs, & de celui de l'Hort-Dieu dans les Sevennes, sur la Montagne de Lespeyron, qui produisent des simples très rares.

Il y a dans Montpellier des Trésoriers de France, Chambre des Comptes, Aydes & Finances, & Présidial. Le Palais où ces Compagnies s'assemblent, est un bâtiment presque sans simétrie. Il est situé à l'un des bouts, & au quartier le plus élevé de cette Ville, proche une belle Place, où paroit un Horloge au dessus de prisons. La Place de la Canourgue, où se trouve tous les soirs ce qu'il y a de gens les plus distinguez pour entendre les concerts & les sérénades, l'emporte sur toutes les autres. Aussi n'y a-t-il rien de plus attirant que l'honnêteté des Montpellois, sur-tout pour les Etrangers. Les filles y sont des mieux faites & des plus engageantes.

Il y a à Montpellier une Academie établie par la protection du Roi en 1705,
sous

sous le titre de Société Royale des Sciences : elle ne fait qu'un même & seul Corps avec l'Academie des Sciences de Paris. Celle-cy est composée de six Honoraires, de trois Physiciens, trois Astronomes, trois Mathématiciens, trois Chimistes, & trois Botanistes, qui ont chacun un Eléve.

L'Hôtel de Ville est un Palais dont les Salles sont remarquables par leur grandeur, leur simétrie, & les belles peintures dont elles sont décorées. Montpellier possede une statue Equestre du Roy Louis XIV. en bronze. Les Etats de Languedoc l'ont fait faire à Paris par *Coisevox*, & l'ont érigée sur un beau pied d'estal de marbre.

Le Cours, appellé la Place des Ormeaux, est près de la Porte de la Sonnerie, sous des allées d'arbres qui bordent la petite Riviere de Merdanson. Les environs sont remplis de Vignes, d'Oliviers, de Meuriers, pour nourrir les Vers à soye, dont le Commerce rapporte un grand revenu à cette Ville.

De Montpellier, on va à Colombiere, poste : de Colombiere à Lunel, poste.

LUNEL est une petite Ville qui a été plusieurs fois ruinée. Le Pont de Lunel est à une demie lieue de cette Ville.

De Lunel à Uchaut, poste : d'Uchaut à Nismes, poste.

1401. NISMES est une très-ancienne Ville du bas Languedoc, entre Arles & Montpellier, dans une charmante situation ; ayant d'un côté des Collines couvertes de vignes, & de toutes sortes d'arbres fruitiers, & de l'autre une grande Campagne très fertile, arrosée de sources & de ruisseaux qui sortent des Montagnes voisines. Nismes est la Ville de France qui renferme le plus d'antiquitez. *Marius* vaincu par *Silla*, se retira en cette Ville, dans le dessein d'en faire une autre Rome. Il l'entoura de murailles, & y fit bâtir de magnifiques Palais, des Amphithéatres, & de grandes Places ornées de Fontaines.

L'Eglise Cathédrale de Nismes, dédiée à la Sainte Vierge, fait connoître par la structure de son Portail, qui soutient une haute Tour quarrée, qu'elle est fort gotique. Les autres Eglises sont celles des Jésuites, qu'on acheve actuellement, d'un gout moderne ; des Augustins, qu'on a bâtie dans la Maison quarrée, dont on parlera cy après avec les antiquitez.

Il y a Sénéchaussée & Présidial à Nismes. Le plus beau quartier de la Ville est aux environs de la Halle couverte, sous laquelle est le Marché au bled & la Poissonnerie. Toutes les rues qui aboutissent à ce quartier sont belles & longues, de même que celles du côté du Collége des Jésuites, ou dans les Places voisines : il y a des Croix d'un marbre aussi blanc que l'albâtre, sur lesquelles sont plusieurs figures, qui les font mettre au nombre des plus belles piéces qu'il y ait à voir à Nismes.

Entre toutes les Antiquitez de cette Ville, il n'y en a point de plus digne de l'attention des Curieux, que son Amphithéâtre, bâti par les Romains, que l'on nomme encore à présent *les Arênes*, depuis que les Goths s'y retranchérent. C'est le plus solide & le plus entier qui soit dans l'Europe, & Rome même ne peut se venter d'en avoir un aussi achevé. Tout l'édifice est composé des trois Ordres d'Architecture, en pierres de Taille, si industrieusement posées & jointes ensemble, qu'à peine peut-on y remarquer la commissure ; car elle paroît n'avoir d'autre liaison que le parfait arrangement, & l'effet merveilleux de la coupe des pierres, qui sont toutes taillées en forme de rayons, dont toutes les lignes paroissent aboutir au centre de l'Amphithéâtre. Lorsqu'on monte sur le troisiéme Ordre, on remarque aisément que ces Pierres sont d'une longueur & d'une grosseur extraordinaire, & que la forme de l'édifice est ovale. Depuis la gallerie qui regnoit sur l'Arêne, jusqu'au troisiéme Ordre, il y a vingt rangs de gradins, si bien placez, & qui se suivent avec tant de proportion, que cinquante mille personnes pouvoient s'y asseoir fort à leur aise. Une gallerie, ou corridor intérieur, formé par les voutes, régne tout au tour, pour l'embelissement de l'édifice, & pour la commodité des Spectateurs, que l'on faisoit défiler par là, quand les jeux étoient finis.

Au dessous de l'Amphithéatre sont les prisons & les cavernes où l'on renfermoit les Esclaves & les animaux que l'on faisoit combattre, lorsqu'ils étoient arrivez sur l'Arêne, par de grandes arcades qui sont tout au tour. Le dedans de cet Amphithéatre, autrement l'Arêne, est aujourd'hui rempli de maisons qui empêchent qu'on ne le puisse voir dans toute son étenduë. Il est étonnant que des gens de goût & d'esprit, comme les Némauziens, souffrent si tranquillement que l'aspect d'une piéce si rare soit choqué au point qu'il l'est, par cinquante ou soixante mauvaises maisons de Cardeurs de laines qui l'offusquent.

Les dehors sont ornez de colonnes avec leurs bases & leurs corniches bien façonnées. On y voit quelques Aigles, qui sont les Armes de l'Empire Romain, & les figures de Rémus & de Romulus, allaitez par une Louve. On y voit aussi des figures de Priapes sculptez, parce que c'étoit les anciennes devises des Némauziens qui sortirent de l'Egypte pour fonder cette Ville, dit M. Deyron dans son traité des anciens bâtimens de Nimes. L'autre devise des anciens Némauziens, qui étoit un Crocodile lié à un Palmier, a été conservée : c'est aujourd'hui les armes de la Ville. Les têtes de Bœuf ou de Vache, qui sont en plusieurs endroits sculptez en relief, sont encore d'autres simboles des Egyptiens, qui adoroient Isis sous cette forme.

De l'Amphithéatre on va voir la *Maison quarrée*, qui est cependant plus longue que large. C'est un morceau dont la perfection, pour l'Architecture Corinthienne, peut être mise en paralelle avec la rotonde de Rome. Les uns tiennent qu'il servoit de Prétoire où l'on rendoit la Justice ; les autres veulent que ce fut un Capitole bâti par l'Empereur Adrien, en l'honneur de Plotine sa femme. Les dehors sont appuyez sur des colonnes canellées qui en soutiennent la couverture. Elle est voutée, & faite de grosses pierres de taille, qui font un plafond au dedans, où sont sculptées plusieurs figures estimées des Antiquaires.

Ce lieu, qui a été autrefois un Temple des Payens, fut beni le 26. Janvier 1685, & converti en une Eglise consacrée à Jesus-Christ, sous le nom de Roy des Rois. Cet ancien Temple étoit appellé la Basilique de Plotine. Il a porté pendant un temps le titre de Capitole, mot corrompu de *Campidoglio*, dont les Romains se servent encore pour nommer le Capitole. Voicy l'explication qu'un Auteur moderne nous a donné de cette Antiquité.

La *Maison quarrée*, dit il, est un Ouvrage de l'Empereur Adrien, qu'il bâtit à l'honneur de Plotine, l'an 125 de l'Ere Chrétienne. Ce Prince étant en Angleterre, reçut la nouvelle d'une dangereuse sédition, qui s'étoit formée à Alexandrie, à l'occasion du Bœuf *Apis*. On avoit trouvé en Egypte un Bœuf, avec toutes les marques que la superstition des peuples exigeoit pour reconnoître un Dieu en un animal. Là dessus on s'étoit soulevé, afin de décider par le sort des Armes à qui ce Dieu appartiendroit, & on étoit prêt à se faire la guerre ; *de même que dans les Indes les Rois du pays se la firent il y a trente ans, pour l'Elephant blanc qu'ils regardoient comme une Divinité.* L'Empereur partit d'Angleterre, traversa les Gaules, y laissa presque par-tout des marques de sa Grandeur, & s'étant arrêté à Nismes, qui étoit en ce temps-là l'une des plus grandes, & des plus somptueuses Villes de l'Empire, & pour ainsi dire une autre Rome, il y décerna à Plotine les mêmes honneurs qu'on lui avoit rendu dans la Ville Imperiale.

Nismes reçut alors un nouvel ornement, qui égala par sa beauté tous ceux de la magnificence Romaine. Adrien étoit redevable à Plotine de la possession de l'Empire : cette Princesse avoit ménagé auprès de Trajan une adoption feinte ou véritable, & l'on croit qu'elle ménagea si peu sa gloire auprès d'Adrien, que ce n'est pas sans raison que la posterité a conçû de grands soupçons de sa vertu. Quoi qu'il en soit, Adrien conserva si bien le souvenir de Plotine, qu'entre les marques publiques qu'il donna de sa reconnoissance, il fit élever dans le milieu de Nismes un Temple consacré à sa memoire.

Cet édifice est porté sur trente colonnes d'ordre Corinthien, qui sont posées avec tant d'art, que les jointes n'y paroissent pas : & les Chapiteaux des colonnes, avec la frise qui regne au tour du bâtiment, sont travaillez avec une délicatesse qui les feroit prendre pour des ouvrages d'Orfévrerie.

Le nom de *Basilique*, c'est à-dire, Maison Royale, qu'on donna à ce bâtiment, marque la somptuosité ; & il ne faut pas le regarder comme une espéce de Mausolée, pour honorer Plotine, ainsi qu'une créature mortelle ; mais proprement comme un Temple consacré à sa Divinité ; car les Impératrices avoient part aux honneurs des Apothéoses, de même que les Empereurs ; excepté que l'Aigle paroissoit dans le bucher de ceux-cy, & le Paon dans le bucher de celles-là. Que la Basilique de Plotine fut un Temple ; son portique, ses grottes souterraines, propres aux Mysteres de la Religion des Payens ; le dedans du Temple tout fermé, ne recevant de la clarté que par le Dôme, ne permettent pas d'en douter ; mais ce qui est tout-à-fait convinquant, c'est un monument semblable qu'Antonin le Pieux éleva en l'honneur de Faustine. La structure en étoit la même, avec cette inscription, *Dedicatio Ædis*, la Dédicace du Temple : comme on le voit dans les Médailles de cet Empereur.

On pourroit seulement révoquer en en doute, si ce qu'on appelle *la Maison quarrée* est effectivement la Basilique de Plotine, & le même bâtiment que l'Empereur Adrien éleva dans Nismes ; ou bien s'il n'eſt pas arrivé que cet édifice a péri avec la Ville, qui à peine eſt maintenant la douziéme partie de ce qu'elle étoit dans ſa premiere grandeur; mais je ne penſe pas qu'on doive s'arrêter à cette difficulté; car d'un côté, on ne trouve aucunes traces de cette Baſilique dans les anciennes ruines de Ville, ni dans toute l'eſpace qu'elle a rempli autrefois. D'ailleurs la magnificence du bâtiment, montre aſſez que ce n'en eſt point un autre; & enfin une inſcription antique, gravée ſur une pierre, qui ſe voit à Aix, nous doit pleinement perſuader, que c'eſt l'ouvrage d'Adrien : puiſque ſi l'on conſidere un peu attentivement ſur la face du Portique du Temple de Plotine, l'étenduë de l'inſcription qu'on y voit en grands caracteres, qui occupoient d'un bout à l'autre toute la friſe, & même une partie des architraves ; on trouvera que l'inſcription d'Aix, s'y pourroit coucher tout de ſon long, & qu'ainſi il peut bien être que l'une n'a été que l'imitation de l'autre, pour ne pas aſſurer que c'étoit la même.

La Baſilique de Plotine fut ſauvée de la déſolation de la Ville, lorſqu'elle fut réduite en cendre par les François qui la prirent ſur les Sarrazins. Il eſt pourtant certain qu'ils n'avoient pas eu la penſée d'épargner ce superbe édifice; car les six colonnes qui soutiennent la face du Portique sont a demi coupées: mais par une heureuse fatalité, lorsque cet édifice étoit sur le point de s'abîmer tout à la fois, il fut préservé, on ne sçait comment, & ainsi on conserva un des plus beaux monumens de la grandeur Romaine.

En effet on peut assurer que ce morceau d'Architecture est non seulement le plus entier, mais encore un des plus beaux qui soit dans l'Univers. On dit que la Maison Consulaire a possedé autrefois cette Basilique, & qu'elle y tenoit ses assemblées. Depuis ce riche édifice a pensé être enseveli dans l'oubli, ayant été réduit aux usages les plus abjects, & tourné d'une maniere qu'elle servoit de logement à de simples particuliers, qui ayant ajoûté des bâtimens modernes à sa structure antique, en auroient fait un ridicule composé, & un monstre d'Architecture. Mais voici l'heureux changement qui est arrivé à cette Maison.

Elle a passé entre les mains des Religieux Augustins, qui ont obtenu du Roy, non seulement la permission de bâtir, à la charge de ne point toucher à l'ancien ouvrage; mais aussi, de quoy réparer cet édifice, & le mettre dans son ancienne splendeur; de forte que tout ce qui le rendoit difforme a été abattu, & l'on a redonné à tout le dehors de cette Basilique, sa premiere beauté.

Pour le dedans, qui étoit tout brut, on l'a enrichi de tous les ornemens dont le lieu étoit capable ; & dans le petit espace qu'on avoit à ménager, on y a pratiqué avec beaucoup d'art & de délicatesse, un Chœur, des Chapelles, des Galleries, & generalement tout ce qui entre dans la composition d'une Eglise, qu'on veut rendre également commode & agréable. Tout cela est un fruit de la prudence & de la piété de M. Lamoignon de Basville, Intendant en Languedoc, Magistrat d'un mérite consommé.

Proche de la Ville de Nismes, sur la hauteur, on voit un ancien bâtiment de pierres quarrées, appellé *la Tourmagne*, ou grande Tour. Elle est faite par étages en forme de niches, & bâtie de petites pierres quarrées très-bien jointes, sans qu'on sache quel a été le dessein de celui qui l'a bâtie. On tient cependant que la Mer venoit anciennement jusqu'au pied du côteau, & que c'étoit un Phare pour éclairer les Vaisseaux.

Le Temple de Diane n'est point en son entier : sa forme est quarrée, & construit de grosses pierres. Il est à present hors de la Ville, près de la Fontaine qu'on trouve au pied d'une Colline, d'où l'on voit sortir, par l'ouverture d'un rocher, une grosse source d'eau très-claire, & en si grande quantité, qu'elle fait moudre plusieurs Moulins : on n'en sçauroit trouver le fond, tant elle est profonde. Sur le côteau qui regne à l'Ouest de la Ville, Louis XIV a fait bâtir une Citadelle, composée de plusieurs bastions qui commandent la Ville. Elle est toujours gardée par quelques Compagnies d'Invalides, ou autres, qui y sont en garnison. Le Cours de Nismes est vis-à-vis, & par consequent dans la Ville; ce sont trois allées d'Ormeaux, qui ont près de mille pas de longueur ; il sert ordinairement de promenade à ceux de la Ville.

L'Académie de Nismes est associée avec l'Academie Françoise : elle a été établie en 1682, à la sollicitation de M. Esprit Fléchier, Evêque de Nismes, l'un des plus grands Orateurs de son siécle. Le Commerce est à Nismes fort considerable pour toutes sortes de manufactures de laines & de soyes, & autres marchandises qui se tirent ou se consomment en Languedoc, pour ce qui regarde le vestement.

Le Pont du Gard est une curiosité, à quatre lieues de Nismes, que l'on ne doit pas négliger de voir ; en voicy la représenution, gravée d'après l'original.

LE PONT DU GARD est une des plus belles & des plus entiéres antiquitez qui nous restent en France des ouvrages des Romains. Ce Pont est construit sur le Gardon, Riviere du bas Languedoc, à deux lieues d'Usez, & à trois de Nismes, près d'un Village nommé Rémoulin. Ils le bâtirent pour soûtenir l'aqueduc qui conduisoit des eaux jusques dans la Ville de Nismes. Il y a deux montagnes fort hautes aux bords de la Riviere du Gardon, au sommet desquelles l'aqueduc communique. Tout l'Ouvrage est formé de trois rangs d'arches, bâtis l'un sur l'autre, de pierres de taille, de la consistance à peu près de celles de l'amphithéatre de Nismes; cet assemblage admirable pour la legereté & pour la solidité, forme un tout qui peut servir de modéle aux meilleurs Architectes.

Le premier rang, qui est plus court que les deux autres Ponts ou Aqueducs, qu'il soutient, à cause que le terrein des deux côtez va en s'élargissant du bas en haut, n'est composé que de six grandes arches, de cinquante huit pieds dans œuvre, que l'eau de la Riviere du Gardon mouille, & qui forment le premier Pont. Sur ce Pont on a ménagé un espace de trois à quatre

pieds de large, en maniére de galerie, en échancrant par le bas les massifs du second rang d'arcades, autant qu'il est necessaire pour donner passage aux Cavaliers & aux gens de pied, qui veulent aller d'un bord à l'autre. Le second rang a onze arches, de même hauteur, & de même largeur que les six du premier Pont, mais elles ne sont point si épaisses, & ne forment point un Pont comme les premieres. Les massifs de celles-cy, sçavoir des six du milieu, posent à plomb, sur les massifs des premieres ; ainsi rien ne porte à faux, quant à ces deux étages. Le troisiéme rang a trente arches, qui ne sont ni si hautes ni si larges ; puisque trois, les unes posées sur les autres, ne font presque que la hauteur d'une des grandes, & la largeur ou ouverture à proportion. Les premieres ont vingt pas communs de largeur, & cinq dans l'épaisseur de chaque pile, de sorte que par la même mesure d'une arche, on peut aisément savoir la longueur de chaque rang de ce Pont ; dont le premier a cent cinquante pas, le second deux cens soixante & quinze, & le troisiéme trois cens. Ce troisiéme rang porte au-dessus un canal de six pieds de haut, & large de trois ; il est couvert de grandes pierres de taille plattes, qui le debordent. Ce Canal joint d'un côté le haut d'une des montagnes, sur laquelle on voit une longue suite d'arcades qui formoient cet Aqueduc antique, qui portoit à Nismes, dans ce canal ou conduit, les eaux de la Fontaine d'Eure, qui se trouve sur une colline, proche de la Ville d'Usez; c'est ainsi qu'on leur faisoit passer le Gardou, & enjamber d'une montagne à l'autre.

Il semble que les pierres de ce fameux Pont soient posées les unes sur les autres, sans ciment ni autre liaison, étant si bien jointes qu'il est difficile de les distinguer; principalement, celles du ceintre des arches, qui ne sont composez au premier rang que de quatre pierres dont la longueur fait entierement la largeur du Pont; au second rang de trois pierres, & au troisiéme d'une seule. La grandeur & la magnificence qui paroissent dans cet ouvrage, sont preuve que les Romains étoient capables de venir à bout des plus difficiles entreprises.

Du Pont du Gard on va pour l'ordinaire à Beaucaire.

144. *l.* BEAUCAIRE est une Ville du Languedoc, située sur le bord du Rhône, vis à vis de Tarascon. Cette Ville qui est encore plus peuplée que grande, est connue par sa fameuse foire qui s'y tient tous les ans le jour de la Madeléne; elle est franche de tous droits, & dure six jours, à cause des

festes. Il y vient des Marchands de toutes les parties de l'Europe, & on tient qu'il s'y fait un débit de plus de six millions de marchandises de toute espéce. Auprès de Beaucaire est une voute souterraine qui va sous le Rhône, & le traversoit anciennement.

144 *l.* TARASCON est une Ville de Provence, située sur l'autre bord du Rhône, vis-à-vis de Beaucaire : elle est grande & fortifiée. Le Château a été bâti par René, Roy de Sicile, dont on voit dans la Cour, sa figure & celle de la Reine Jeanne. Le Château est terminé par une platteforme où l'on se promène.

L'Eglise Collégiale de Tarascon est dédiée à Sainte Marthe, dont les reliques sont conservées dans une Châsse d'or pur, fort enrichie de pierreries. Elle pése vingt-deux mille ducats, & n'a point de pareille en France. Tarascon est une des plus anciennes Villes de France : il y a des Couvens de Trinitaires, de Jacobins, de Doctrinaires, d'Augustins déchaussez, &c. d'Ursulines & de Filles de la Visitation. Le Proverbe qui dit, qu'entre Beaucaire & Tarascon, il n'y paist ni brebis ni moutons, n'est plus d'usage, depuis qu'il s'est formé une Isle entre ces deux Villes.

De Nismes on va à Saint Gervasi, poste : de Saint Gervasi à Sarnhac poste : sur la gauche

gauche de Sarnhac, on trouve Usès.

137 l. USES est une Ville Episcopale du bas Languedoc, située entre des montagnes sur la Riviere d'Eysent ou d'Alzon, qui fait aller quantité de moulins à bleds & à draps. Aussi cette Ville, quoique petite, est-elle fort marchande. L'Eglise Cathédrale est dédiée à Saint Firmin. Usès a trois Seigneurs differens, le Roy, l'Evêque & le Duc d'Usès. La manufacture des Serges d'Usès est connue, même des Etrangers.

De Sarnhac à Valiguieres, poste ; de Valiguiéres à Connault, poste : de Connault à Bagnols, poste.

BAGNOLS est une Ville du bas Languedoc, dans le Diocése d'Usès, située près de la Riviere de Cése, dans un territoire délicieux, & rempli de belles sources, qui lui ont donné le nom qu'elle porte. Il y a un Prieuré qui est la Paroisse ; avec trois Couvens d'hommes, les Carmes, les Cordeliers de la grande manche, & les Capucins, & deux de Religieuses. Les rues y sont fort étroites & fort vilaines.

On va de Bagnols au Pont Saint Esprit, où l'on prend le grand chemin de Lyon, dont la route est cy-devant marquée, page 65.

Cc

VOYAGE DE LA ROCHELLE
à Paris, par Poitiers, Châtelleraut, Loches, Blois, Orléans, &c. pour l'utilité de ceux qui arrivent en France par la Rochelle.

116 l. LA ROCHELLE est une Ville de France dans le Pays d'Aunis, avec un fameux Port de Mer, située au bord de l'Ocean, à deux lieues de l'Isle de Ré, à quatre de celle d'Oleron, entre des marais qui la rendent très forte. On n'en peut pas douter, après le fameux siége qu'elle a soutenu; mais elle a bien changé de face depuis ce temps-là, & il n'y a aujourd'huy presque aucun reste de toutes les belles fortifications que Louis XIII fit abbatre lorsqu'il s'en fut rendu le Maître. Du côté de son Havre seulement, sont encore quelques Boulevars & de fortes Tours, qui en défendent l'entrée : on les nomme de la Chaîne & de Saint Nicolas, entre lesquelles les Vaisseaux ne peuvent passer que par la permission du Capitaine de la Tour de la Chaîne : elle a la forme d'un petit Château. Les nouvelles fortifications sont du Maréchal de Vauban.

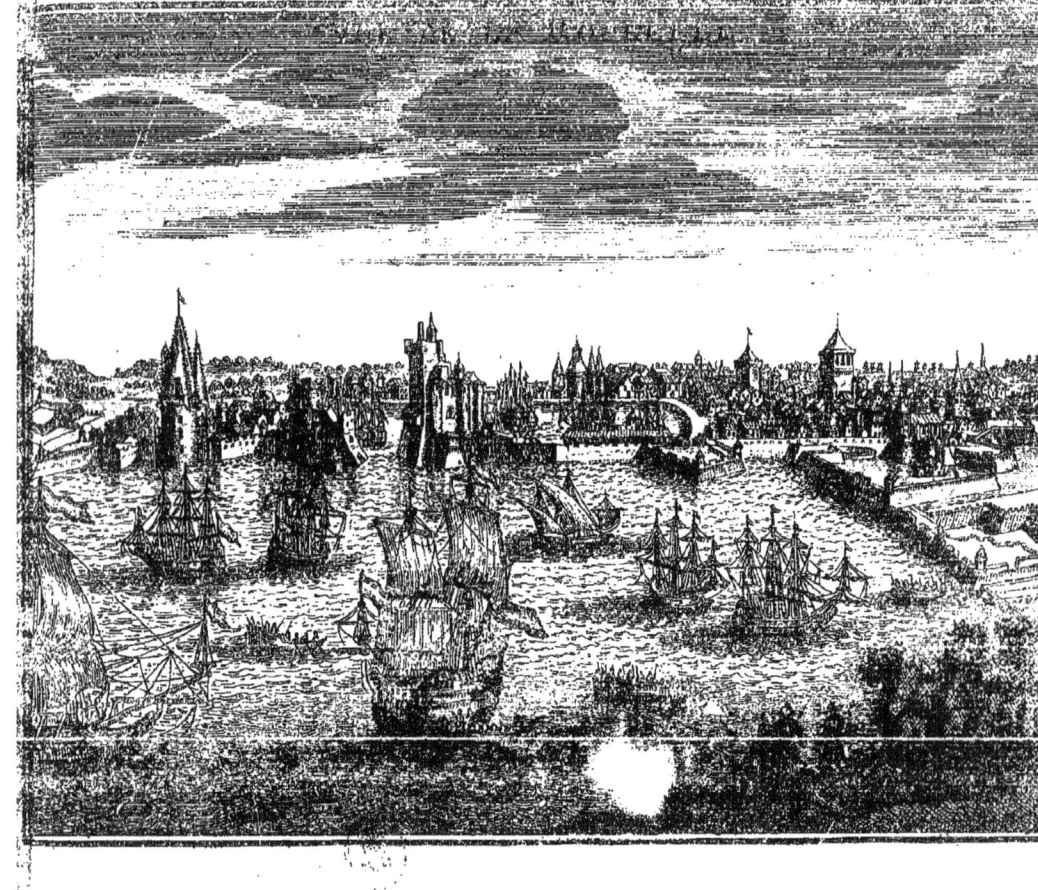

Quand la marée est retirée, on voit encore les restes de cette fameuse digue qui causa la prise de cette Ville, en empêchant les Anglois d'y jetter du secours pendant le siége. Cette digue, qui fut inventée par *Clement Mrzau*, avoit sept cens quarante sept toises de longueur. Le Port de la Rochelle est bordé tout au tour du grand Quay, revêtu de pierres de taille, où la mer a son reflus de près de quatre toises, ce qui fait qu'il y entre des Vaisseaux de deux cens tonneaux. La Rochelle est un Port où il se fait des embarquemens pour le Canada, les Isles de l'Amerique, & très-souvent pour l'Espagne & le Portugal.

La plûpart des rues de la Rochelle sont tirées en droite ligne, & les maisons soutenues d'Arcades & de Portiques, sous lesquels on est à l'abri de la pluye & du Soleil.

L'Eglise Cathédrale de la Rochelle est dédiée sous l'invocation de la Sainte Vierge; le Siége Episcopal de Maillezais y fut transferé par le Pape Innocent X, le 4. May 1649, à cause que ce lieu est environné de Marais qui en rendent le séjour mal sain. On ajoûta cent Bourgs qui furent démembrez du Diocése de Saintes. Il y a aussi plusieurs Paroisses & Couvens. Les Jésuites y ont un Collége.

La grande rue, où l'on tient le Marché,

aboutit à la Place Dauphine, dans laquelle on voit une Pompe, qui par plusieurs tuyaux jette de l'eau très-bonne à boire. De la Place Dauphine au Canton de la Caille, regne la rue du Temple, qui fait le plus agréable quartier de la Rochelle, d'où l'on voit l'Horloge du Béfroy, au dessous duquel on passe pour se rendre sur le Quay. La rue Saint Sauveur qui y aboutit, & qui prend son nom de l'Eglise de S. Sauveur qu'on y trouve, finit à la Place de Saint Nicolas.

L'Hôtel de Ville est dans la rue Saint Yon, qui rend aussi au Canton de la Caille. La rue du Conseil est une des plus remarquables : le Palais en fait l'ornement, ainsi que l'Eglise Saint Louis, qui est dans la grande Place du Château. Il y a Présidial à la Rochelle, & une Cour Souveraine pour les Salines du Ponant.

Sur la Gauche de la Rochelle, on trouve Luçon, à six lieues de là.

108 l. LUÇON est une Ville du Bas Poitou, située entre des grands Marais & la Mer, dont elle n'est éloignée que de deux lieues. Cette Ville n'est quasi qu'un Bourg, qui n'a de considérable que son Evêché.

L'Eglise Cathédrale, dediée à la Sainte Vierge, est assez belle ; accompagnée d'un clocher de pierre, dont la pointe a été abatue par le tonnére. L'Evêque est Seigneur temporel de la Ville. Le Cardinal de Richelieu avoit été Evêque de cette Ville avant que d'être Cardinal.

Pour continuer la Route; on va de la Rochelle à Dampiere, poste: De Dampiere à Nouaillé, poste: de Nouaillé à Courson, poste: de Courson à Mozai, poste; de Mozai à Fontenay la battu, poste: de Fontenay à Niort, poste.

104. NIORT est une Ville du Poitou, située au bord de la Riviere de Seure, qui porte jusques-là les Barques qui remontent de la Mer dans le Faubourg où est le Port : elles y viennent chargées d'épiceries, de sel, de Poisson, & autres Marchandises. En arrivant à Niort par la grande rue, on y voit le Palais orné d'un gros Horloge, au dessous duquel est le poids du Roy. On admire la hauteur du Clocher de l'Eglise de Notre Dame ; & encore plus le fort Château, flanqué de quatre grosses Tours rondes, où s'éleve un Donjon dans le milieu. Il est proche de l'Eglise Saint Etienne. Le Marché couvert, où l'on tient de fameuses Foires, est un des plus grands que l'on voye en France.

De Niort à la Ville-Dieu du Pont de Vaux, poste: de la Ville-Dieu, à S. Maixant, poste.

SAINT MAIXANT, Ville du Poitou,

a pris son nom d'un Saint Solitaire qui y vivoit du temps de Clovis. Cette Ville, située sur le bord de la Seure Niortoise, qui n'étoit d'abord qu'un hermitage, est devenu un lieu considerable. Les rues y sont assez belles. L'hermitage a été changée en Abbaye de l'Ordre de Saint Benoist. On fait en cet endroit de fines Serges qui sont renommées par-tout.

De Saint Maixant à la Mothe, poste; de la Mothe à la Ville-Dieu du Perron, poste; de la Ville-Dieu à Lusignan, poste.

LUSIGNAN est une petite Ville du Poitou, située sur la Vienne, fameuse par l'ancienne Maison de Lusignan, qui a donné des Rois de Jerusalem & de l'Isle de Chipre. Lorsque le Château étoit en son entier, il passoit par son assiette pour une des plus fortes places de France. Henry, Comte de Lusignan, fils d'Hugues le Grand, l'avoit fait fortifier ; mais la fameuse Mellusine, Dame de cette contrée avant lui, l'avoit fait bâtir, & le vulgaire qui se plaît aux fables, prétendoit qu'elle fût Fée, & raconte qu'elle l'avoit fait construire par enchantement, & qu'on la voit paroître de temps en temps. L'histoire de Mellusine est sçue de tout le monde.

De Lusignan à Colombieres, poste : de Colombieres à Vieille-Fontaine, poste : de

De Vieille-Fontaine à Poitiers, poste. Vous trouverez Poitiers, & la route jusqu'à Paris, cy-devant page 220.

Sur la droite de la Rochelle on trouve Rochefort, Saintes, Royan, Blaye & route, jusqu'à Bordeaux.

De la Rochelle à Rochefort.

ROCHEFORT est une Ville de Saintonge, située sur la Charente, à une lieue & demie de son embouchure, à trois lieues de Brouage, & à six de la Rochelle; avec un Port de Mer si commode, que ce lieu, qui n'étoit qu'un Bourg il y a cinquante ans, est depuis 1664 un des plus fameux Ports du Royaume. Alors on y traça le Plan de la Grandeur de Bourdeaux, les emplacemens pour l'Arsenal, & les Magazins du Roy furent marquez ; le reste fut abandonné à des particuliers pour y bâtir des maisons. Ensuite on y construisit des magazins pour renfermer tout ce qui est necessaire pour équiper les Vaisseaux, & l'on vid en très-peu de temps la Riviere bordée de beaux édifices.

Chaque Vaisseau a son Magazin particulier, & au milieu de tout est un Magasin général. On y voit aussi la plus belle Salle d'armes du Royaume, & le Roy y entretient une Manufacture d'Armuriers. Il y a aussi des forges pour les ancres : des âteliers pour la mâture, les affuts de Canons, la menuiserie, la sculpture & la peinture.

Les Curiositez sont, le grand Chantier, où l'on construit les Vaisseaux. La Corderie, le Magazin des vivres, la Fonderie, les Magazins à poudre, la Manufacture des toiles à voiles ; l'Hôpital de la Marine, les Halles, les Bassins pour le radoub des Vaisseaux. La Maison de l'Intendance, la Place des Capucins, & enfin le Superbe Hôtel des Cazernes où logent trois cens Gardes de la Marine, que le Roy fait élever à ses dépens, dans tous les exercices convenables à des Officiers qui doivent servir sur les Vaisseaux de Sa Majesté. Il est peu de Ville en France où les Curieux puissent avoir plus de satisfaction.

De Rochefort à Saintes.

95 l. SAINTES est la Ville Capitale de la Saintonge. La Saintonge est bornée du Poitou au Septentrion ; de l'Angoumois à l'Orient ; de la Guyenne particuliere, au Midy ; & de l'Ocean Aquitanique au couchant. Elle passe pour une des plus belles & des plus fertiles Provinces de France ; & comme elle abonde en toutes sortes de grains & de fruits, elle en fournit quantité aux Etrangers. La Saintonge peut avoir vingt-cinq lieues de long, & vingt-cinq de large.

La Ville de Saintes est située à quatre lieues de Cognac, sur la Charente, dans un endroit si charmant, que les Romains l'avoient choisi pour leur séjour. Le Château de Saintes est élevé sur un rocher qui le rend imprenable. Il est aisé de juger de l'antiquité de cette Ville, par ses rues étroites & mal disposées. La grande rue, celles de Saint Pierre, & de Saint Maur sont les principales. Le Pont a été bâti par les Romains : à son entrée on voit une haute Tour, & plus avant un Arc de triomphe fait de deux portiques, formez de grosses pierres, seulement posées les unes sur les autres. On y lit ces paroles, *Cæsari Nep. D. Julii Pontifici Auguri.* & quelqu'autres que les temps ont à demi effacées.

Ce Pont sert à passer de la Ville au Faubourg des Dames, ainsi appellé d'une Abbaye de ce nom, où les Religieuses sont presque toutes d'un rang distingué. Sur la gauche de cette Abbaye, dans une petite Vallée, on remarque les restes d'un ancien Aqueduc, ouvrage des Romains.

L'Eglise Cathédrale, dédiée à Saint Pierre, a été bâtie par Charlemagne ; la Tour est une des plus grosses de France. On y monte par deux escaliers dont la construction est à voir. L'Abbaye de Saint Eutrope est remarquable par son clocher, bâti

D d

de petites pierres, de maniere qu'on voit par-tout le jour à travers. Il y a aussi plusieurs Eglises & Couvents, & le College des Jesuites. Le Palais du Présidial, & l'Hôtel de Ville n'ont pas beaucoup d'apparence.

On voit à Saintes plusieurs Antiquitez, entr'autres un Amphithéatre, de 80 pas de longueur, & large de 45, dans l'arêne qu'on laboure présentement : les siéges sont encore en état, quoiqu'ils ne soient que de petites pierres, de même que l'Amphithéatre. Ce qu'on y remarque de plus curieux est une Fontaine qui sort d'un rocher au dessous d'une de ses voutes ; & ensuite une espece de prairie qu'on reconnoit avoir été fermé de murailles : ce qui donne sujet de croire, que ce lieu étant rempli des eaux de cette Fontaine, on y faisoit des Naumachies.

On voit encore, du côté du Château du Roy & des Carmelites, quelques restes d'édifices des Romains : on le préjuge par des colonnes presqu'entieres, des pieces de marbre, & par quelques parties de figures maçonnées avec cette ancienne muraille ; à laquelle on adjoûté par derriere de bonnes fortifications, pour rendre ce côté de la Ville où étoit la Citadelle, le plus difficile à attaquer.

De Saintes on va à Royan.

ROYAN est un gros Bourg en Poitou, situé à l'embouchure de la Garonne, au bord d'une Baye. Il est fameux par un long siége qu'il a soutenu, à cause de son fort Château, qui est au bout de la Presqu'Isle, sur laquelle ce Bourg est situé : ce qui le rend d'un difficile accès. Les sables qui endommagent l'entrée de son Port, le rendent de peu d'usage : ensorte qu'il n'y a que les barques qui puissent y aborder. A l'autre bord de la Garonne, sur une petite Isle toute de rochers, on voit *la fameuse Tour du fanal de Cordouan*, qu'on allume toutes les nuits, pour guider les Vaisseaux qui veulent entrer dans cette riviere. Cette Tour a été bâtie par *Pierre de Montereau*, Architecte du temps de Saint Louis : d'autres disent qu'elle n'est pas si ancienne : d'autres qu'elle l'est d'avantage. La Riviere dans cet endroit est large de trois lieues ou environ, & l'espace qu'il y a d'icy à Bordeaux, qui est de vingt grandes lieues, fait la séparation de la Saintonge, d'avec le pays de Médoc & celui de Grave, où croissent les vins de Grave si renommez dans les Pays du Nort.

On va de Royan à Blaye.

106. BLAYE, Ville du Bourdelois, est située presque à l'embouchure de la Ga-

ronne, qui prend le nom de Gironde, après qu'elle a reçu la Dordogne. C'est une des plus fortes & des plus anciennes Villes du Royaume. Elle est bâtie sur un rocher dont elle occupe une bonne partie escarpée du côté qu'elle regarde le grand Golphe, qui a trois lieues de large, & plus de quinze de long. Il y a haute & basse Ville à Blaye; la haute est forte, avec garnison ; mais la basse est de plus grande étendue, quoiqu'elle soit sans fossez & sans murailles. C'est où demeurent plusieurs riches marchands qui y ont de grands magasins remplis de vins dont ils font trafic avec les Flamans & les gens du Nord. Une petite Riviere, où remonte la marée, fait la séparation des deux Villes, dans lesquelles les bârques entrent pour se mettre à l'abri du mauvais temps, & où l'on s'embarque pour Bordeaux. Le Château de Blaye est séparé de la Ville, & l'on tient que *Roland* neveu de Charlemagne en étoit Seigneur. Charibert Roy de Paris, fils aîné de Clotaire premier, étant mort à Blaye, y fut enterré dans l'Eglise de Saint Romain.

De Blaye on va à Bordeaux, que vous trouverez cy-devant, page 214, au Voyage d'Espagne à Paris.

Voitures de la Rochelle à Paris.

Le Caroſſe de la Rochelle à Paris ſe trouve à la Rochelle au Canton des Flamans, près de la Porte neuve. Il part tous les Jeudis à ſix heures du matin. Les Meſſagers partent les Dimanches auſſi à ſix heures du matin. On paye cinquante livres par Place du Caroſſe, & cinq ſols pour livre du port des hardes & balots. Le Caroſſe eſt neuf jours en chemin.

Voitures de Paris à la Rochelle.

Les Caroſſes de Paris à la Rochelle, Rochefort & route, ſe trouvent à Paris, rue Contreſcarpe. Ils partent tous les Vendredis à dix heures du matin. Les Meſſagers partent les Dimanches à huit heures du matin. On paye cinquante livres par place au Caroſſe, & cinq ſols pour livre du port des hardes & paquets.

Les Lettres de la Rochelle à Paris partent les Lundis, Mercredis & Vendredis à minuit. On paye ſept ſols la ſimple Lettre, huit ſols avec envelope, douze ſols la Lettre double, & vingt-huit ſols l'once des paquets. De même de Paris à la Rochelle.

Route de Paris à la Rochelle.

Comme cette Route est la même que celle de Paris à Bordeaux, seulement jusqu'à Lusignan, il faut y avoir recours, cy-devant page, 238 & ajoûter.

DE Lusignan à Saint Maixant, 5 lieues.
De S. Maixant au grand Niort 4
Du Grand Niort à Mosé, 4
De Mosé à Nouaillé, 4
De Nouaillé à la Rochelle. 3

20 *lieues.*

VOYAGE DE BREST A PARIS,

120 *l.* BREST est une Ville de Bretagne, située sur le penchant d'une Montagne du côté de son Port, qui est le plus grand & le plus sûr du Royaume sur l'Ocean: aussi l'a-t-on choisi pour y faire un Arsenal de Mer, à cause de la commodité de la Province, qui en ce lieu-là se trouve remplie de bois, de mines de fer, & d'autres choses propres à la construction des Vaisseaux.

L'entrée de ce Port est défendue par un fort Château, situé sur un rocher qui en rend l'accès d'autant plus difficile, qu'il est escarpé au bord de la Mer, & défendu du côté de terre d'un large fossé, & d'autres fortifications.

Les rues de Brest sont étroites, mal tournées, & en fort petit nombre: son assiete, sur une colline, qui ne lui permet pas de s'étendre le long de la Mer, est cause qu'elles sont toutes en pente. Un grand Quai environne ce côté du Port qui a plus de mille pas de longueur, & 200 de largeur, en façon d'un Golfe, qui en renferme d'autres plus petits, entourez de hautes Montagnes. Ce Quai est garni de Magazins remplis de toutes sortes de Marchandises étrangeres.

De l'autre côté du Port est la belle Eglise de Notre-Dame de Recouvrance, dans un Faubourg aussi grand que la moitié de la Ville, où l'on voit une forte Tour à l'opposite du Château qui est à l'entrée du Port. On a bâti un grand Quai de ce côté-là; il est revêtu de grosses pierres, & bordé de grands Magazins, qu'on a poussé jusques dans le roc, pour élargir la place.

Ces magazins s'étendent presqu'au fond du Port, où il se fait deux petites Bayes très-commodes pour y construire de gros Vaisseaux. Il y a tout au tour des Boutiques & des maisons d'Ouvriers necessaires à ce travail. Les Corderies sont séparées de la Ville par l'une de ces deux Bayes: on y fait les gros cables de Navires, les Voiles, les Cordages, & autres choses pour les équiper. L'entrée de la Rade de Brest, qui est capable de contenir bon nombre de Vaisseaux, est appellée le Goulet ; c'est un passage extrémement difficile, à cause des

Rochers cachez qui avancent beaucoup dans la mer des deux côtez du rivage : mais il y a de très-habiles Pilotes qui savent éviter ces écueils.

On sort de la Ville sans passer de portes ; elles ont été ruinées, ainsi que les fortifications, dont les restes paroissent encore au dehors. Depuis, Louis XIV a fait fortifier extremement cette Place, qui est une des principales Clefs du Royaume.

De Brest on va au Faou, poste : du Faou à Châteaulin, poste ; de Châteaulin à Quimpercorentin, ou Cornouaille.

118 l. QUIMPER, Ville Capitale du Comté de Cornouaille, est aussi nommée Quimpercorentin. Elle est située dans une Presqu'Isle formée par deux petites Rivieres qui se joignent au dessus de ses murailles, & qui la séparent de ses Faubourgs.

L'Eglise Cathédrale, dédiée à la Sainte Vierge, & à Saint Corentin, est une des plus grandes de la Province : elle est accompagnée de deux Tours. La Chapelle de Notre-Dame, & plusieurs Tombeaux sont à voir. La Maison de l'Evêque est une des curiositez de cette Ville. Il y a plusieurs Paroisses & Couvens dans Quimper. Les Jésuites y ont le College & une belle Eglise. Dans celle des Cordeliers on voit plusieurs tombeaux des Ducs de Bretagne.

Les murs de cette Ville sont si épais qu'ils ont de tout temps servi de promenade, parce que de là on a la vûe sur les deux Rivieres qui l'environnent. Les barques qui passent soixante tonneaux ne peuvent arriver jusqu'au Port, à cause qu'il n'y a presque pas de reflux. Le Port finit à un Pont qui communique au quartier où se tiennent les Matelots.

De Quimper on va à Rosperdan, poste: de Rosperdan à Quimperlai, poste; de Quimperlai à Hennebon.

HENNEBON est une Ville de Bretagne, située au bord de la Riviere de Blavet, à deux lieues de son embouchure dans la Mer: elle a un reflux si haut, que l'on y voit arriver des Barques de 150 tonneaux. On divise Hennebon en Ville neuve, Ville murée, & vieille Ville. L'Eglise Paroissiale est appellée Notre-Dame du Chef. Il y a auprès une assez belle Place, qui fait le quartier le plus haut. La muraille, qui sépare la Ville de la Riviere, est bordée d'un grand Quai, relevé de pierres de taille, où l'on décharge les Marchandises dont cette Ville fait un grand Commerce.

114 *l*. A une lieue d'Hennebon, on trouve BLAVET, appellé le PORT-LOUIS; c'est une Ville de Bretagne, située à l'embouchure de la Riviere de Bla-

vet. Elle est défendue d'un fort Château, bâti sur des Rochers, qui font une presqu'Isle, entierement occupée de la Ville, au bout de laquelle un large fossé, où la Mer entre, en sépare ce Château ; ce qui la rend une Place d'importance : & l'a fait choisir pour y construire les gros Vaisseaux du Roy, à cause que tout le Pays voisin est couvert de grands arbres qui fournissent des bois propres à ces travaux. Louis XIII. l'ayant fait démolir, & connu ensuite son importance, jugea à propos de la faire rebâtir : c'est de là qu'elle a été nommée Port-Louis.

D'Hennebon on va à Baud, poste : & de Baud à Vannes, poste.

104 *l*. VANNES est une Ville du Duché de Bretagne, située à deux lieues de la Mer. La Ville est petite, mais les Fauxbourgs sont considérables. Elle est arrosée par deux petites Rivieres qui se joignent, & rendent son Port capable de renfermer plusieurs Vaisseaux, & des Barques de deux cens tonneaux qui se rangent le long du Quai.

Ce Quai est revêtu de grosses pierres de taille, de même que le Mole, qui avance au milieu d'un petit marais, aux environs duquel on voit de belles maisons, appartenans à de riches Marchands, qui occupent cette partie du grand Faubourg, appellé du marché. Vannes est entre ce Faubourg & celui de Saint Paterne : les rues, quoique peuplées sont fort étroites, excepté celle qui va de la porte de la Mer à l'Hôtel de Ville.

L'Eglise Cathédrale, dédiée à Saint Pierre & à Saint Paul, fut érigée en Evêché sous Conam I, jeune Prince du Sang des Rois d'Angleterre, qui le premier prit le titre de Roy de Bretagne. L'Evêque de Vannes est Seigneur en partie de la Ville. Il y a plusieurs Paroisses. Les Jésuites, les Capucins, les Dominicains, & les Ursulines y ont des Couvens.

Le Château du Lys n'a presque plus que son Donjon & quelques Tours. Le Faubourg du marché est plus grand que la Ville, dont il est séparé par un fossé & des murailles. On y voit un mail assez considérable.

On sort de Vannes, pour aller à la Roche-Bernard, poste.

La Roche-Bernard est un Bourg à titre de Baronie, avec un Port situé sur la Vilaine, à quatre lieues de son embouchure dans la Mer.

De la Roche-Bernard à Pont-Château, il y a une poste, & de Pont-Château à Nantes, une autre poste.

82l. NANTES est une Ville de la haute

Bretagne, située sur le bord de la Loire: elle est grande & fort peuplée, & passe pour une Ville des plus riches & des plus marchandes du Royaume. Elle est adossée de quelques collines dont elle occupe une partie, séparée par une petite Riviere qui la rend très-forte, & qui lui sert ensuite à beaucoup de choses necessaires à l'embelissement d'une grosse Ville. Nantes a été autrefois le séjour des Ducs de Bretagne, qui y firent bâtir un fort Château, élevé sur le bord de la Riviere, & flanqué de plusieurs Tours rondes, du côté de sa porte dans la Ville ; & de quelques demi Lunes du côté du Faubourg Saint Clément.

L'Eglise Cathédrale, dédiée à Saint Pierre, est accompagnée de deux hautes Tours. On y voit quelques tombeaux des anciens Ducs de Bretagne. Il y a dans Nantes plusieurs Paroisses, & quantité de Maisons Religieuses. Celle des Carmes renferme le magnifique Tombeau de François II. dernier Duc de Bretagne : c'est une curiosité des plus belles en ce genre. Celle des Jésuites est distinguée. On remarque aussi dans cette Ville le Palais de la Chambre des Comptes de Bretagne qui y est établie, & l'Hôtel de Ville.

Ce qu'il y a d'agréable à Nantes, ce sont les Ponts de pierres sur la Loire, qui traversent plusieurs Isles de la longueur d'un demi quart de lieue. La promenade en est agréable par la vûe, & surprenante par l'étendue de la Loire ; d'un côté couverte de batteaux, qui descendent des Villes qu'elles arrosent, & de l'autre de Navires & de Barques, qui viennent de toutes les parties de l'Europe, chargées de riches marchandises. Les Faubourgs de cette Ville se sont tellement accrus, par la quantité de monde qui y vient de toutes parts, qu'ils la surpassent de beaucoup en grandeur.

Ceux du Marché & de la Fosse sont les plus considérables ; ce dernier est habité des plus riches Marchands, à cause du voisinage du Port & de son grand Quai, le long duquel sont de très-belles maisons & de grands Magazins. Les Espagnols y apportent des vins, des laines fines, du fer, de la soye, des huiles, des oranges & des citrons ; ils remportent des toiles, des petites étoffes, de la quinquaillerie, & du bled. Les Hollandois y envoyent leur poisson salé, avec des épiceries de toutes sortes, & font remporter des vins, des eaux de vie, &c ; les Suedois leurs cuivres ; les Anglois leurs plombs, étains, charbons de terre, &c. Il seroit à souhaiter que les gros Vaisseaux, qui ne montent qu'au Port-Launai, à cinq lieues de Nantes, pussent aborder tous chargez le long de ses Quais.

L'Hermitage est un lieu situé sur une élévation, d'où l'on découvre agréablement toute la Ville & ses environs. Près de l'Hermitage est *la Pierre Nantoise*, dont on fait tant de bruit. C'est une portion de rocher, sur lequel, quoiqu'en pente & fort poli, des petits garçons dansent avec beaucoup de légereté, quand on leur donne quelque argent.

De Nantes à Mauves il y a une poste & demie, de Mauves à Oudon, poste : d'Oudon à Ancenis, poste.

ANCENIS, Ville de Bretagne, est située sur les Frontieres de l'Anjou : elle est assez jolie, en bon air & bien peuplée. Son territoire produit des grains, des vins, & des pâturages où l'on nourrit beaucoup de bestiaux.

D'Ancenis à Varade, poste : de Varade à Chantocé, poste & demie ; de Chantocé à Saint Georges sur Loire, poste : de Saint Georges à la Roche au Breuil, poste : de la Roche à Angers, poste.

64 l. ANGERS est la Ville Capitale du Duché d'Anjou. La Province d'Anjou n'a pas seulement été favorisée par la nature de tout ce qui peut contribuer à la rendre une des plus agréables & des plus fertiles du Royaume : elle est encore plus recomman-

dable par un très-grand nombre de Savans qu'elle a produit dans tous les siécles. La subtilité de son climat semble s'être communiquée jusqu'aux esprits de ses Habitans.

L'inclination naturelle des Angevins pour les sciences, obligea un de leurs Ducs d'établir dans la Ville d'Angers une Université qui a toujours été comme une pépiniére de grands Personnages. Les Rois de France l'ont depuis honoré de beaux Privileges, en des termes pleins d'estime pour le génie des peuples de cette Ville.

Angers est une des plus belles & des plus considérables Villes de France. Elle étoit du temps de Charlemagne, un Comté qui étoit possedé avec celui du Maine, par son neveu le fameux Rolland. Depuis elle a passé a des Ducs particuliers, & enfin elle a été réunie à la Couronne.

Cette Ville est située un peu au dessous où la Riviere du Loir & de la Sarte se perdent dans la Mayenne, qui divise la Ville en deux parties. La plus grande s'étend sur le penchant d'une colline jusqu'au bord de la Riviere. Le Château d'Angers est flanqué de dix-huit grosses Tours rondes, & d'une forte demie Lune. On voit dans l'une de ces Tours le Tombeau de René, Comte d'Anjou, Roy de Sicile : & celui de la Reine ne son épouse. Ce Château est si escarpé, du côté de la Riviere qui en lave le pied, que par le moyen d'une machine commode, on enléve tout ce qui lui est nécessaire, & qui lui vient par eau. La platteforme fournit une vûe des plus charmantes.

L'Eglise Cathédrale, dédiée à Saint Maurice, est remarquable par la longueur & la hauteur de sa grande nef, qui a la réputation d'être la plus belle de France. Cette Eglise renferme un trésor qu'on ne voit qu'aux grandes Fêtes. Le grand Portail est accompagné de trois hauts clochers; celui du milieu est appuyé sur les fondemens des deux autres, & semble être comme suspendu en l'air. Ce superbe clocher sera toujours l'admiration des Etrangers, & des plus habiles Architectes.

Il y a plusieurs autres belles Eglises dans Angers : Saint Julien est une des plus considérables. L'Eglise des Cordeliers renferme quelques tombeaux des Ducs d'Anjou. Celles des trois riches Abbayes, Saint Aubin, Saint Nicolas, & Saint Serge, sont aussi chargées de hautes Tours. Les Prêtres de l'Oratoire y ont un fameux Collége : il y a aussi des Capucins, des Minimes, &c. Le Sacre d'Angers est une célèbre cérémonie, que les Etrangers voyent ordinairement : c'est la Procession du jour de la Fête-Dieu, composée d'environ quatre mille personnes, du Clergé Séculier & Régulier, & de differentes Compagnies, & Communautez de la Ville, tous ayant des torches ou flambeaux à la main. La Procession part dès le matin, & ne rentre que sur les trois ou quatre heures du soir.

Au pied du Château, il y a une chaîne que l'on attache à l'autre bord, à la Tour Guillo: elle ferme l'entrée sur la Riviere dans la Ville ; c'est là où les batteaux qui viennent de toutes les parties de la Loire, abordent le long du Quai du Port-Ligne. Près de l'Eglise S. Michel, est une Place des plus belles de la Ville : c'est à cette Eglise que commence une grande rue du même nom, à côté de laquelle est l'Hôtel de Ville, orné d'une belle Tour d'Horloge, élevée sur une arcade qui sert d'entrée à cette grande Place, dans laquelle le Palais du Présidial est situé. On passe par dessus les grands Ponts pour communiquer de cette grande partie de la Ville à la petite, où est une autre grande Place, qui sert de marché, près l'Eglise de Saint Nicolas.

L'Université d'Angers fut établie en 1398, par Louis II Duc d'Anjou. L'Academie des belles Lettres l'a été en 1685: elle est composée de trente Académiciens qui ne traiten dans leurs Assemblées que des matiéres de littérature ; ils décident seulement des Ouvrages de ceux de leurs corps, & lorsqu'un Étranger en soumet quelqu'un à son jugement, ils se contentent de dire leurs avis, sans se prévaloir d'aucune autorité, soit pour la censure ou pour l'approbation.

L'Hôtel de Ville, qui peut passer pour un des plus beaux édifices du Royaume, fut bâti par *Pierre Poyet*, Maire d'Angers, frere aîné du *Chancelier Poyet*. Il est situé dans un lieu fort élevé, qui d'un côté commande à toute la Ville, & de l'autre à une très-belle Campagne, arrosée de trois Rivieres qui viennent se joindre en ce lieu-là, pour passer ensuite au travers de la Ville. En face de ce superbe bâtiment est une grande cour, avec des terrasses balustradées, d'où l'on descend par un double escalier, d'une belle Ordonnance, dans un jardin, qui n'est séparé de la principale Place publique que par une balustrade de fer qui le laisse voir tout entier ; c'est dans ce jardin, que la Ville a fait ériger en 1685 une statue de Louis XIV. où elle est également en vûe de l'Hôtel de Ville & de la Place publique.

Au bout du Faubourg de Brésigni, on trouve *les Pierrieres d'Angers*, si renommées pour la belle ardoise qu'on en tire:

elles sont ouvertes en façon de Puits fort larges, où dans le fond on détache ces pierres, qui sont jointes les unes aux autres, comme des ais. On les taille en quarré long, ordinairement de l'épaisseur d'un écu, & d'un pied de longueur. La machine qu'on employe pour les en tirer est tournée à force de Chevaux: le voisinage de ces carrieres est cause que toutes les maisons d'Angers sont couvertes d'ardoises, ce qui la fait appeller *la Ville noire*.

D'Angers on va à la Gagnenieres, poste: de la Gagnenieres à Saint Mathurin, poste: de Saint Mathurin aux Rosiers, poste: des Rosiers à Saint Martin de la Place, poste: de Saint Martin à Saumur, poste.

54. l. SAUMUR est une Ville de l'Anjou, que son agréable situation & sa belle vûe le long de la Riviere de Loire, ont toujours fait estimer des Etrangers. La construction de ses Ponts est considérable. Les Faubourgs de Saumur sont plus grands que la Ville. Celui de Notre-Dame des Ardilliers est une grande rue au long de la Riviere, qui finit à l'Eglise du même nom, où l'on voit en tout temps un grand nombre de Pélerins. Cette Eglise est ornée d'une quantité de tableaux, de lampes d'argent, & d'autres vœux. Ce sont les Prêtres de l'Oratoire qui la désservent. Leur

maison a été bâtie par le Cardinal de Richelieu. Ils ont un Collége dans le Faubourg de Blanche, dont on peut dire la même chose que de celui de Saumur : ce Faubourg a une grande place, toute bordée d'Hôtelleries, près de la Riviere ; c'est-là où les Cabanes, qui descendent ou qui montent, abordent le long du Quai qui y régne.

Le Château de Saumur est élevé sur un rocher, escarpé du côté de la Ville, qui est au pied. Il est composé de plusieurs petites Tours rondes, toutes de pierres de taille, qui renferment au milieu le logement du Gouverneur. La promenade ordinaire de Saumur est le long d'un Pont qui traverse de petites Isles, d'où l'on a la vûe sur la Loire.

On va de Saumur à Sainte Catherine de l'Isle Auger, poste : de Sainte Catherine à Chousé, poste, & de Chousé aux trois Volets, poste & demie. Des trois Volets à Planchouri, poste : de Planchouri à la Pile Saint Marc, poste & demie : de la Pile Saint Marc à Luynes, poste.

LUYNES est un Duché Pairie, érigé en 1619, en faveur de Louis Charles d'Albert, dit le Connétable de Luynes, Favori de Louis XIII. qui en a fait l'érection.

De Luynes à Tours, il y a une poste & demie.

62 l. TOURS est la Ville Capitale de la Touraine ; cette Province est entre le Blaisois, l'Anjou, le Poitou & le Berry ; elle a vingt-sept lieues de long, & vingt-cinq de large. La terre est si fertile dans la Touraine, qu'on la nomme ordinairement le jardin de la France.

Tours est agréablement située entre les Rivieres de Cher & de la Loire, à six lieues d'Amboise & de Chinon. La commodité de la Loire rend le Commerce de cette Ville très-considérable : on y fait sur-tout un grand débit d'étoffes de soye, qu'on y travaille en perfection.

La Ville de Tours est fort longue, & s'étend le long de la Loire, où sont deux rues principales, de même rang. La plus grande commence au Faubourg de Saint Pierre du Corps, présentement enfermé dans la Ville, où de nouvelles murailles ont été bâties avec d'autres fortifications d'un grand circuit, qui renferment presque tous les Faubourgs.

L'Eglise Métropolitaine, dédiée à Saint Gatien, est une des plus grandes du Royaume. Elle est accompagnée de deux hautes Tours. On y voit une belle Chapelle de Notre-Dame, & un Horloge qui mérite l'attention des curieux. Après l'Eglise de Saint Gatien, celle de Saint Martin, Collégiale, tient le premier rang : sa Tour, & celle de Saint Pierre le Puellier sont à voir.

Le Château de cette Ville est formé de plusieurs Tours rondes, où au milieu s'élève un Donjon qui sert de prison. Il est situé à l'un des bouts du Pont, qui est bâti sur la Loire, en 19 Arches, & qui passe par dessus plusieurs Isles, où demeurent des Marchands dont les Maisons forment, entre les espaces du Pont, une rue qui conduit au Faubourg Saint Simphorien, où il faut aller voir l'Abbaye de Marmoutiers, fondée par Saint Martin Evêque de Tours. On voit dans l'Eglise une Sainte Ampoule, comme à Rheims, dont le Roy Henry IV. fut sacré. Cette Eglise est un grand édifice joint à un haut Clocher, bâti sur le rocher sans fondement. Le Couvent mérite aussi d'être vû.

Entre plusieurs places de cette Ville, celle qu'on appelle la Foire du Roy est considérable ; celle du Carreau de Beaune est un peu plus avant. L'Eglise de Saint Saturnin a une grosse Tour. Le Palais & le Collége des Jésuites n'en sont pas loin. Les Dominicains ont un très beau Couvent dans la même rue, qui est croisée plus avant par plusieurs autres rues, derriere l'Eglise saint Pierre. Elle finit au Faubourg de la Riche, le plus grand de ceux de la Ville.

On void dans ce Faubourg les restes d'une Tour fort élevée, qui paroît presque en l'air. Le Mail qui est du côté des nouvelles murailles, sur lesquelles on se proméne pour jouir de l'aspect de la campagne, est composé de quatre rangées d'arbres ; il n'y en a point de plus long en France. Il aboutit presqu'à la Porte de Saint Etienne, près le marché neuf, où il y a une fontaine ; c'est où commence la seconde grande rue de Tours, appellée la rue neuve.

On la nomme la rue Sainte Catherine, quand on a passé le Portique de la Chancellerie ; les Cordeliers y ont un fort beau Couvent. Cette rue aboutit enfin à l'Abbaye de Saint Martin, qui fait face à la grande Place du Haumont. On voit dans son Eglise les reliques de ce Saint sous le grand Autel, & deux anciens tombeaux derriere le Chœur. Cette Eglise est fort grande, & groupée avec trois gros clochers ; celui du milieu sert d'horloge. Les Cloîtres & les Jardins sont aussi fort spacieux.

On tient que ce fut au Faubourg de Saint Pierre du Corps, ou du moins au même lieu où il est bâti, que Charles Martel remporta une célébre victoire sur les Sarrasins, qui venoient de saccager Poitiers, & qui espéroient faire de même à Tours. Leur Chef

Chef, Abdérance y fut tué, avec plus de cinquante mille autres, & c'est peut être le sujet du nom de ce Faubourg où ils furent enterrez.

LANGEZ, ou Langès, lieu fort renommé pour les bons melons, n'est pas éloigné de Tours.

On va de Tours à Mont-Louis, poste & demie : de Mont-Louis à Lussaut, poste : de Lussaut à Amboise, poste.

AMBOISE est, cy-devant, page 126, au Voyage d'Espagne, dont la route vous conduira jusqu'à Paris.

Autre Route d'Angers à Paris.

D'ANGERS on peut passer par le Mans, le Perche, & la Beausse, où l'on verra la Fléche, le Mans, Nogent le Rotrou, Chartres, Maintenon, Rambouillet, &c. par la Route suivante.

D'Angers on va à Bourg-neuf, deux postes & demie : de Bourg-neuf à la Fléche, deux postes.

54 *l.* LA FLECHE est une Ville de l'Anjou, à deux lieues de Malicorne, & à quatre lieues du Lude, située au bord du Loir, dans le centre d'un grand Vallon, terminé de tous côtez par des hauteurs, ornées de tout ce qui peut rendre une campa-

gne agréable. Cette Ville, qui a Présidial & Election, est remplie de tant de beaux édifices, que de loin elle paroît comme une grosse Ville, au milieu d'un grand jardin embelli de Fontaines, & d'un grand canal que forme la Riviere du Loir, qui la rend un séjour digne des Muses.

Le Château du Gouverneur est situé à l'entrée de la grande rue : la structure de son bâtiment, & la beauté du dedans le rendent considérable. Toutes les rues de la Fléche sont droites & larges, & les maisons bien bâties : la grande Eglise, ornée d'une haute Fléche, est dédiée à Saint Thomas. Les Capucins, les Recollets, les Carmes, &c. y ont des Couvens.

Il y a un grand Pont de pierres, pour passer de la Ville dans le Faubourg de la Beffrie, dont l'entrée est défendue d'un petit Château. La maison du Présidial, celle de la Ville, & celle du Marquis de la Varenne sont à voir. Mais le lieu le plus considérable est le fameux Collége des Jésuites, qu'Henry IV, qui se plaisoit fort à la Fléche, leur fit bâtir en 1603. Ceux qui ont vû l'Escurial, en Espagne, disent qu'ils ont beaucoup de ressemblance. Au milieu est leur Eglise, bâtie à l'Italienne. A côté du grand Autel on y voit un monument, avec la statue de ce Roy, dont le Cœur est inhumé dans une Chapelle, avec celui de la Reine Marie de Médicis son Epouse.

Les Habitans de la Fléche sont très sociables, & prévenus pour les Etrangers, ce qui y en attire toujours un fort grand nombre. Les hommes ont de l'esprit, & les femmes de la beauté ; c'est un séjour des plus agréables. La Promenade ordinaire de la Ville, outre le Mail, qui est d'une moyenne grandeur, à l'ombre de quatre rangées d'Arbres, est au Pré-Luneau, pratiqué dans la Ville, au bord de la Riviere du Loir, où sont plusieurs petites Isles, avec des Moulins, qui forment un beau paysage, à cause d'une quantité d'arbres qu'on y a planté.

On sort de la Fléche, pour aller à Foulletourte, deux postes ; & de Foulletourte, au Mans, il y a trois postes.

Le Pais du Maine étoit, dans la plus haute antiquité de la Monarchie, un Comté; il fut érigé dans la suite en Duché. Il est borné à l'Orient par le Vendomois, au Nord par le Perche, par la Touraine & l'Anjou au Midy, & par la Bretagne à l'Occident. Il a trente lieues de long, & vingt-deux de large, & se divise en haut & bas Maine. Les Manceaux sont gens d'esprit ; ils sçavent à merveille défendre leurs interests, & encore mieux attaquer ceux d'autruy : le *ouy* & le *non* sont des mots

F f ij

inutils chez eux. La définition d'un Manceau, c'est *Normant & demi* ; au surplus gens d'honneur, & fort polis.

44 I. LE MANS est la Ville Capitale de la Province, & du Duché du Maine, située sur une Colline au bord de la Rivière de Sarte, assez près du lieu où la Haine se dégorge. Elle peut passer pour une des plus considérables de France, si l'on y comprend ses quatre Fauxbourgs, au milieu desquels elle est élevée, de telle sorte qu'elle leur commande entiérement.

L'Eglise Cathédrale est dédiée à Saint Julien, son premier Evêque. Quoiqu'elle ait été plusieurs fois endommagée; elle paroît encore magnifique dans ses ornemens, superbe par la grandeur de son vaisseau, & par la beauté de son Architecture. Le Chœur est d'une largeur extraordinaire: on y voit plusieurs tombeaux considérables, & un horloge qui passe pour un excellent Ouvrage: de même que la Tour de cette Eglise, par sa hauteur & par sa grosseur.

Il y a dans cette Ville quatorze Paroisses, quatre Abbayes, quatre Couvens de Religieux, autant de Religieuses, trois Eglises Collégiales, & deux Collèges, qui tous ont chacun leur beauté particuliere, & dignes d'être vûes. On remarque aussi le Palais de l'Evêque, la Tour d'Orbitelle,

Palais du Présidial, l'Hôtel de Ville, &c. Les quatre principales rues sont, la grande rue; celles d'Orcé, de la Cigogne, & de la Tannerie; les autres sont étroites & tournoyantes.

Du Mans on va à Connaré, deux postes & demie; de Connaré à la Ferté-Bernard, deux postes.

LA FERTÉ-BERNARD est une petite Ville du Maine, située sur la Huisne, & frontiere du Perche. Cette petite Ville n'a qu'une seule Paroisse, & un Siége Royal qui ressortit au Parlement de Paris.

On va de la Ferté-Bernard à Nogent le Rotrou; il y a deux postes.

NOGENT LE ROTROU est la Ville Capitale du Grand Perche, située sur la Huisne: cette Ville est riche & considérable par ses manufactures de Cuirs, de Toilles, & de Serges.

De Nogent le Rotrou on va à Champrond, deux postes & demie, de Champrond à Courville, poste & demie. De Courville à Chartres, deux postes.

18 *l.* CHARTRES, est la Ville Capitale de la Beausse, & une des plus anciennes de la France : elle est Capitale du Duché de ce nom, qui appartient en appanage à Mr le Duc d'Orleans, duquel Mr le Prince, son fils aîné porte le nom. Sa situa-

tion est sur la Riviere d'Eure, qui la sépare en deux parties, dont la plus grande est élevée sur une colline, avec des rues très étroites & bien peuplées.

L'Eglise Cathédrale est une des plus belles que l'on puisse voir; sa façade soutient deux hauts Clochers de pierre, si bien travaillez, qu'on a coutume de dire, que si l'on vouloit avoir une Eglise achevée en toutes ses parties, il faudroit prendre le Chœur de Beauvais, la Nef d'Amiens, le Portail de Rheims, les Tours de Paris, & les Clochers de Chartres. Cecy doit s'entendre pour la beauté de l'Architecture gotique. Au tour du Chœur on a représenté tous les Mysteres de la vie de Notre-Seigneur, que les habiles Sculpteurs regardent comme un ouvrage parfait.

Sous cette Eglise il y a un Corridor rempli de plusieurs Chapelles, qui font une seconde Eglise: celle de la Sainte Vierge, appellée la Chapelle de Notre-Dame sous terre, est remplie de quantité de Lampes, Chandeliers, & autres ornemens d'argent, & de plusieurs, *Ex voto*, de différentes sortes. Cette Chapelle est dans l'endroit où l'on dit que les Druydes, Prêtres des anciens Gaulois, adoroient une Mere Vierge, qui devoit enfanter le Sauveur du monde; ils y avoient élevé un Autel dédié sous ce tiue, *Virgini paritura*. Priscus, Gouverneur pour les Romains, fit faire une statue (que l'on y voit encore à present), à cette heureuse Mere Vierge, qui n'étoit point encore née, & lui offrit des Sacrifices. Cela est remarquable. Depuis, Quirinus Proconsul étant venu à Chartres, avec ordre de contraindre les Chrétiens d'offrir de l'encens aux Idoles, en fit précipiter un grand nombre des plus constans, dans un puits appellé le *Puits des Saints Forts*, qu'on voit au caveau soutérain de cette Eglise; tous ces faits ne sont fondez que sur une tradition que chacun reçoit à sa mode.

Outre les Paroisses, il y a dans Chartres plusieurs Couvens de l'un & de l'autre sexe, & quelques Abbayes: qui sont celles de Saint Pére, de Josaphat, de Saint Jean, &c. On voit dans la grande rue Notre-Dame, la Tour du Roy, qui sert de Palais pour la Justice, y ayant à Chartres, Présidial, Bailliage, Election, Prevôté, &c. La promenade de Chartres est le long du Quai qui borde la Riviere d'Eure, où l'on voit l'Eglise de Saint Julien, bâtie sur une voute qui couvre cette Riviere; & proche de là, l'Hôpital, ou la Maison des six vingt aveugles de Chartres. Le Cours de cette Riviere, dans des prairies agréables, rend l'Abbaye de Josaphat un lieu charmant.

On va de Chartres à Maintenon, deux postes.

14 *l.* MAINTENON est un Bourg avec un Château situé sur la Riviere d'Eure, dans une Vallée entre deux Montagnes. Ce Bourg est devenu fameux, depuis que Louis XIV. y a fait construire en 1686. 1687 & 1688. un somptueux Acqueduc dont l'utilité n'a pas approché de la dépense. Il y a dans Maintenon une Collégiale, sous le titre de Saint Nicolas, & deux Paroisses. Le territoire de Maintenon est très fertile en grains.

De Maintenon à Rambouillet il y a deux postes & demie.

RAMBOUILLET est un Bourg de la Beausse, situé à quatre lieues de Nogent le Roy, & à dix de Paris. Ce lieu est considerable par un grand Château où François I. mourut le 31 May 1547 ; il y a sur ce sujet une ancienne Epigrame assez naïve. M. le Comte de Toulouze, Amiral de France, à qui ce Château, & de grandes dépendances appartiennent à present, en a fait une des plus considerables Maisons des environs de Paris, où il a plusieurs fois reçu Louis le Grand. C'est un Château qui mérite d'être vû.

On va de Rambouillet à Trapes, deux postes & demie : de Trapes à Versailles, poste: & de Versailles à Paris, deux postes Royales.

VOYAGE
DE S. MALO A PARIS.

80 *l.* SAINT MALO est une Ville de Bretagne, avec un fameux Port de Mer, qui n'a pas plus de cinq cens ans d'antiquité. Elle est située sur un rocher au milieu de la Mer, dans la petite Isle de Saint Aaron, à present Saint Malo, que l'on a jointe à la terre ferme par une longue chauffée, dont l'entrée est défendue par un fort Château. Ce Château est flanqué de grosses tours, muni de fossez, & d'un grand bastion Royal, l'un des quatre qu'on peut remarquer aux quatre coins de la Ville ; & qui sont entremêlez de demies lunes, & bordez de quantité de Canons.

Saint Malo est non-seulement une clef de la Province, mais encore une place d'une grande importance pour la France : aussi y tient-on une forte garnison. On a soin de fermer toutes les portes dès six heures du soir, à l'exception de celle de Saint Thomas, qui est proche du Château, & par où l'on sort de Saint Malo par terre, prenant son chemin sur la levée des Sablons : on ne la ferme qu'à neuf heures, après quoi on lâche douze gros dogues, pour n'être surpris par les ennemis.

L'Eglise Cathédrale, dédiée à Saint Vincent, est située dans une place de ce nom ; où sont aussi le Palais de l'Evêque, & l'Hôtel de Ville. La Place de la grande Cohue est traversée de la grande rue, bordée de plusieurs belles maisons qui y ont été rebâties, depuis le grand incendie qui les consuma. Toutes les autres rues de Saint Malo, hormis celle-là où demeurent les plus riches Marchands de la Ville, & celle qui rend à la belle Eglise de Saint Sauveur, sont étroites & tournoyantes. Pour bien voir tous les environs de Saint Malo, il faut se promener sur les murailles, qui sont très-épaisses, & dont on peut faire le tour en moins d'une demie heure.

Ceux qui commencent à y monter proche du Château, voyent plusieurs rochers, & de petites Isles qui les environnent, & qui demeurent à sec sur la grande Gréve que la Mer Océane découvre en se retirant. Son reflux est icy de quatre toises ; c'est un des plus hauts qu'on voye aux côtes de France. Plus avant on trouve l'Arsenal & les magazins des Poudres ; ensuite la Platteforme de Saint Sauveur, bordée de canons : de celle-cy on va à celle de Saint François, qui est à l'embouchure du Port, où l'on void avec plaisir tous les Vaisseaux qui entrent & qui sortent. En continuant à se promener sur ces murs, on remarque qu'il n'y a aucun endroit vuide dans cette riche Ville, dont le plus grand nombre des Habitans sont des Armateurs, ce qui fait qu'elle est plus riche en temps de guerre qu'en temps de paix. Le Port, qui est fréquenté de toutes les Nations, est un des meilleurs du Royaume.

De Saint Malo on peut aller à Château-neuf, poste: & de Château-neuf à Dinant, poste.

DINANT, Ville de la Bretagne, est très forte, tant par ses murailles, que de grosses Tours défendent, que parce qu'elle occupe tout le dessus d'une montagne escarpée de tous côtez. Le Château en est aussi très fort ; la platte forme du Donjon est entre deux hautes Tours, qui sont la principale partie de son bâtiment. En sortant de là on trouve la grande Place de Dinant, où commence la rue des Dominicains, qui y ont un beau Couvent. L'Hôtel de Ville, avec un gros horloge, est plus avant. De toutes les Places de Dinant, celle de la Croix des Cordeliers est la plus considerable ; les maisons qui l'environnent sont très-bien bâties, & soutenues par des Arcades sous lesquelles on peut se mettre à couvert du mauvais temps. L'Eglise Paroissiale appellée Saint Malo, avec sa haute Tour,

& le bâtiment du grand Hôpital, méritent d'être vûs. La promenade ordinaire des Bourgeois est sur les murs de la Ville, qui sont si épais, qu'un carosse y peut rouler facilement.

De Dinant on va à Rennes ; il y a près de trois postes.

72 l. RENNES est la Capitale de toute la Bretagne ; cette Province a près de soixante lieues d'étendue d'Orient en Occident, & trente-deux du Septentrion au Midy. L'Ocean la borne presque de toutes parts, excepté vers l'Orient, qu'elle a l'Anjou & le Maine ; & le Diocese d'Avranches vers le Septentrion. C'est une Presqu'Isle qui a environ deux cens lieues de tour, & dont la situation est très importante. Elle est extremement peuplée, abondante, & fort riche par le Commerce de ses Habitans, principalement de ceux de Nantes & de Saint Malo.

Les principales Rivieres de la Bretagne (que l'on divise en haute & basse,) sont la Loire, la Vilaine, Blavet, la Rance, &c. Elle est très fertile en bleds, en pâturages & en fruits. On y nourrit quantité de gros bétail qui fournit le meilleur beure de l'Europe. Le Poisson qu'on pêche sur ses Côtes est très-estimé.

Les Bretons ont l'humeur assez sociable ; on remarque cependant qu'il y a deux sortes de gens qui leurs plaisent plus que les autres : ce sont ceux qui peuvent leur tenir tête à bien boire, & ceux qui par leurs discours, ou autrement, font paroître de l'aversion pour les Normans ; car les peuples de ces deux Provinces ont une telle antipatie, qu'ils ne sauroient dire du bien les uns des autres. Les Bretons sont opiniâtres : mais d'ailleurs honnêtes gens.

Rennes est la Ville Capitale du Duché de Bretágne ; elle est le siége d'un Evêché, & du Parlement de cette Province. Elle est située sur la Vilaine, qui après avoir rempli de ses eaux, la plûpart des fossez, passe par le milieu, & la divise en haute & basse Ville. A les mesurer de dessus les remparts, elles n'ont de tour que trois quarts d'heure de chemin, mais elles renferment une si grande quantité de peuple, dans des maisons de six & de sept étages, qu'elles forment une des grosses Villes de France. Les Fauxbourgs ont plus d'étendue que toute la Ville. Rennes est fort ancienne ; elle parut si importante à César, qu'il y mit une bonne Garnison sous le Commandement de Crassus.

L'Eglise Cathédrale, dediée à Saint Pierre, est grande : deux hautes Tours y sont adossées. Le Palais du Parlement est un bel édifice ; ce sont quatre gros Pavillons, qui renferment une grande Cour, bordée de Galleries & de Boutiques de Marchands; ses Salles sont spacieuses, & ses Chambres richement tapissées. Le grand escalier de ce bâtiment a toujours passé pour un ouvrage achevé. La grande Place de ce Palais est environnée de belles maisons, & du Couvent des Cordeliers.

Il y a dans Rennes une Tour qui servoit de Temple aux fausses Divinitez, & qui sert présentement à soutenir le gros Horloge de la Ville, dont la cloche à six pieds de hauteur, huit de largeur, & huit pouces d'épaisseur : cette Tour est proche le *Champ Jacquier*, qui est le grand marché de la Ville : où est aussi le Siége du Présidial, ancien édifice qui a servi de Palais aux Gouverneurs.

Outre la Place appellée la grande Cohue, où l'on execute les Criminels, il y a encore celle de la Pompe : les maisons dont cette Place est environnée, sont soutenues par des Arcades : leur vûe donne sur la belle Fontaine, qui est au milieu, & qu'on nomme la Pompe. La Ville a peu de Fontaines, à cause qu'il n'y a point de montagnes aux environs ; cela fait que les rues étant fort étroites, & les maisons extrémement hautes, le Soleil n'y sauroit entrer pour les sécher, ainsi elles sont toujours humides &

sales ; à quoi contribuent beaucoup, les prairies & les bois qui environnent la Ville, & où s'élevent souvent des brouillards épais qui y causent des pluyes extraordinaires.

L'Eglise de Saint George, Abbaye de Filles, est au plus haut de la haute Ville. Proche de la Porte Saint George est la grande platteforme, appellée la Mothe Saint George. L'Abbaye de Saint Méléve a une Eglise & une haute Tour, sur laquelle on a placé du Canon, pendant les Guerres Civiles ; ce qui a été cause que les Habitans l'ont à demi rasée. Ce qu'il y a de plus beau dans ce Couvent est un grand Jardin, appellé le Thabor, & l'Eglise Paroissiale de Saint Jean renfermée dans sa grande Cour. L'Eglise de la Visitation à l'entrée du Fauxbourg de la Reverdiere, & le Couvent des Dominicains sont à voir.

La Villaine, porte de gros batteaux qui remontent de la Mer jusqu'au Port de Saint Yves, où elle arrose une grande prairie qui sert de Cours, d'où elle entre dans Rennes, passant par dessous trois grands Ponts : celui du milieu, qui est le plus beau, est appellé le Pont-neuf. On le passe pour entrer dans la basse Ville, près d'une grande Place où est le Collége des Jésuites, dont l'Eglise est un édifice somptueux. L'Eglise Paroissiale de Toussaints est à un des bouts de la Ville, où un bras de la Riviere forme une petite Isle.

De Rennes on va à Châteaubourg, deux postes: de Châteaubourg à Vitray, deux postes; de Vitray à la Croix au Veneur, deux postes: de la Croix au Veneur à Laval, deux postes.

54. l. LAVAL, Ville du bas Maine est située sur la Riviere de Mayenne, à quatorze lieues de Rennes, d'Angers & de la Fléche. Elle est fort connue par son grand commerce de Toilles. Cette Ville renferme deux Châteaux séparez par un seul mur, entourez de fortes murailles, avec un Pont de pierres, où il y a des maisons des deux côtez, & deux petites Tours au bout, qui forment une Porte de la Ville. Il y a dans Laval deux Eglises Paroissiales, la Trinité & Saint Vénérand ; & deux Collégiales, S. Thugal, aussi Paroissiale, & Saint Michel: les Prieurez de Sainte Catherine & de Saint Martin. L'Eglise des Cordeliers est bien ornée ; les Dominiquains, les Capucins, les Ursulines, & les Cordelieres y ont aussi des Couvens.

De Laval à Martigny il y a deux postes; & de Martigni à Mayenne, deux postes.

MAYENNE est une petite Ville du Maine, située sur une pente fort roide qui finit à la Riviere de ce nom ; elle n'a qu'une grande rue qui la traverse, & quelques autres peu conside-

considerables. Les maisons y sont mal bâties & n'ont d'ornement que des Fontaines. Un Pont de dix à douze pieds joint la Ville avec le Faubourg Saint Martin. Mayenne étoit autrefois un Duché & Pairie.

De Mayenne à Ribay, deux postes: de Ribay au Prez-en-paille, deux postes: de Prez-en-paille, à Allençon, deux postes & demie.

38 *l.* ALLENÇON, Duché-Pairie réuni à la Couronne, est une Ville de la basse Normandie, sur les confins du pays du Maine, située dans une vaste Campagne très-fertile. La Riviere de Sarte, qui arrose cette Campagne, baigne les murs de la Ville, qui est éloignée d'une lieue & demie des Forests d'Escouis & de Perseigne. Les murs de la Ville sont espacez, ou entrecoupez de Tours, & entourez de fossez.

La plûpart des rues d'Allençon sont grandes, & les maisons bien bâties. Il n'y a qu'une Paroisse, dediée à Notre-Dame, où l'on doit remarquer les tombeaux des Ducs d'Allençon. Le grand Portail est un ouvrage hardi & dégagé ; la nef en est belle, mais le Chœur n'y répond pas. Il y a plusieurs Monasteres de l'un & de l'autre sexe. Les Jésuites y ont un Collége.

On va d'Allençon à Menilbrou, poste &

demie, de Menilbrou à Mesle sur Sarte, poste & demie: de Mesle à Mortagne, poste & demie.

30. l. MORTAGNE est une Ville du haut Perche, située près d'un ruisseau qui commence à former la Riviere d'Huisne. Elle est assez grande & peuplée. La Collégiale a le titre de Tous les Saints, & la Paroisse celui de Notre-Dame. Il y a d'autres Paroisses & Monasteres dans les Faubourgs.

Les Curieux vont ordinairement voir la célébre Abbaye de la Trappe.

L'ABBAYE DE LA TRAPPE, située entre Séez, Mortagne, Verneuil & l'Aigle, dans un Vallon, où les Collines & la Forest qui l'environnent sont disposées de telle sorte qu'elles semblent vouloir la cacher au reste de la terre. Elle a été fondée en 1140, & consacrée à la Sainte Vierge. La réforme qui y a été mise par le Vertueux Abbé de Rancé, l'a rendue fameuse dans tout le monde. On découvre cette Abbaye en sortant de la Forest de Perche, du côté du Midi: mais quoiqu'on se croye fort proche, il y a encore près d'une lieue d'éloignement. On arrive à la premiere Cour où loge le Receveur. Elle est séparée de celle des Religieux, où après avoir sonné, un frere Lai vient ouvrir, & vous conduit à la porte du Monastere, où un Religieux qui vous reçoit, vous en fait voir toute l'étendue, & vous inſtruit de la vie auſtére qu'on y pratique.

L'Abbaye de Notre-Dame de la Maiſon-Dieu de la Trappe, car c'eſt ainſi qu'on la nomme, fut fondée par Rotrou Comte du Perche, l'an 1140, & conſacrée ſous le nom de la Sainte Vierge, l'an 1214, par Robert Archevêque de Rouen, Raoul Evêque d'Evreux, & Silveſtre Evêque de Séés. Elle ſe reſſentoit depuis un très-long temps de la décadence de l'Ordre de Citeaux, & étoit tombé dans le déreglement que tout le monde ſçait que ſont encore pluſieurs Monaſteres de cet Ordre, qui n'ont point embraſſé l'obſervance étroite de la Regle rétablie en France par le Cardinal de la Rochefoucault ; lorſque Meſſire Armand Jean Bouthillier de Rancé, Docteur en Théologie, premier Aumônier de Gaſton de France, Duc d'Orleans, & Abbé Commendataire, il y avoit déja vingt-cinq ans, porta, par ſes ſoins & ſes frequentes exhortations, les Religieux de cette Abbaye à conſentir & à demander eux-mêmes qu'elle fût miſe entre les mains des Peres de l'étroite Obſervance de Cîteaux, pour y rétablir la premiere & véritable pratique de la Regle. Mr l'Abbé de Barbarre, de l'étroite Obſervance & Viſiteur de la Province, s'y étant tranſporté, à la priere de Monſieur

Gg ij

l'Abbé de Rancé, avec commiſſion de Monſieur l'Abbé de Prieres, Vicaire General, paſſa un Concordat avec Monſieur l'Abbé & les anciens Religieux de la Trappe, le 17 Aouſt 1662, qui fut enſuite homologuée au Parlement de Paris, le 16 Fevrier 1663., en vertu duquel les Religieux de l'étroite Obſervance entrerent dans ce Monaſtere & en prirent poſſeſſion ; & afin de leur donner encore plus de moyen de s'y établir, l'Abbé de Rancé leur céda la Terre de Nuiſemont, dont il jouiſſoit comme Abbé Commendataire.

En arrivant dans cette Abbaye, & après avoir traverſé la grande Cour, planté d'Arbres fruitiers, on trouve la porte du Couvent, où un Religieux de la Maiſon fait l'Office de Portier. Lorſqu'il a ouvert, on deſcend dans un eſpece de veſtibule qui n'a que quatre toiſes de long, & neuf à dix pieds de large. A main droite eſt une Chambre pour recevoir les Hoſtes, & à main gauche une Salle où ils mangent. Pendant que le Religieux qui a ouvert va donner avis à l'Abbé ou au Prieur, de l'arrivée de ceux qui ſont entrez, on demeure dans la Chambre, où l'on peut s'inſtruire de quelle maniere il ſe faut comporter dans ce lieu ; car il y a de petits tableaux attachez contre la muraille, où eſt écrit

» On supplie très humblement ceux que
» la Divine Providence conduira dans ce
» Monastere, de trouver bon qu'on les
» avertisse des choses qui suivent.

» On gardera dans le Cloître un perpe-
» tuel silence. Lorsque l'on parle dans les
» lieux destinez pour cela, ou même dans
» les Jardins, on le fait d'un ton de voix
» moins élevé que l'on peut.

» On évite la rencontre des Religieux
» autant qu'il est possible en tout temps,
» sur-tout dans celui du travail des mains.

» On s'adresse au Portier si l'on a besoin
» de quelque chose, parce que les Reli-
» gieux, qui sont étroitement obligez au
» silence, ne donnent nulle réponse à
» ceux qui leur parlent.

» Les Domestiques n'entrent jamais
» dans les Cloîtres, ni dans la Maison.

» On ne se promene point dans les Jar-
» dins entre onze heures & midy.

Le vestibule est aussi rempli de passages
tirez de l'Ecriture sainte, qui sont comme
les premiers avis qu'on donne à ceux qui
arrivent, & même bien souvent les plus
longs entretiens que la plûpart des Etrangers puissent avoir dans cette Maison, où
l'on peut dire que les murailles parlent, &
que les hommes ne disent mot.

Lorsque le Pere Prieur, ou quelqu'autre

Religieux est venu recevoir les nouveaux Hôtes, & après les avoir saluez avec beaucoup d'humilité, & de grandes prosternations, il les fait passer dans le Cloître, & les conduit à l'Eglise pour y adorer le Saint Sacrement. Au retour ils entrent dans la Chambre ou dans la Salle; & en attendant le repas un Religieux lit un Chapitre de l'Imitation de Jesus-Christ.

Ce que l'on sert à la Table des Hostes est pareil à ce qu'on donne aux Religieux; c'est-à-dire qu'on n'y mange que des mêmes légumes, & d'un même pain, & qu'on y boit du cidre, comme au Refectoire. Les mets ordinaires sont, un Potage, deux ou trois plats de Légumes, & un plat d'œufs, qui est la portion extraordinaire des Etrangers; car on ne leur sert point de poisson, quoique les Etangs en soient remplis. Quelquefois aussi l'on donne du vin aux personnes incommodées.

Les externes ont un appartement particulier qui a vûe sur la Cour, & ils n'entrent point dans les Cloîtres que pour aller à l'Eglise aux heures de l'Office. De tous les autres bâtimens de cette sainte solitude, il n'y en a pas un qui ne soit fort simple.

L'Eglise n'a rien de considérable que la sainteté du lieu. Elle est bâtie d'une maniere gotique & fort particuliere ; car le bout du côté du Chœur semble représenter la poupe d'un vaisseau. Elle n'est ni sombre ni trop éclairée. Sa grandeur est de vingt-deux toises de long, sur neuf de large ou environ. Les aîles ou côtez ont deux toises de largeur ; une haute balustrade sépare l'Eglise en deux, & empêche que personne n'entre par la Nef du côté du Chœur.

Il y a deux Autels dans la clôture de cette balustrade au dessous du Crucifix, où l'on dit des Messes pour les hommes du dehors qui demeurent au bas de l'Eglise ; les femmes n'ont pas la liberté d'y entrer. Il y a une Chapelle dans l'avant-Cour, où les Dimanches & les Fêtes on leur dit la Messe.

Cette clôture, qui est devant le Crucifix, sert de Chœur pour les Freres Convers ; & entre celle là & le Chœur des Religieux, il y a un autre espace qui sert de Chœur pour les Malades. Celui des Religieux est garni de trente-six stalles, ou chaises hautes, & d'autant de basses. Le grand Autel est fort simple ; il n'y a qu'une contre table de pierre, où est sculpté d'une maniere fort antique, Notre Seigneur en Croix, & les douze Apôtres. Dans le milieu de la platte bande qui regne en haut, & qui sert de frise, est représenté un Autel avec du feu allumé, & deux Anges prosternez aux côtez.

Au dessus est l'Image de la Vierge tout de bout, tenant son fils sur le bras gauche, & de la main droite un petit Pavillon sous lequel est suspendu le Saint Sacrement, selon l'ancien usage de l'Eglise. Sur le pied d'estal, où est posée cette Image, est écrit ΘΕΟΤΟΚΩ ; c'est-à-dire à la Mere de Dieu. Il n'y a sur cet Autel qu'un petit Crucifix d'ébéne, & aux deux extrémitez du contre-Autel, deux plaques de bois, d'où sortent deux branches qui portent deux cierges qu'on n'allume que pendant la Messe. Aux jours de Fêtes on met doubles branches.

Ces pieux Anachoretes se couchent à huit heures en été, & à sept en hyver. Ils se levent la nuit à deux heures pour aller à Matines, qui durent ordinairement jusqu'à quatre heures & demie, parce qu'outre le grand Office ils commencent toujours par celui de la Vierge ; & entre les deux, ils font une méditation de demie heure. Au sortir de Matines, si c'est l'été ils peuvent s'aller reposer dans leurs Cellules jusqu'à Primes: mais l'hyver ils vont dans une Chambre commune proche du Chauffoir, où chacun lit en particulier.

A cinq heures & demie on dit Primes,
qui

qui durent une bonne demie heure. Ensuite ils vont au Chapitre, où ils font encore une demie heure ; sur les sept heures on va travailler, chacun quitte sa coule, ou habit de dessus, & retroussant celui de dessous, ils se mettent les uns à labourer la terre, les autres à la cribler, d'autres à porter des pierres ; chacun recevant sa tâche, sans choix ni élection de ce qu'il doit faire. L'Abbé lui-même se trouve le premier au travail. Il y a des lieux destinez pour travailler à couvert, où les Religieux s'occupent, les uns à écrire des Livres d'Eglise, les autres à en relier, quelques-uns à des ouvrages de menuiserie, d'autres à tourner, & ainsi à différens travaux necessaires à l'usage de la Maison.

Lorsqu'ils ont travaillé une heure & demie, ils vont à l'Office, qui commence à huit heures & demie. On dit Tierce, & ensuite la Messe & Sexte. La maniere dont ces Religieux font l'Office est digne d'admiration. Rien ne touche plus le cœur & n'éleve davantage l'esprit à Dieu, que leur chant, qui est expressif & agréable. Quoiqu'à genoux ou prosternez, ils sont toujours accompagnez d'une humilité si profonde, qu'on voit bien qu'ils sont encore plus soumis d'esprit que de corps

Après Sexte ils se retirent dans leurs

Chambres jusqu'à dix heures & demie : c'est-à-dire environ une demie heure : pendant laquelle ils peuvent s'appliquer à quelque lecture. Ensuite ils vont chanter None, si ce n'est aux jours de jeûnes de l'Eglise, que l'Office est retardé, & qu'on ne dit None qu'un peu avant midi : après quoi on va au Réfectoire.

C'est-là qu'on voit revivre la même austérité des premiers solitaires. Le Refectoire est fort grand. Il y a un long rang de tables de chaque côté ; ces tables sont nues & sans napes, mais fort propres. Chaque Religieux a sa serviette, sa tasse de fayence, son couteau, sa cuillere & sa fourchette de buis, qui demeurent toujours en même place. Ils ont devant eux plus de pain qu'ils n'en peuvent manger, un pot d'eau, un autre pot d'environ chopine de Paris, un peu plus qu'à moitié plein de cidre ; parce que ce qui manque pour le remplir on le garde pour leur collation, n'ayant en tout qu'une chopine de cidre par jour.

Leur pain est fort bis & gros ; car on ne sasse point la farine ; elle est seulement passée par le crible, ainsi presque tout le son y demeure. On leur sert un potage, quelquefois aux herbes, d'autrefois aux pois ou aux lentilles, & ainsi differemment d'herbes & de légumes, avec deux petites portions aux jours de jeûnes ; sçavoir un petit plat de lentilles, avec un autre d'épinars, ou de feves, ou de bouillie, ou du gruau, ou des carottes, ou d'autres racines, selon la saison & que cela se rencontre ; car on n'affecte pas de diversifier les mets à tous leurs repas.

Leurs potages sont toujours sans beure & sans huile ; & dans les autres choses, ils n'y en mettent que très-rarement, & jamais aux jours de jeûnes de l'Eglise. Leurs sauces ordinaires sont faites avec du sel & de l'eau, épaissie avec un peu de gruau, & quelquefois un peu de lait ; mais véritablement ils en mettent si peu, quand ils font de la soupe aux choux ou à la citrouille, que l'eau n'en est que blanchie, encore n'en usent-ils point du tout dans les temps qu'ils s'abstiennent de beure & d'huile ; leur bouillie n'étant faite alors qu'avec de la farine, de l'eau, & du sel. Pour dessert on leur donne deux pommes ou deux poires, cuittes ou crues. Tous les Religieux se trouvent ensemble au Réfectoire, même le Portier, qui pour lors apporte les clefs à l'Abbé.

Après le repas ils rendent graces à Dieu, & vont à l'Eglise achever leurs prieres ; au sortir de l'Eglise ils se retirent dans leurs cellules, où ils s'appliquent les uns à la méditation & contemplation, les autres à conférer avec l'Abbé. A une heure, ou environ, l'on sonne pour aller au travail. Après une heure & demie, & quelquefois deux heures de travail, on sonne la retraite ; alors chacun quitte ses sabots, remet ses outils en place, & reprend sa coule & se retire dans sa chambre pour lire ou méditer jusqu'à Vespres, qu'on dit à quatre heures. Elles durent environ trois quarts d'heure.

A cinq heures on va au Réfectoire, où chaque Religieux trouve pour sa collation un morceau de pain de quatre onces, le reste de sa chopine de cidre, avec deux poires ou deux pommes, ou quelques noix, aux jours de jeûne de la Regle ; mais aux jeûnes de l'Eglise ils n'ont que deux onces de pain & une fois à boire. Les jours qu'ils ne jeûnent pas, on leur donne pour leur souper le reste de leur cidre, une portion de racine, & du pain comme à dîner, avec quelques pommes où poires pour dessert ; mais aussi le matin on ne leur presente qu'une portion de légumes avec leur potage.

Quand ils ne font que collation, un quart d'heure leur suffit, de sorte qu'ils ont encore une demie heure pour se retirer, après laquelle ils se rendent dans le Chapitre, où l'on fait la lecture de quelque livre de pieté, jusqu'à six heures qu'on va dire Complies, & ensuite on fait une méditation de demie heure.

Au sortir de l'Eglise on entre au Dortoir après avoir reçû de l'eau benîte de la main de l'Abbé. A sept heures on sonne la retraite, afin que chacun se mette au lit : ces Religieux se couchent tous vêtus, sur des ais où il y a une paillasse piquée, un oreiller rempli de paille, & une couverture. Telle est la maniere de vivre de ces pieux Solitaires, & tels sont les exercices dont ils remplissent ce vuide, & ces momens que ceux du monde trouvent souvent si ennuyeux & si longs, qu'ils cherchent toutes sortes de divertissemens pour passer plus insensiblement une vie, qui pourtant leur paroît si courte.

De Mortagne on va à Tourouvre, poste; de Tourouvre à S. Maurice, poste : de S. Maurice à Verneuil, poste & demie : de Verneuil à Nonancourt, deux postes: & de Nonancourt à Dreux, poste & demie.

16. l. DREUX, Ville du Véxin François est située sur la Blaise : son Château presque ruiné est sur la croupe d'une montagne. La Ville est bien bâtie; elle a quatre Portes & quatre Fauxbourgs, une enceinte de murailles à l'antique, & de bons fossez remplis d'eau. Il y a dans Dreux

plusieurs Paroisses & Couvents de l'un & de l'autre sexe ; une Commanderie de l'Ordre de Malthe, & un Hôpital. La grande place, le Bailliage & l'Hôtel de Ville sont ensuite ce qu'il y a de plus remarquable.

De Dreux à Houdan il y a deux postes.

HOUDAN est une petite Ville de l'Isle de France, située au bord de la Végre, sur les confins de la Beausse ; elle est peu recommandable en antiquité. La plus ancienne trace qu'on en trouve dans l'histoire, est au rapport de Gaguin, que le Roi Robert y fit bâtir deux Eglises.

On va de Houdan à la Queue, poste & demie : de la Queue à Néauphles, poste : de Néauphles à Versailles, deux postes : & de Versailles à Paris, deux postes Royales.

Ceux qui de Paris veulent faire le voyage du Mont Saint Michel, suivent la route cy dessus décrite jusqu'à Mayenne : d'où ils doivent prendre une petite route de traverse jusqu'à Saint James. De là ils vont à Pontorson, & de Pontorson au Mont Saint Michel, dont la description est cy après, page 372.

VOYAGE DES COSTES DE NORMANDIE A PARIS,

POUR CEUX QUI ARRIVENT PAR CHERBOURG, &c.

84 *l.* CHERBOURG est une Ville franche, & Port de Mer en Normandie, situé à l'extremité du Cotentin, entre Valogne, le Cap de la Hogue & Barfleur. Cette Ville est très-ancienne & considérable. C'est le siége d'une Amirauté. Ses fortifications furent rasées en 1689. Des Vaisseaux de trois à quatre cens tonneaux entrent dans le Port de Cherbourg, qui fait face à l'Angleterre & aux Isles de Vight.

L'Eglise Paroissiale de Cherbourg est belle; on y voit le tombeau de Mauger Archevêque de Rouen, qui fut exilé à Guernesay à cause de sa vie irréguliere.

On fait dans cette Ville quantité de draps, de serges, & d'étoffes. Il y a à S. Gobin aux environs, une Manufacture considérable pour les Glaces & Cristaux, & sur-tout des glaces qui se polissent ensuite à Paris au Faubourg Saint Antoine.

De Cherbourg à Valogne il y a deux postes.

79 *l.* VALOGNE est une Ville de la basse Normandie, située dans le Diocèse de Coutances, sur un petit ruisseau, à trois lieues de la Côte de la Mer, & à quatre du Port de la Hogue. L'Eglise Paroissiale est dédiée à Notre-Dame. Les Bénédictins, les Cordeliers, & les Capucins y ont des Couvens. Cette Ville n'est point fermée de murailles, & son Château est rasé.

On va de Valogne à Carentan, trois postes.

72 *l.* CARENTAN, Ville de la basse Normandie, dans le Cotentin, est située à trois lieues de la Mer : il y a du côté du grand Faubourg un Château fortifié, avec une belle Place remplie de maisons bien bâties, & soutenues sur des arcades.

De Carentan à Issigny, poste.

ISSIGNY est un Bourg à l'embouchure de la Vire dans l'Occean. Ce Bourg a un petit Port de Mer fort connu dans la Province par son Commerce de salines & de beurres salez fort estimez, aussi bien que le cidre de son territoire.

D'Iſſigni à Bayeux, il y a trois poſtes & demie.

62 l. BAYEUX, Ville Capitale du Beſſein, eſt ſituée à une lieue & demie de la Mer, ſur le bord de la petite Riviere d'Aure. L'Egliſe Cathédrale, dédiée à Notre-Dame, eſt une des plus grandes & des mieux bâties de la Province. Son Portail & ſes trois hauts clochers ſont des plus eſtimez de France. Celui du milieu ſert d'horloge à la Ville. Il y a dans Bayeux quinze Egliſes Paroiſſiales, outre les Couvens des Bénédictins, des Cordeliers, des Auguſtins; des Bénédictines, des Auguſtines, des Hoſpitalieres, & les Sœurs de la Charité. Les Jéſuites y ont un Collége. L'Evêché de Bayeux eſt un des plus riches de France.

De Bayeux on va à Caen, il y a trois poſtes.

56 l. CAEN eſt la Ville Capitale de la baſſe Normandie, où réſide un Intendant. Elle eſt ſituée dans une belle Campagne, ſur la Riviere d'Orne, qui reçoit celle de Oudon, au deſſus du Port qu'elle y fait. Le Port n'étant éloigné de la Mer que de trois lieues, rend le commerce de cette Ville fort conſidérable. Des Barques de ſoixante tonneaux peuvent entrer dans ce Port, à cauſe que la Marée y croît fort haute.

Caen a soixante rues & douze Paroisses. L'Eglise Sainte Croix est des mieux construite. Le Portail est accompagné de deux Tours, qui portent deux Piramides de pierres percées à jour, & ouvertes en roses. Celle de Saint Jean est chargée d'une Tour sur le milieu de la croisée, dont les Architectes regardent l'ouvrage avec distinction. Celle de Saint Nicolas est grande & bien bâtie. Il y a aussi neuf Monasteres d'hommes, & sept de Filles, dont les plus belles Eglises sont celles des Cordelieres, des Ursulines, des Filles de la Visitation, qui l'emportent sur les autres.

Les Curieux vont voir le Château; la muraille & les quatre Tours qui ont été bâties par les Anglois; le Palais Episcopal, appartenant à l'Evêque de Bayeux, Diocesain, lequel est situé dans la rue neuve; l'Hôtel nommé le grand Cheval, qui est au quartier de Saint Pierre; la Maison de l'Echiquier; & le nouveau bâtiment de l'Université. L'Université de Caen fut fondée en 1411, par Henry VI Roy d'Angleterre, & renouvellée par Charles VII. en 1452. L'Evêque de Bayeux en est Chancelier, & ceux de Lisieux & de Coutances Conservateurs des Priviléges: elle est composée de trois Colléges, du Bois, du Cloutier, & des Arts. Les Jésuites en ont aussi un que l'Université a aggregé à son corps.

L'Hôtel de Ville, bâti sur le Pont Saint Pierre, est un fort grand édifice, avec quatre grosses tours. La Place Royale est la plus belle de toute la Normandie ; elle est grande, régulière, bien pavée, accompagnée de belles maisons de trois côtez. Au milieu est une statue de Louis XIV vêtu à la Romaine, élevé sur un pied d'estal revetu de marbre, & entouré d'une balustrade de fer. La magnifique Eglise des Jésuites est auprès des remparts, d'où l'on découvre les deux Cours plantez d'arbres dans la Prairie le long de la Riviere d'Orne. Caen a Présidial, Prévôté, Vicomté, Bureau des Finances, Amirauté, & autres Siéges Royaux. On prononce le mot de Caen comme Can.

Ceux qui se trouvant à Caen, veulent aller au Mont Saint Michel, doivent suivre la Route cy après.

De Caen à Bretteville il y a deux postes: de Bretteville au Mesle Saint Clair, deux postes : du Mesle Saint Clair à Condé sur Noireau, poste & demie : de Condé à Tinchebrai, poste & demie : de Tinchebrai à Mortain, deux postes : de Mortain à Saint Hilaire du Hercouet, poste & demie : de Saint Hilaire à Saint Brice Landelle, poste: de Saint Brice à Saint James, poste & de-

mie : de Saint James à Pontorson, poste & demie : de Pontorson au Mont Saint Michel, trois lieues.

80 l. LE MONT SAINT MICHEL, Bourg en Normandie, est la derniere Place de France, du côté de la Bretagne & de l'Angleterre, dont la situation est extraordinaire : il n'est séparé de la terre ferme que par une Campagne de sable de trois lieues de large. Le Mont S. Michel est un rocher escarpé de la hauteur de trois cens pieds, au milieu d'une grande Gréve de sable blanc & menu, que la Mer couvre de son reflux deux fois par jour, à toutes les nouvelles & pleines Lunes, pendant trois ou quatre jours devant & après : ainsi le temps le plus commode pour y passer sur le sable, c'est vers le commencement du premier & du troisiéme quartier de la Lune ; parce qu'alors le flux n'y monte point, & que le sable se trouve plus affermi.

Ce lieu n'étoit autrefois qu'une solitude toute environnée de bois, au milieu de laquelle habitérent des Hermites, jusqu'en l'an 708. S. Aubert Evêque d'Avranches, Ville située sur une Montagne à trois lieues de là, fit bâtir sur le haut de ce roc, une Eglise en l'honneur de S. Michel, qu'il dit lui être apparu. Il y mit douze Chanoines pour y célébrer le Service Divin ; & Ri-

chard Premier, Duc de Normandie, y établit en 966 des Religieux de l'Ordre de S. Benoît. Richard II, aussi Duc de Normandie, fit rebâtir cette Eglise en 1024 telle qu'on la voit présentément.

Elle est sur le sommet de la Roche, construite en croix, & bien proportionnée dans toutes ses dimensions. Sa longueur est de deux cens pieds : elle a treize pilliers de chaque côté, des bas côtez tout au tour, une grosse tour quarrée sur l'entrée de la nef, & un clocher sur le milieu de la Croisée.

La menuiserie, qui sépare la Nef du Chœur, est riche, & sert de retable à deux Autels. On voit en relief au grand Autel, tous les Mysteres de Notre Seigneur : & au-dessus des formes des Religieux, les Instituteurs & Réformateurs d'Ordres, & autres Saints illustres de l'Ordre de Saint Benoît, représentez en grand. La Chapelle de la Trinité est ornée de menuiserie, & couverte en Dôme. Le Trésor de cette Eglise est renfermé derriere les trois grands Tableaux de cette Chapelle ; ces Tableaux étant levez on voit d'un coup d'œil un grand nombre de reliques qu'on expose à la vénération d'une infinité de Pélerins qui vont continuellement en ce lieu. La Chapelle de la Vierge, qui est hors d'œuvre, derriere le Chœur, a été bâtie avec une très grande dépense, & pour en juger il faut considerer quelle est sa hauteur en sortant du penchant du Rocher.

Les Religieux de la Congrégation de Saint Maur possedent cette Abbaye, où ils sont au nombre de trente : c'est le Prieur qui garde les Clefs, tant du Bourg que du Château. Leur Maison est complette, ayant tous les Bâtimens & Offices necessaires pour une grande Communauté. Les Curieux regardent avec attention une machine avec laquelle on tire du bas du Rocher, à travers du jardin, & jusqu'à la hauteur du Château & de l'Abbaye, les vivres, provisions, munitions, & tout ce qu'on y porte par Mer.

Le Château est sous la garde du Pere Prieur de cettte Abbaye. Les Bourgeois y montent la garde en temps de Paix, & le Roy y envoye des troupes reglées en temps de Guerre.

En passant par la Barre du Courtis, on y voit faire le sel blanc avec l'eau de la Mer. Le Bourg du Mont Saint Michel est bâti avec tout l'artifice imaginable, & contient environ cent feux. Lorsqu'on y entre on est obligé de laisser à la porte toutes sortes d'armes, même les couteaux. Ce Bourg est fermé par là de murailles, avec des remparts ; de l'autre côté le rocher est escarpé & inaccessible. Après qu'on a passé cette Porte, on monte par une rue tournoyante, jusqu'à ce qu'en arrivant près de l'Abbaye on trouve une petite platteforme & le Château qui en défend l'entrée.

La Paroisse porte le Titre de Saint Pierre ; & comme il n'y a aucune Fontaine dans le Bourg, il est permis à chaque ménage d'aller prendre toutes les semaines dans la grande Citerne de l'Abbaye deux cruchées d'eau de pluye, où il en coule beaucoup des toits de ce grand Monastere.

Le chemin du Mont Saint Michel en droiture jusqu'à Paris est indiqué cy-devant page 366. Continuant la Route de Caen à Paris, on va si l'on veut de Caen à Rouen en suivant celle cy après. *De Caen à Dives, il y a deux postes & demie ; de Dives à Lizieux, deux postes ; de Lizieux à Pont l'Evêque, deux postes : de Pont-l'Evêque à Ponteau de Mer, trois postes : de Ponteau de Mer à Rouge-monstier, poste & demie : de Rouge-monstier à Bourgteroude, deux postes : de Bourgteroude à la Bouille, poste : de la Bouille à Rouen, deux postes.*

On peut aussi aller de Caen à Trouart, deux lieues : de Trouart à Dozuley, quatre lieues : de Dozuley à Darnetal, deux lieues de Darnetal à Pont-l'Evêque, deux lieues :

De Pont-l'Evêque à Pomme d'Or, quatre lieues : de Pomme d'Or à Ponteau de Mer, deux lieues : de Ponteau de Mer à Breto, une lieue : de Breto à Beaugouet, une lieue: de Beaugouet à la Bouille, deux lieues : de la Bouille à Couronne, une lieue & demie: de Couronne à Roüen, deux lieues & demie.

281. ROUEN est la Ville Capitale de la Normandie ; cette Province a d'Orient en Occident, environ cinquante cinq lieues, & trente lieues du Midy au Septentrion. Elle est bornée par l'Isle de France, à l'Orient ; par la Mer Britannique, au Septentrion ; & à l'Occident, & au Midy par le Perche & le Maine.

La Normandie fournit quantité de bleds, on y fait d'excellent cidre, qui tient lieu de vin. Ses pâturages nourrissent une grande quantité de bétail. Il y croît beaucoup de Chanvres, dont on fait des toilles & des cordages, & le Poisson y est très-abondant. La Seine, l'Eure, la Rille, l'Orne, & plusieurs autres Rivieres, rendent cette Province qu'elles arrosent, une des plus fertiles du Royaume.

Les Normans, dont le nom vient de *Nort-Man*, qui signifie homme du Nort, sont aussi opposez aux Bretons, que les Bretons le sont à eux. L'humeur commune du peuple de Normandie a beaucoup de rap-

rapport à celle du Manceau : c'est tout ce qu'on peut dire. Le Normant a pourtant quelque chose de plus poli & de plus spirituel que le Manceau : au reste il n'est pas plus esclave de sa parole. Parmi les grands hommes qui ont fleuri en France dans les Sciences & les Arts, il est certain que la Normandie en a produit une bonne partie, & du premier Ordre.

La Ville de Rouen, l'une des plus grandes, des plus riches & des plus peuplées de la France, est Archiépiscopale & Capitale de la Normandie, qui est un Duché & Pairie de la Couronne. Cette Ville est située au bord de la Riviére de Seine, où la marée remonte si haut, que des Vaisseaux de plus de deux cens tonneaux abordent facilement le long du grand Quai dont elle est bordée : ce qui la rend très-marchande, & la met en Commerce avec les Pays les plus éloignez. A considerer la situation de cette Ville, elle paroît environnée de Montagnes, d'où sortent trois petites Rivieres (l'Aubette, la Renelle, & le Robec) qui servent à nettoyer ses rues, & à plusieurs choses necessaires aux ouvriers qui y demeurent.

L'Eglise Métropolitaine de Rouen, dédiée à Notre-Dame, est ornée d'un Portail magnifique, qui soutient deux hautes

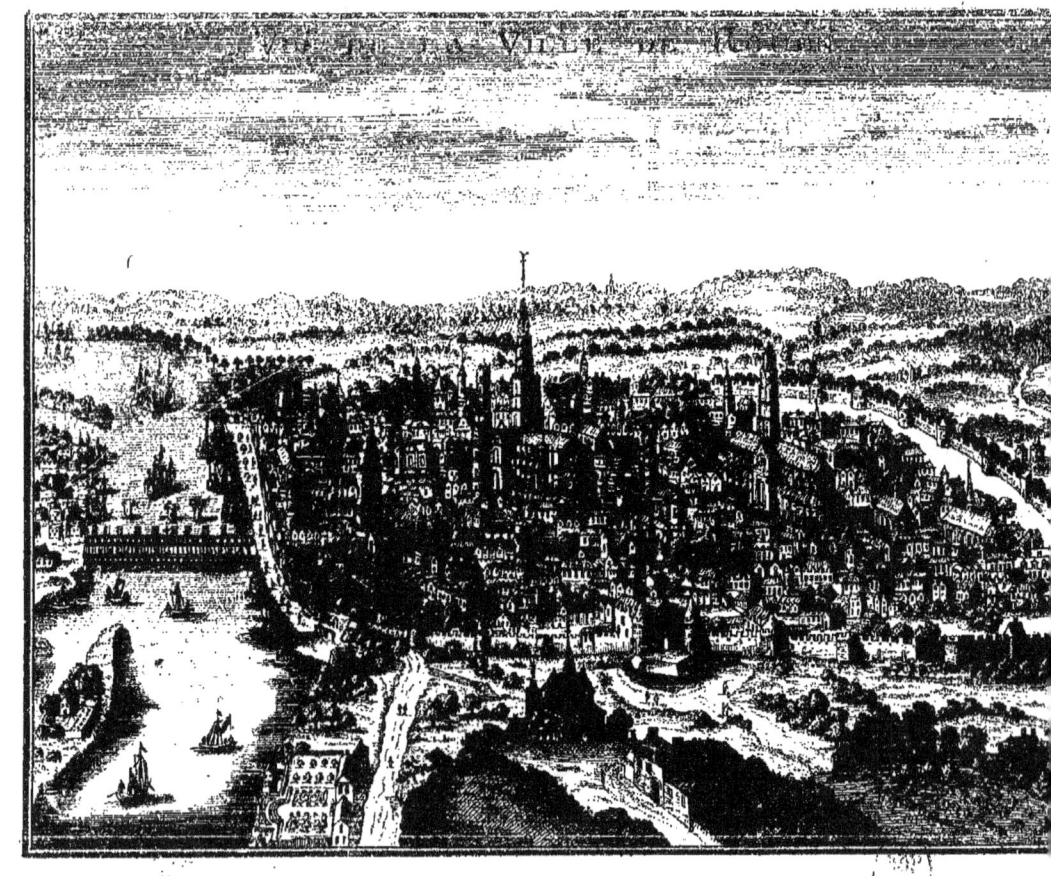

Tours, où les Etrangers ne manquent point de monter 550 degrez, pour découvrir la Ville & les environs, & particulierement afin d'y voir la grosse Cloche, appellée *George d'Amboise*, à cause qu'elle a été faite, ainsi que la Tour qu'on nomme Tour de Beurre, par l'Ordre du Cardinal de ce nom, qui étoit Archevêque de Rouen. Elle passe à juste titre pour une des plus grosses cloches du Royaume, puisqu'elle pese 35 à 40 milliers, & qu'elle a 11 pieds de diamettre sur treize de hauteur.

Le Vaisseau de cette Eglise est d'une grandeur & d'une hauteur extraordinaire, mais trop étroit à proportion. La délicatesse de son Architecture a toujours été très-estimée. On voit plusieurs tombeaux considérables dedans & derriere le Chœur, entr'autres celui du même Cardinal George d'Amboise, qui est dans la Chapelle de la Vierge. On doit voir aussi la figure d'un Dragon, dont on raconte l'histoire avec emphase. Ce Dragon dévorant fut vaincu, dit-on, par Saint Romain, à l'aide de son étole, & de deux prisonniers destinez à mourir : en memoire de cette Victoire on délivre tous les ans un prisonnier, criminel, auquel on fait porter en procession, ou seulement soulever la Châsse de Saint Romain, vulgairement appellée *la Fierte*.

Cette Cérémonie tire son origine de saint Romain Archevêque de Rouen. Ce Saint Prélat fit abbatre un Temple, consacré à Vénus, que les anciens Gaulois avoient bâtis hors de la Ville, & ayant appris qu'en la Forest de Rouvray, près du Faubourg, un serpent d'une grandeur monstrueuse faisoit un carnage horrible d'hommes & de bêtes, il entreprit de l'aller chasser en le conjurant. Ne trouvant personne qui osât l'accompagner, il demanda deux Criminels, l'un Meurtrier, l'autre Larron. Le serpent, dit-on, ne les eut pas plutôt apperçû, qu'il accourut pour les dévorer. La frayeur obligea le Voleur à fuir, & le Meurtrier demeura seul avec S. Romain, qui ayant jetté son étole au cou du Serpent, lui ôta toute sa fureur, ensorte qu'il se laissa lier & conduire par ce prisonnier, qui fut absous de ses crimes, pour n'avoir point quitté Saint Romain. Les cendres du serpent que l'on brûla dans la Place, furent jettées dans la Riviere. Saint Oüen, successeur de Saint Romain, pour conserver la mémoire de ce grand miracle, obtint du Roy Dagobert, dont il étoit Chancelier, le Privilege de délivrer tous les ans un prisonnier coupable de meurtre, ce qui se pratique encore aujourd'huy en cette manière.

Ii ij

Quinze jours avant l'Ascension, quatre Chanoines en surplis & en aumusses, accompagnez de quatre de leurs Chapelains, & conduits par leur Huissier, vont sommer les Officiers du Roy, tant à la Grand'-Chambre du Parlement, qu'au Bailliage, de faire cesser envers tous les Criminels détenus dans les prisons, toutes procedures extraordinaires, jusqu'à ce que le Privilege ait sorti son plein effet. Après le Lundy des Rogations, où les Processions se font plus solemnellement qu'en aucune Ville du Royaume, & vont ensemble avec quantité de Châsses, qu'on porte le Lundi à S. Eloi, le Mardi à S. Gervais & le Mercredi à S. Nicaise; deux Chanoines avec leur Notaire, aussi Prêtre, procédent à l'examen des Prisonniers, pour sçavoir s'ils prétendent se servir de la grace du Privilege, & reçoivent ensuite leurs dépositions en forme de confession. Ils vont de prison en prison les recevoir, & le jour de la Fête de l'Ascension, les Prisonniers sont sommairement recollez, pour dire s'ils persistent en leurs dépositions, & s'ils y veulent encore ajoûter. Ce même jour sur les sept heures du matin, tous les Chanoines Prêtres s'assemblent dans le Chapitre, & après avoir invoqué la grace du Saint Esprit, par quelques prieres, & fait serment de ne rien révéler des dépositions Criminelles; ils en entendent la lecture. Les Commissaires recueillent ensuite les Déliberations, & on écrit le nom du Criminel nommé pour jouir du Privilege, ainsi que de tous ses Complices, dans un Cartel scellé & cacheté des Sceaux du Chapitre, que l'on envoye aussi-tôt par un Prêtre Chapelain, à Messieurs du Parlement, qui sont en la Grand'Chambre du Palais, toutes les Chambres assemblées en robes rouges. Ils confirment la nomination du Prisonnier, suivant laquelle il est absous à pur & à plein, pour ce qui regarde le crime; & pour l'interest civil, il y satisfait ensuite.

Après cela tous les Chanoines accompagnez des Chapelains, qui sont en grand nombre, vont en procession à une grande place de la Ville appellée *la vieille Tour*, conduisant les Châsses de l'Eglise, & chantants des motets, qui sont mêlez du son de quantité de haut bois & de trompettes. Il y a en ce lieu là une Chapelle de S. Romain, dans laquelle on porte la Châsse de ce Saint. On en fait approcher le Prisonnier, qui après une courte confession de ses pechez, & l'absolution donnée par le Prêtre, souléve de ses épaules cette Châsse par trois fois. Le peuple qui est sans nombre à l'entour, crie à haute voix *Noel, Noel*, chaque fois qu'elle est levée. Ensuite tout le Clergé retourne processionnellement à Notre-Dame, accompagné du prisonnier nue teste, couronné de fleurs, & soutenant la Châsse, par l'un des bouts où ses chaînes sont attachez. Toute la Procession étant entrée dans le Chœur, on commence la Grande Messe, qui ne se dit quelquefois qu'à six ou sept heures du soir, à cause des difficultez qui surviennent sur le choix du prisonnier. La Messe dite on le conduit à la maison du Maître de Confrerie de Saint Romain, où il est traité magnifiquement, couché & servi, quelque pauvre qu'il puisse être. Le lendemain il est traduit au Chapitre, où en présence de tous ceux qui peuvent y trouver place, un des Chanoines choisi pour cela, lui represente publiquement l'énormité de ses fautes, dont ensuite le Pénitencier lui donne une nouvelle absolution, & le congédie.

Il y a un si grand nombre d'Eglises dans Rouen, qu'il seroit ennuyeux de les détailler. La Ville renferme trente Paroisses; il y en a cinq dans les Fauxbourgs, avec toutes sortes de Couvens d'Hommes & de Filles. Les deux plus considérables Abbayes sont, celle des Bénédictins, appellée S. Oüen, dont la beauté de la construction de l'Eglise fait l'admiration des Curieux : elle a 170 pas de longueur. On y remarque des roses de vitres peintes d'un grand mérite, & les Orgues qui sont fort estimées. Le Couvent est spacieux, & les jardins fort agréables. L'autre est une Abbaye de Filles appellée Saint Amant : elles sont aussi de l'Ordre de Saint Benoist. Le Bâtiment mérite une visite ; de même que celui de Saint Maclou. Les Chartreux ont leur Couvent à une petite lieue de la Ville.

Le Palais, où le Parlement s'assemble, a des Chambres ornées de belles tapisseries, & de tableaux considerables : entr'autres ceux faits par *Jouvenet*, dont l'habileté est connue. La grand Salle de ce Palais est remarquable, en ce qu'elle n'est soutenue d'aucuns pilliers ni colonnes. La Cour est assez grande, & entourée de boutiques de Libraires, qui pour la plûpart demeurent aux environs. Ce Parlement fut établi en place de la Cour Souveraine de l'Echiquier ou Assises generales des Ducs de Normandie. Louis XII rendit cette Cour perpetuelle en 1499. François I. lui donna le nom de Parlement en 1515. Il y a aussi une Chambre des Comptes unie avec la Cour des Aides.

On va ordinairement voir dans la Place ou Marché aux Veaux, l'endroit où les Anglois brûlérent la Pucelle d'Orleans, qu'ils s'efforcerent de faire passer pour sorciére, & dont tout le monde sçait l'Histoire.

La quantité de Fontaines, dont les rues de cette Ville sont remplies, est d'une grande commodité pour les habitans; mais il n'y a pas beaucoup de belles Maisons. La promenade du Quai, qui a treize portes par où l'on peut entrer dans la Ville, est fort agréable. Le vieux Palais en fait le commencement : ce Palais ou Château est flanqué de huit grosses Tours rondes, & de fortes murailles défendues de ses fossez remplis d'eau.

Il est surprenant & agréable de voir de dessus ce Quai, la diversité des Nations qu'aménent les Navires & Bâtimens qui y abordent, & d'entendre les differentes langues de ceux qui se proménent sur la Place, à l'ombre de quelques allées d'Ormes. On y voit aussi la Douanne, appellée la Romaine : La Bourse où le Consulat n'est pas loin de là. Mais une chose à voir : c'est le Pont de Batteaux construit sur la Seine, qui tient lieu de celui de pierres qui a été ruiné par les grosses eaux. Ce Pont de Batteaux, qui a 270 pas de longueur, est construit de maniére qu'on le voit hausser & baisser à mesure que la marée monte ou descend ; ce qui se fait avec une telle proportion, qu'il est aussi ferme & aussi utile que s'il étoit de pierres. Les Carosses, dont il y a nombre à Rouen, y passent à toute heure

heure ; il est Pavé, & bordé de chaque côté de banquettes pour les gens de pied, & rempli de siéges où l'on jouit de l'agrément d'une vûe charmante. Au bout de ce Pont, est le Faubourg de Saint Séver, où l'on travaille en Blanchisserie & en Fayence. Le Mail est aussi dans ce Faubourg, où, en détournant à gauche, après qu'on a passé le Pont, on trouve le Cours, dont la Promenade ne doit pas être négligée. Les Manufactures de Sucre sont à voir à Rouen.

De Rouen à la Forge Ferret, poste ; de la Forge Ferret au petit Noyon, poste & demie ; du petit Noyon à Escouy, poste ; d'Escouy à Tillieres, deux postes ; de Tillieres à S. Clair, deux postes ; de S. Clair à Magni, poste.

14 l. MAGNI, Ville du Vexin François, est un passage fréquenté par ceux qui vont de Paris à Rouen par terre. La Ville est assez jolie : son Eglise Paroissiale est dédiée à Notre-Dame. Il y a des Cordeliers, des Bénédictines, des Ursulines, & un Hôtel-Dieu. Le Territoire de Magni produit de bon bled, qui fait son principal Commerce.

De Magni au Bordeau de Vigni, poste & demie ; du Bordeau de Vigny à Pontoise, deux postes.

7. l. PONTOISE est aussi une Ville du Vexin François, située sur la Riviere d'Oi-

se, entre l'Isle-Adam & la jonction de cette Riviere avec la Seine. Une partie de cette Ville est sur une Colline, & l'autre en pays-plat. Sa situation est d'autant plus forte, qu'au haut il y a un vieux Château qui la commande. Ses Eglises sont Notre-Dame, Saint Melon, Saint Maclou & Saint André, les Cordeliers, les Carmelites, les Ursulines; l'Abbaye de Saint Martin est à voir, de même que le Palais nommé le Vicariat. Après avoir passé le Pont qui est sur l'Oise, & une chaussée ensuite, on monte pour aller du côté de Franconville, qui n'en est éloignée que de trois lieues. A gauche est Maubuisson, Abbaye de Filles très-considérable, & qui a eu depuis long temps des Princesses pour Abbesses.

De Pontoise à Franconville, poste & demie ; de Franconville à Saint Denis, poste.

2. *l.* SAINT DENIS est une Ville qui a été bâtie peu à peu au tour de l'Eglise Abbatiale de ce nom. Cette Eglise fut édifiée, sur une petite Chapelle, par le Roi Dagobert vers l'an 630 : elle est desservie par des Religieux Benedictins de la Congrégation de S. Maur, qui avec l'Abbé sont Seigneurs de la Ville. Ce lieu renferme tant de curiositez ensemble, qu'il y a des volumes entiers sur son sujet : ainsi on se contentera d'en dire quelque chose, pour indiquer seu-

lement ce qu'on peut demander à voir en passant. 1°. Le Trésor, qui est d'une grande rareté. 2°. Les Tombeaux des Rois de France, dont cette Eglise est la sepulture. 3°. L'Intérieur de cette Abbaye, les nouveaux Bâtimens, les Jardins & les Solitudes de l'enclos. Il n'y a plus d'Abbé à Saint Denis, depuis que la Manse Abbatiale a été réunie à Saint Cir.

De Saint Denis à Paris il n'y a qu'une poste Royale.

ROUTE *de Dieppe & de Rouen, à Paris.*

40 *l.* DIEPPE, est une Ville & Port de Mer de Normandie, située à l'embouchure de la Riviere d'Arques, entre & à six lieues de Tréport, d'Eu, & de Saint Valery. Quoiqu'elle ait été presque entierement ruinée le 22 & 23 Juillet 1694, par le bombardement des Anglois, elle ne laisse pas que d'être à présent plus belle qu'elle n'étoit, & même une Ville considérable. Elle a été rebâtie à neuf quelques années ensuite, dans le goût de celle de Versailles. Les rues en sont larges & droites ; les maisons bien bâties de briques, sur des arcs d'un même dessein.

La Ville est séparée de la Mer par une longue muraille, & un fossé continu, avec trois tours garnies de Canons & de Mortiers. Le Port de Dieppe est long, étroit & courbé. Le reflux de la Mer y fait entrer seize à dix-huit pieds d'eau, où l'on voit une grande quantité de differens bâtimens. La jettée de Dieppe est fort haute, & très-solidement construite : elle a prés de deux cens cinquante toises de longueur. Elle forme, avec celle du Polet, l'entrée du Canal du Port. Le Château de Dieppe, bâti à l'antique, est situé au haut d'une Colline du côté de la côte du grand Caux : ce sont trois petits Châteaux qui communiquent les uns aux autres par des Ponts-levis. Le logement du Gouverneur est dans le troisiéme. Les vûes des Terrasses sont toutes charmantes.

Les Eglises de Saint Jacques, & de Saint Remy sont grandes & assez bien bâties, avec des Tours sur le Portail de chacune. Les Couvens sont les Minimes, les Carmes Déchaussez, les Jésuites, & les Peres de l'Oratoire qui ont le College ; les Bénédictines, les Carmelites, les Ursulines, &c. La Ville est ornée d'un grand nombre de fontaines qui coulent jour & nuit. Son enceinte a vingt portes, dont il y en a douze le long du Quai. Le Commerce de

Dieppe est considérable, particulierement en Dentelles, & en differens ouvrages d'Yvoire, & de Tabletterie. La Manufacture du Tabac est une des curiositez de Dieppe.

Lorsqu'on arrive par Dieppe pour aller à Rouen, ou que l'on va de Rouen à Dieppe, il n'y a qu'une dînée à faire à moitié chemin, dans un lieu appellé Tostes, à six lieues de Dieppe & de Rouen. Ce lieu n'a qu'une grosse Hôtellerie.

Route & prix des Voitures de Paris à Rouen.

De Paris à Poissi, cinq lieues ; par le Carosse, une livre 10 sols. On prend les Battelets à Poissi pour Roboise, neuf lieues, on donne 10 sols. De Roboise à Bonnieres il y a une très petite lieue à faire à pied, ou pour 6 sols à cheval. De Bonnieres au Roule, cinq lieues pour 10 sols. On va du Roule au Port Saint Ouen sur des Mazettes pendant cinq lieues, pour 30 sols, & du Port Saint Ouen à Rouen, deux lieues en batteau pour trois sols.

Il y a douze lieues de Rouen à Dieppe. Ce chemin se fait en un jour par le Carosse, que l'on prend à Rouen, pour six francs par place. On paye de Paris à Rouen, & de Rouen à Paris, douze francs par place au Carosse, & dix francs pour un Cheval.

VOYAGES D'HOLLANDE ET D'ANGLETERRE, A PARIS, PAR LA FLANDRE FRANCOISE ET LA FLANDRE MARITIME.

LES Voyageurs qui vont ou viennent d'Hollande en France par la Flandre, arrivent à Lille, Ville à present frontiére du Royaume de ce côté-là. Ceux qui arrivent par la Flandre Maritime du côté de Dunquerque, de Calais, &c. en trouveront la route cy-après, page 411.

53 *l*. LILLE est la Ville Capitale de la Flandre Françoise; la plus riche, la plus magnifique & la plus peuplée. Elle est située entre Ipres, Douay, la Bassée & Menin, dans un Pays rempli de petites Rivieres qui l'environnent, & qui s'étant toutes rassemblées, sont capables de porter les Batteaux qui y remontent de celle du

Lis, jusqu'au lieu appellé *le Neuf rivage*, dans un Faubourg qui a été renfermé dans la Ville, par les nouvelles fortifications que Louis XIV. y a fait faire par le Maréchal de Vauban, depuis la Conqueste de ce pays.

Ces fortifications joignent la Citadelle, qui a été bâtie en même temps : elle passe pour la plus belle qu'il y ait en Europe : elle est flanquée de cinq grands bastions Royaux, & de plusieurs beaux ouvrages, qui ont soutenu dans la derniere Guerre contre toutes les forces des Alliez, par le fameux siége de 1708, ne s'étant rendu qu'après trois mois de tranchée ouverte. Elle est située du côté de l'Occident, où la petite Riviere de la Deule remplit ses doubles fossez. Il y a sept portes pour entrer dans Lille ; à chaque entrée il y en a trois, dont la premiere est de fer, avec des Ponts-levis à chaque côté, & des gardes-fous travaillez fort artistement.

La grande Place est remarquable par la beauté des bâtimens dont elle est environnée. L'Hôtel de Ville est formé de quatre Pavillons qui s'élevent au dessus de trois grands corps de logis qui les accompagnent ; la façade est ornée d'un gros Horloge.

L'Eglise principale de cette Ville est dédiée à Saint Etienne. Celle de Saint Pierre a un Chapitre fort illustre, fondé en 1055, par Baudouin V. Comte de Flandres, & Adele de France, fille du Roy Robert, son Epouse. On prouve par les titres de la fondation de cette Eglise, que Lille s'appelloit pour lors *Isla*, & non pas *Insula*. Le Chœur de cette Eglise est fort beau : on voit au milieu le tombeau de son Fondateur ; & dans la Chapelle de Notre-Dame de la Treille, celui de Louis Comte de Flandres, Duc de Brabant & Comte d'Artois, remarquable par plusieurs statues d'airain des personnes de cette Maison, & par celle de ce Prince, posée sur un lit de parade entre ses deux épouses.

L'Eglise de Sainte Catherine mérite d'être vûe : le Tabernacle & le Baptistaire sont estimez des Curieux. Celle de Saint Etienne a un Clocher qui sert de Tour d'Horloge à la Ville. Le Collége de Saint Maurice est considérable par son bâtiment & la magnificence de son grand Autel. La Chaire du Prédicateur, faite de marbre a peu de semblables. Les peintures de la Chapelle de Saint Druon, sont des plus belles de la Ville. Celles des Minimes & de l'Ange Gardien sont aussi très-estimées. Les Récolets & les Dominiquains ont de belles Eglises. Les Jésuites ont un Collége rue Notre-Dame. Il y a environ cinquante Eglises dans Lille, & un magnifique Hôpital. La Bourse est un bâtiment quarré environné de Galeries, où les Marchands s'assemblent pour leur négoce.

Lille a deux Citadelles qui la défendent : la plus grande est un Pentagone irrégulier dont les travaux font l'admiration de l'Architecture militaire ; c'est la premiere que le Maréchal de Vauban ait fait construire. Lille est à la France depuis 1667, que Louis XIV s'en rendit maître en 17 jours. Son grand Commerce la rend une des plus riches Ville des Pays-bas. Les Camelots de Lille, ainsi que ses autres Manufactures, sont en grande estime par toute l'Europe.

De Lille on va à Pont-à-Vendin, deux postes & demie : & de Pont-à-Vendin à Lens, poste.

LENS, est une Ville d'Artois, à quatre lieues de Douai, sur la route de l'Isle : elle est située sur la petite Riviere de Souchers. L'Eglise Collégiale a été fondée en 1070. Lens est célébre par la Victoire que le Prince de Condé remporta sur l'Archiduc en 1648. Cette Ville est demeurée à la France par le traité des Pyrennées.

De Lens à Arras il y a deux postes.

40 *l.* ARRAS est la Capitale du Comté

d'Artois, qui peut avoir dix-huit lieues d'étendue de l'Orient à l'Occident, & treize du Septentrion au Midy. Il est borné à l'Orient par le Hainaut François & par le Cambresis ; à l'Occident & au Midy par la Picardie ; & au Septentrion par la Flandre Françoise. Les Rivieres d'Artois sont la Scarpe, le Canche, la Biette, la Lis, l'Aa, & autres. Le Pays d'Artois est si fertile, qu'on l'appelle le grenier des Pays-bas.

La Ville d'Arras, située sur la Riviere de Scarpe, est une des plus anciennes Villes des Pays-bas. On la divise en Ville, qui fait la plus grande partie, & en Cité. Il y a une forte muraille, avec un large fossé, arrosé par la petite Riviere du Crinchon qui la sépare, & qui, à cent pas de là, se jette dans la Scarpe. Elles sont toutes deux bien fortifiées, fermées de hauts remparts, & de doubles & larges fossez, qui en plusieurs endroits sont creusez dans le roc. La Citadelle d'Arras a cinq forts Bastions.

L'Eglise Cathédrale, dediée à Notre-Dame, est située dans la Cité : elle a été bâtie par S. Diogéne, & depuis rétablie par S. Wast. On y garde précieusement dans une Châsse d'argent enrichie de pierreries, une espéce de Manne en forme de laine, qu'on dit être tombée du Ciel vers l'an 369, pendant une grande sécheresse. Saint Jerôme dit dans une de ses Epîtres, que ce fait arriva de son tems. On porte cette Manne en procession lorsqu'on a besoin de pluye. Les Evêques d'Arras sont Seigneurs spirituels & temporels de la Ville, & Présidens nez des Etats d'Artois.

Après la Cathédrale on doit voir la célébre Abbaye de Saint Wast, Ordre de Saint Benoist, dont le bâtiment est considérable, avec une des plus grosses tours de la Province. Le travail des formes des Religieux, du pavé & du Jubé est remarquable. On y voit aussi des Tombeaux des plus rares des Pays-bas, entre lesquels sont ceux d'un des premiers Roys de France : c'est Thierry ou Théodoric, mort l'an 690, après quatre ans de régne. Celui de Philippes de Cavenel, l'un de ses Abbez, & celui du Comte d'Humieres, avec leurs figures en marbre blanc. Le Pulpitre est une piéce qui arrête les Curieux ; c'est un arbre d'airain soutenu de deux Ours de même matiere. C'est par le grand concours de peuples qui venoient visiter le Tombeau de Saint Wast, & par les miracles que Dieu y a operé, que la Ville d'Arras s'est peuplée & agrandie.

Les Eglises Paroissiales sont Saint Aubert,

Abbaye de Chanoines Réguliers de l'Ordre de Saint Auguſtin, ornée d'une haute Tour Piramidale: Saint Géry, Saint Jean, Sainte Croix, Saint Nicaiſe, Saint Maurice, Saint Nicolas en Cité. Les Maiſons Religieuſes ſont les Carmes, les Cordeliers, les Dominiquains, les Recollets; les Jéſuites, l'Hôpital de Saint Jean, & les Religieuſes de Sainte Claire.

La grande Place d'Arras eſt longue & ornée de beaux édifices; qui ſont le Palais du Gouverneur de la Province. L'Hôtel de Ville, qui eſt fort magnifique, avec une Tour où eſt l'Horloge, couverte d'une couronne ſur laquelle il y a un Lion d'airain qui lui ſert comme de girouette. On peut voir au milieu du marché une Chapelle bien décorée, dans laquelle on conſerve, dans une Châſſe d'argent, une ſainte Chandelle qu'on prétend y avoir été apportée par la Sainte Vierge, vers l'an 1105, lorſque les Habitans de cette Ville étoient accablez de pluſieurs maladies, dont ils furent guéris par l'attouchement de cette Chandelle.

D'Arras on va à Bapaume, deux poſtes & demie.

BAPAUME, Ville d'Artois, ſur les confins de la Picardie, eſt ſituée dans un pays où il ne ſe trouve ni Rivieres ni Fontaines ; de sorte qu'on ne peut l'assieger facilement, faute d'eau & de fourages pour une armée ; d'ailleurs elle est très-bien fortifiée. Le dedans de la Ville est peu de chose, si l'on en excepte le Château, l'Eglise de Notre-Dame & l'Hôtel de Ville. Trois rues font le Plan de Bapaume, d'où l'on voit les deux Portes, le Rempart & le Château.

Ceux qui veulent satisfaire leur curiosité se détournent sur la gauche, pour voir la Ville de Cambray avant d'aller à Peronne.

37 *l.* CAMBRAY est la Ville Archiepiscopale & Capitale du Cambresis ; Pays situé entre la Picardie, l'Artois & le Hainaut, rempli de Plaines assez fertiles & arrosées de l'Escaut. Cette Ville, située sur la même Riviere qui la traverse, est munie de bonnes Fortifications, & défendue par un Fort du côté de cette Riviere ; comme elle est dans un terrain assez bas de ce côté-là, on peut inonder les environs par le moyen des Ecluses. Ses fossez sont larges & profonds.

Cambray tire sa principale défense de la Citadelle que l'Empereur Charles-Quint fit bâtir aux dépens des Habitans, sous prétexte que les François ne s'emparassent de la Ville. C'est un Pentagone regulier dont les fossez sont taillez dans le roc.

Clodion se rendit Maître de Cambray

en 445, les Danois la brûlerent enfuite. Depuis elle devint libre & Imperiale : elle fut le sujet de la guerre entre les Empereurs, les Rois de France, & les Comtes de Flandres. François I. lui accorda la neutralité durant la guerre qu'il fit à Charles-Quint ; mais cet Empereur refusant de la lui donner, s'en empara l'an 1543. Le Duc d'Alençon frere du Roy Henry III. donna cette Ville à Jean de Montluc, Seigneur de Balagny, qu'Henry IV. créa Prince de Cambray, après l'avoir fait Maréchal de France : mais il la perdit par son avarice en 1595, ce qui le fit mourir de regret.

Les bâtimens de Cambray sont assez beaux, & les rues droites & belles. La Place-d'Armes est d'une grandeur extraordinaire, & capable de contenir toute la Garnison en Bataille. L'Eglise Cathédrale, dédiée à la Sainte Vierge, est une des plus belles de l'Europe : le Vaisseau en est très grand, accompagné de riches Chapelles : les pilliers sont ornez de sculptures & de tombeaux de marbre, si bien travaillez qu'il semble que ce soit un ornement nécessaire à sa beauté.

Il y a deux Jubez, dont l'un est tout de cuivre très bien travaillé ; la porte du Chœur est de la même matiere & toute cizelée ; son horloge sonne à toutes les heures & demies heures, un carillon en musique. Outre le Tréfor de l'Eglise, il faut voir aussi celui de Notre-Dame de Grace, dont la Chapelle qui est dans la même Cathedrale, est des plus magnifiques. On y voit une Visitation de la Sainte Vierge, peinte par S. Luc, toute enrichie de Pierres précieuses, & accompagnée de Couronnes, de Cœurs, & d'autres Dons votifs. Le Tabernacle de cette Chapelle est d'argent cizelé: il est éclairé à toute heure par vingt lampes d'un grand prix.

Le Clocher de cette Eglise est très-haut, & fait en piramide. On y doit voir la grosse cloche appellée *Marie Fontenoise*, qui paroît presque égale à celle de George d'Amboise de Rouen; c'est de ce lieu qu'on peut considerer avec plaisir toute l'étendue de la Ville, qui est sans exageration l'une des plus belles, des plus fortes, des plus grandes & des mieux situées des Pays-Bas.

Il y a aussi dans Cambray neuf Paroisses, trois Abbayes, & plusieurs beaux Monasteres de l'un & de l'autre sexe. L'Abbaye de S. Aubert sur-tout mérite d'être vûe, tant pour son Eglise, que pour la maison de l'Abbé.

L'Hôtel de Ville est magnifique & situé en belle vûe, près le Grand Marché, dont la Place est des plus grande. La Citadelle de

Cambray est très forte par sa situation élevée d'où elle commande sur toute la Ville. Ses fossez sont taillez dans le roc, qui a servi à hausser ses murailles & ses remparts, & à les environner de cinq grands bastions défendus par des demi-lunes & autres fortifications qui la rendent imprenable.

Enfin cette Ville est des plus opulente & des plus marchande des Pays-Bas. On y fabrique tous les ans un nombre infini de pieces de Toiles très-fines, dont on fait un grand commerce, à cause qu'elles sont estimées par tout.

La Procession qui se fait à Cambray tous les ans le jour de l'Assomption de la Sainte Vierge, se célébre avec tant de magnificence qu'elle y attire ordinairement plus de trente mille Etrangers. Voici l'ordre qu'on y a observé dans la marche cette année 1719, ce qui doit faire plaisir à ceux qui auront la curiosité de la voir.

Premierement un détachement de la Garnison précedoit, pour faire ranger le monde, & empêcher le tumulte.

Ensuite les 24 Massiers des Chapitres en robes de Cérémonie.

Les 12 Croix des Chapitres & Paroisses

Les Capucins, les Récolets, les Benedictins.

Les 24 Chapitres accompagnez de leurs
Vicaires

Vicaires, Chapelains & Musique.

Les Dignitez & Officians en chapes, enrichies de Perles & de Pierreries.

Deux Chanoines suivoient, portant sur leurs épaules l'Image miraculeuse de la Sainte Vierge, sous un dais relevé en broderie d'or.

Le Commandant de la Place, avec ses Gardes le mousquet sur l'épaule ; l'Etat Major, & les Personnes les plus qualifiées de la Ville, & des Provinces voisines.

Le Magistrat marchant ensuite en robe de Cérémonie, escorté des Officiers & Sergens de la Ville.

Trois Compagnies de Bourgeois suivoient en habits uniformes & très-riches, avec leurs Drapeaux & Tambours.

Les Arbalestiers en habit d'Ecarlatte, galoné d'or, avec des vestes & parémens de tissu d'or.

Les Canoniers & Archers en habit bleu, aussi galonné d'or.

Ensuite on voyoit trois cens jeunes gens à cheval, habillez à la Romaine, armez d'un casque, d'une cuirasse, & d'un bouclier. Ils avoient à leur tête un Timbalier, & quatre Trompettes.

Dix-neuf Filles suivoient toutes à cheval, les sept premieres représentans *les Femmes fortes*, habillées à la Romaine, très superbement. Les douze autres représentoient *les douze Sibilles* habillées à la Grecque, magnifiquement vétues, montées sur des chevaux d'Espagne, richement harnachez.

Quatre Chariots de Triomphe terminoient ce pompeux Cortége.

Le premier représentant l'*Assomption de La Sainte Vierge*, étoit tiré par six chevaux, précédez de douze hommes vétus en Sauvages. Sur le haut du Char qui représentoit une Gloire, étoit une jeune fille avec une Couronne d'argent & un habit couvert de Pierreries ; à ses pieds étoient en cercle *les douze Apôtres*, distinguez par le symbole de leur martyre. Le reste du Chariot étoit rempli de jeunes filles, représentant le *Peuple*, toutes vétues fort galamment : elles recitoient des Vers qui remplissoient d'admiration les Spectateurs.

Le second Chariot, aussi précédé de douze Sauvages, représentoit la montagne sur laquelle *Saint Gery* Apôtre de la Flandre, a prêché l'Evangile. On voyoit dans la gloire Saint Gery en habits Pontificaux, & l'hérésie à ses pieds ; cent jeunes gens, représentans les uns des Vertus, les autres des Vices, étoient dans le méme Chariot & se battoient au son des Instrumens : les filles representoient les Vertus, & les Vices étoient sous la forme des garçons.

Le troisiéme Chariot représentoit *la Tour de Babel* ; c'étoit un espece de cône tronqué à six étages, chacun de hauteur d'homme. Chaque étage avoit une balustrade remplie de jeunes gens, représentant les differentes Nations, tous habillez differemment, & parlant diverses sortes de Langues. Ce troisiéme Chariot, qui avoit 50 pieds d'hauteur, étoit aussi conduit par des Sauvages, qui menoient des chevaux de different poil ; en sorte qu'on peut dire que jamais la confusion n'a été mieux imitée.

Le quatriéme & dernier Chariot représentoit *le Beufroy*, ou l'horloge de l'Hôtel de Ville, si parfaitement, que tout le monde y étoit trompé. *Martin & Martine* y sonnoient l'heure (comme ils le font à l'Hôtel de Ville) sur une cloche veritable de trois pieds de diamettre. Il y avoit un vrai carillon qui sonnoit tout le long du chemin. Ce Chariot, qui avoit 72 pieds, compris l'Aigle qui tient lieu de girouette, étoit rempli de plus de 200 jeunes filles & garçons habillez à la Romaine, & qui avoient épuisé, pour embellir la fête, tout ce qu'il y a dans le Pays de magnificence & de richesse.

Ce brillant Cortége fait plusieurs tours dans la Ville, pour satisfaire la curiosité des Etrangers. Ensuite on méne les Chariots sur la grande Place, qui est, sans contredit, une des plus vaste du Royaume ; on les remp'it d'artifice, dont le spectacle, joint à une belle nuit, termine cette journée avec les acclamations du Public. Les Trompettes, les Timbales & les Hauts-bois égayent la la nombreuse assemblée, & le bruit perpetuel de la mousqueterie contribue à rendre la fête complette.

On peut aller de Cambray en droiture à Peronne ; mais ceux qui ne passent point par Cambray, reprennent le chemin ci-après.

De Bapaume à Sailli en Arroise, poste. De Sailli à Peronne, poste & demie.

30. *l.* PERONNE, Ville de Picardie dans le Pays de Santerre, à sept lieues de Cambray & à neuf d'Amiens, est située sur la Somme, & environnée de marais qui contribuent à la rendre forte. Elle est surnommée la Pucelle, parcequ'elle n'a jamais été prise. Ses fortifications sont de l'ouvrage du Chevalier de Ville.

Peronne, quoique petite, est fort peuplée ; la Collégiale renferme les Reliques de S. Fursy, déposées sur son grand Autel ; il y a aussi trois Paroisses, & un Collège occupé par des Trinitaires. Les Espagnols se sont souvent efforcez de s'emparer de cette Ville. Le Comte Henry de Nassau, l'ayant assiegée en 1536, avec une puissante Armée fut obligé de se retirer par la valeur de ses Habitans qui soutinrent differens assauts. Herbert Comte de Vermandois qui appuyoit le parti de son beau-frere Raoul, y attira le Roy Charles le Simple, & l'y retint prisonnier. Il le fit conduire de là à Château-Thierry, d'où l'ayant ramené à Peronne, Charles y mourut dans la Tour le 7 Octobre 929.

De Peronne à Marché-le-pot, poste & demie. De Marché-le-pot à Fonches, poste. De Fonches à Roye, poste.

23 l. ROYE, Ville de Picardie, est située sur une des sources du Moreuil à quatre lieues de Noyon & à sept de Compiégne, sur le chemin de Peronne à Cambray. Ce n'étoit anciennement qu'un Peage que Philippe-Auguste acquit en 1205, de Barthelemy de Roye. Charles V. l'érigea en Prevôté & l'unit au Domaine en 1373. La Collégiale de Roye est dédiée à S. Florent; il y a aussi quelques autres Paroisses & un Hôpital.

De Roye on va à Conchi-les-Pots, poste. De Conchi-les-Pots à Cuvilly, poste. De Cuvilly à Gournay, poste. De Gournay au Bois de Libu, poste. Du Bois de Libu à Pont-Sainte Maixence, poste & demie.

PONT-SAINTE-MAIXENCE est une petite

Ville de l'Isle de France, située à deux lieues de Senlis, sur la Riviere d'Oise qu'on y passe sur un Pont. Cette Ville quoique petite est d'un fort grand commerce, particulierement en bois & en grains pour la fourniture de la Ville de Paris, & d'une partie de ses environs.

De Pont-Sainte-Maixence à Senlis, poste & demie.

10 *l.* SENLIS, Ville & Evêché du Duché de Valois, est située sur la Riviere de Nonette, à deux lieues de Chantilly, & à neuf de Beauvais, dans un lieu fort agréable. Senlis a eu autrefois des Comtes ; ce Comté, réuni à la Couronne, s'étend entre le Parisis & le Duché de Valois ; c'étoit une dépendance de celui de Vermandois. Les autres Villes de ce Comté sont Creil, Pont-Sainte-Maixence & Compiégne.

L'Eglise Cathédrale, dédiée à Notre-Dame, a été fondée par S. Régule ou Rieule, qui en fut le Premier Evêque. Le Clocher de cette Cathédrale est un des plus élevé qu'il y ait en France ; les curieux doivent remarquer les figures qui ornent le Portail de l'aîle droite de cette Eglise. Le Roy Robert y a fait bâtir depuis celle de S. Rieule. Il y en a aussi une sous le nom de S. Framboust, & une Abbaye de S. Vincent de l'Ordre de S. Augustin.

L'Abbaye de la Victoire est à une lieue de Senlis ; cette Abbaye qui est de l'Ordre de Saint Augustin a été fondée par Philippe-Auguste, en Action de graces de la Victoire qu'il remporta à Bouvines. Il y a Bailliage, Présidial, Election & Capitainerie de Chasses dans cette Ville.

De Senlis à la Chapelle en Serval, poste. De la Chapelle à Louvres, poste.

LOUVRES est un Bourg de l'Isle de France, appellé communément Louvres en Parisis, situé à quatre lieues de Senlis, & à six de Paris. Le Château & les environs ont de quoi satisfaire.

De Louvres au Bourget, deux postes : & du Bourget à Paris, Poste Royale.

Voitures de Lille à Paris.

LEs Carosses & Messagers de Lille à Paris, sont rue Royale, près la Douanne, chez Blatier. Ils partent tous les Lundis & Jeudis. On paye par Place 25 livres pour Paris, & 3 sols pour livre du port des har- & paquets.

Voitures de Paris à Lille.

LEs Carosses & Messagers de Paris à Lille, se trouvent à Paris, rue S. Denis, au Grand Cerf. Ils partent tous les Mardis

& Vendredis; la Voiture de Lille fournit aussi de Paris pour Bethune, Douay, Aire & Saint Omer. On paye 25. liv. par Place pour Lille, & 3 sols pour le port des hardes & paquets; pour les Lettres 7 sols la simple, 8 sols avec envelope, 12 sols la Lettre double, & 28 sols l'once des paquets.

Voitures pour la Hollande.

LA Voiture d'Hollande par terre est par Bruxelles, & celle d'eau par Rouen. Elle part de Paris les Mercredis & Samedis à 6 heures en Eté, & à 7 heures en Hyver.

L'on paye par Place de Paris à Bruxelles 42 livres monnoye de France, & 28 francs par le Magazin. On paye aussi 3 sols 9 deniers par livre pesant de hardes & paquets; mais de Bruxelles à Paris, les gens bien conseillez donnent seulement des arrhes pour payer à Paris, afin d'éviter de perdre au moins un tiers & plus pour le change.

Les Couriers d'Hollande arrivent tous les Lundis & Vendredis: ils repartent aux mêmes jours. Les Lettres d'Hollande à Paris & de Paris en Hollande, payent 16 sols la simple Lettre, 17 avec envelope, 30 sols la Lettre double, & 64 sols l'once des paquets.

ROUTE

ROUTE DE PARIS A LILLE, & à Valenciennes.

De Paris, on va à Louvres, *Dîner.* 6 l.
De Louvres, à Senlis, *Coucher.* 4 l.
De Senlis, à Gournay.　　　　D. 7 l.
De Gournay, à Roye.　　　　 C. 6 l.
De Roye, à Mieucourt,　　　　D. 5 l.
De Mieucourt, à Peronne.　　　C. 5 l.
De Peronne, à Bapaume.　　　 D. 5 l.
De Bapaume, à * Arras.　　　 C. 4 l. & d.
D'Arras, au Pont à Vendin. D. 5 l. & d.
Du Pont à Vendin, à Lille.　　C. 5 l.
　　　　　　　　　　　　　　53 lieues.

* *A Arras l'on change de Voiture, tant pour Lille & Douay, que pour Bethune, Aire & Saint Omer.*

Route de Paris à Valenciennes.

De Paris, on va à Louvres.　　 D. 6 l.
De Louvres, à Senlis.　　　　 C. 4 l.
De Senlis, à Verberie.　　　 *Buvette.* 3 l.
De Verberie, à Compiegne.　　 D. 4 l.
De Compiegne, à Noyon.　　　 C. 5 l.
De Noyon, à Ham.　　　　　　 D. 4 l.
De Ham, à Saint Quentin.　　 C. 5 l.
De Saint Quentin, au Cateler.　D. 4 l.

Mm

Du Catelet, à Cambray.   C. 4 l.
De Cambray, à Appe.   D. 4 l.
De Appe, à Valenciennes.   C. 4 l.

Route de Valenciennes à Bruxelles.

DE Valenciennes, à Quévrain. D. ⎫
   De Quévrain, à Mons.   C. ⎬ 17 l.
De Mons, à Nivelle.   D. ⎪
De Nivelle, à Bruxelles.   C. ⎭

<u>64 lieues.</u>

Nota. *En Eté les Carosses de Lille & de Valenciennes sont cinq jours en chemin, & en Hyver cinq jours & demi.*

VOYAGE
DE LA FLANDRE MARITIME
A PARIS,
PAR DUNQUERQUE, CALAIS, &c.

Ceux qui passent le Pas de Calais pour entrer en France, débarquent ordinairement au long des Côtes de la Flandre, ou de Picardie, dont les principaux Ports sont Dunquerque, Gravelines, Calais, Boulogne, &c. La route suivante conduira droit à Paris, ceux qui arriveront à Dunquerque.

70. *l.* DUNQUERQUE, Ville du Pays-Bas dans le Comté de Flandre, est située sur la Mer, à six lieues de Calais, à trois de Gravelines, & à cinq de Nieuport : elle est à la France dès 1662. Depuis ce tems là, elle étoit devenue une des plus fortes Places de l'Europe, par quantité de belles Fortifications que Louis XIV. y avoit fait faire, & qui ont été entiérement détruites & rasées, en exécution du Traité de Paix d'Utrecht.

Ce Prince, connoissant l'importance de Dunquerque & la situation avantageuse de son Port, fit donner à cette Ville une nouvelle enceinte beaucoup plus grande que celle qu'elle avoit auparavant, & fit faire à son Port, pour le rendre meilleur, des Ouvrages extraordinaires & dignes de la grandeur de son Régne. Il fit bâtir sur le bord de la Mer une Citadelle très-forte, vuider & aprofondir l'ancien Port, & creuser un grand Bassin, dans lequel un grand nombre de Vaisseaux tenoient à flot.

* Pour faciliter l'entrée de ce Port il fit faire aussi deux Jettées, ou Digues d'une prodigieuse longueur; l'une du côté de la Ville, & l'autre du côté de la Citadelle. Elles avoient chacune mille toises de longueur, avec des Parapets des deux côtez, où six personnes se pouvoient promener de front. Il y avoit deux Forts en mer à la tête de ces deux Jettées; c'étoit des Ouvrages à corne, construits sur des Vaisseaux remplis de pierres & coulez à fond, sur chacun desquels il y avoit quarante pieces de Canon en batterie, & un Corps de Garde. Le fameux Risban bâti de pierres en portoit sur ses remparts quarante-six pieces : il étoit à l'Ouest, environ à 400 toises de la Citadelle, & communiquoit, par un grand Pont de bois, à la Jettée qui étoit du même côté.

Ces trois Forts battoient de si loin en mer, & défendoient si bien l'entrée du Canal qui conduisoit au Port, que dans les dernieres guerres les Alliez n'ont pû en approcher avec leurs Vaisseaux ; & que de toutes les bombes que les Flottes Angloises & Hollandoises ont tiré devant ce Port, il n'en est pas tombé un seule dans la Ville ni même dans la Citadelle, quoiqu'elle fût plus proche de la mer.

En 1701, on bâtit un nouveau Risban à côté du Canal vers l'Est ; sa situation étoit à peu près de ce côté-là, comme l'ancien Risban du côté de l'Ouest ; mais bien moins grand. Il y avoit encore plusieurs autres Forts & differens Ouvrages qui ont couté des sommes immenses, & qu'il a falu sacrifier pour conclure la Paix.

La Ville de Dunquerque étoit très considerable avant la destruction de ses Fortifications. Les rues y sont larges, droites & bien pavées ; les maisons sont presque toutes de briques & fort hautes. La Grande Eglise de S. Jean est la principale de cette Ville : le Chœur en est grand & bien orné ; il y a quinze Chapelles, dont celle de S. George est remarquable par un excellent Tableau de ce Saint. Les Maisons Religieuses sont les Recollets, les Capucins, les Minimes, les Benedictins, les Clairettes, les Auguſtines & autres. L'Egliſe des Jéſuites, qui ont leur Collége & Maiſon dans la grande rue Notre-Dame, eſt un très bel Edifice.

Les curieux alloient ordinairement voir l'Hôtel de Ville, l'Arſenal pour la Marine, la Caſerne des Officiers de la Garniſon, & les Magazins, qui étoient remplis de toutes ſortes d'Armes & de Munitions de guerre & de bouche pour la Garniſon qui étoit nombreuſe & pour les Vaiſſeaux : les Ecoles pour la Marine, pour les Mathématiques & pour l'exercice du Canon. La Place de la Verdure eſt environnée de belles Maiſons. La grande rue qui finit à la Porte de Bergue S. Vinox, commence à la Place du grand Marché.

De Dunquerque à Gravelines il y a deux poſtes.

62 *l*. GRAVELINES eſt une Ville ſituée vers l'embouchure de l'Aa, dans une Plaine coupée de pluſieurs canaux. Ses Fortifications conſiſtent en ſix Baſtions revêtus, avec quatre demi-Lunes & un Ouvrage à corne : ſes Foſſez ſont larges & profonds. Le Château bâti par Charles Quint, & l'Hôtel de Ville ſont conſidérables. L'Egliſe de S. Villebrod eſt la Paroiſſe; il y a auſſi quantité de Couvens. Le plus grand avantage de cette Ville eſt ſon Port de mer, où les

grosses Barques peuvent aborder à la faveur de la Riviere d'Aa, qui s'y décharge, & du reflux de la Mer qui remonte bien haut ; elle n'en est éloignée que d'une portée de Canon.

De Gravelines à Calais il y a deux postes.

60 *l.* CALAIS est une Ville de Picardie, dans le Comté d'Oye, très-bien fortifiée. Elle est bâtie en triangle dont un côté regarde la Mer ; des deux autres, ce sont de belles Plaines, & des Fossez grands comme des Etangs qui l'environnent. La Citadelle n'est pas moins grande que la Ville ; elle n'a qu'une seule entrée par le Pont de Sainte Agathe : elle est aussi entourée de Fossez larges & profonds, remplis d'eau de la Mer. Calais est fort peuplée & très marchande ; les rues en sont belles & droites. Cette Ville donne son nom au Détroit de sept lieues, depuis la France jusqu'en Angleterre ; c'est ce qu'on appelle *le Pas de Calais.*

Le Port de Calais est estimé pour sa grandeur & pour sa sûreté ; il est séparé en deux bras, dont l'un est nommé le *Cadegray* ; l'autre, qui est le plus grand, est fermé de deux Moles revêtus de pierres: l'un & l'autre sont défendus par un Fort appellé *le Risban.*

La Ville de Calais est fortifiée par neuf grands Bastions Royaux qui la défendent avec ceux de la Citadelle. Les Canons sont

Mm iiij

rangez également sur la courtine & dans les créuaux des murailles; les uns sont braquez vers la Ville, les autres du côté de la Mer & de la Campagne. Il y a plusieurs Eglises & Monasteres considérables à voir dans Calais, de même que l'Hôtel de Ville, le Palais de l'Auditoire, la Tour du Guet, &c.

De Calais on va à Marquise, il y a deux postes; & de Marquise à Boulogne, une poste & demie.

52 l. BOULOGNE, ou Bologne-sur-Mer, est une Ville de la Basse Picardie & Capitale du Boulonois, située à une portée de canon de la Mer, quand elle est retirée; & à sept des Côtes d'Angleterre. On la divise en deux Villes, la haute & la basse. La premiere est forte d'assiette & par art : l'autre est fermée de simples murailles; elle s'étend du Port Aulong qui est à l'embouchûre de la petite Riviere de Liane, où il n'y a que les grosses Barques qui y puissent entrer à cause de son peu de profondeur. Ce Port est défendu du côté de la Riviere par un Mole qui le met à l'abri des vents, & qui empêche en même tems que la Riviere ne le comble d'immondices. Il est fort frequenté des Flamans & des Anglois à cause de la commodité du passage & du voisinage des uns & des autres.

De riches Marchands habitent cette basse Ville, où sont deux grandes rues paralleles tirées à la ligne au long de la Riviere. Les maisons de la plus proche sont les mieux bâties ; les Minimes ont un Couvent dans l'autre. Ces deux rues aboutissent dans la plus grande de cette basse Ville, où est la grande Eglise & le Marché. On remarque aux environs du Port quelques anciennes Tours, & d'autres Fortifications que les Anglois y ont fait construire dans le tems qu'ils étoient les Maîtres de Boulogne.

La haute Ville a ses murailles très bien bâties ; on y voit une grande Place qui a pour ornement un bel Hôtel de Ville, le Palais de la Sénéchaussée, l'horloge de la Ville, & les Prêtres de l'Oratoire.

L'Eglise Cathédrale, dédiée à Notre-Dame, est dans la grande rue ; elle a été bâtie par Sainte Ide Comtesse de Boulogne, mere de Godefroy de Bouillon, & de Baudouin, tous deux Rois de Jerusalem & nez dans la haute Ville de Boulogne. On venoit autrefois en Pélerinage à cette Eglise de tous les endroits de l'Europe, à cause d'une ancienne Image de la Vierge qu'on y révére encore aujourd'hui : elle est derriere le Chœur, dans une Chapelle ornée de plusieurs Lampes & autres Presens de dévotion. Les Ursulines, les Annonciades, les Cordeliers, les Capucins, &c. y ont des Couvens. Il y aussi Sénéchaussée, Bailliage, & Siége d'Amirauté.

De Boulogne à Neufchâtel, poste & demie. De Neufchâtel à Franc, poste. De Franc à Montreuil, poste.

48 *l.* MONTREUIL est une Ville de Picardie, dans le Comté de Ponthieu, située sur une colline dont le pied est arrosé par la Canche. Elle est divisée en haute & basse Ville ; la basse est le long de la Riviere, & séparée de la haute par une simple muraille. Il y a six Paroisses, Notre Dame, S. Pierre, S. Valois, S. Jacques, S. Firmin, & S. Nicolas qui est dans la basse Ville. Les Carmes & les Capucins y ont leurs Couvens ; il y a aussi un Seminaire & un Hôpital. Le Château de Montreuil est considérable ; le Bailliage Royal est du Ressort d'Amiens. Montreuil est à trois lieues de la Mer ; les grosses Barques y remontent par le moyen du reflux.

De Montreuil à Nampont, il y a poste & demie. De Nampont à Bernay, poste. De Bernay à Nouvion, poste. De Nouvion à Abbeville, poste & demie.

38 *l.* ABBEVILLE est de la Basse Picardie & la Capitale du Comté de Ponthieu, à quatre lieues de S. Valery, à cinq de la Ville d'Eu & de la Mer. Elle est surnommée la

Pucelle, parcequ'elle n'a jamais été prise. Les murailles d'Abbeville sont flanquées de Bastions avec de larges fossez. Les Barques que la Riviere de Somme améne de la Mer jusqu'au milieu de la Ville, y portent toute sorte de Marchandises en échange des Laines, des Draps, & des Toiles qu'elles y chargent. Il y a douze Paroisses dans Abbeville, avec Présidial, Sénéchaussée, &c. La Collégiale de S. Ulfranc a une haute Tour, où il y a toujours un homme en sentinelle, qui sonne du Cor à toute heure de nuit, & quand il voit des Troupes, ou le feu à la Ville. Il y a aussi plusieurs Monastères de l'un & de l'autre sexe, entr'autres des Minimettes.

D'Abbeville à Ailly le haut Clocher, poste & demie. D'Ailly à Flixcourt, poste. De Flixcourt à Picquigny, poste.

PECQUIGNY est une petite Ville du Ponthieu, située sur la Somme; ce n'est proprement qu'un Bourg où l'on tient Foire & Marché. La terre du Pays est propre à brûler: on en fait des mottes que l'on appelle Tourbes. L'Abbaye du Gard, Ordre de Citeaux, n'est qu'à une petite lieue de Pecquigny.

On va de Pecquigny à Amiens, poste & demie.

28 l. AMIENS est la Capitale de la Picar-

die. On compte que cette Province a d'étenduë du Septentrion au Midi 25 lieues, & 40 d'Orient en Occident. Elle est bornée à l'Orient par la Champagne, à l'Occident par la Normandie & par la Mer, au Midi par l'Isle de France, & au Septentrion par le Hainaut & l'Artois.

La Picardie, surnommée le Grenier de la France, est fertile en grains, abondante en pâturages, & arrosée des Rivieres d'Oise, de la Somme, de la Canche, de l'Authie, &c.

On croit que le nom de Picardie dérive de ce que les Picards se piquent ou se fâchent facilement, ou de ce qu'ils ont porté les premiers des Piques à la Guerre. On dit communément que les Picards ont la tête chaude : & comme il y en a qui se chagrinent de peu de chose, on évite volontiers leur Compagnie, crainte de s'engager dans des querelles : au reste, ils sont fort francs.

La Ville d'Amiens est située sur la Riviere de Somme qui l'environne. Cette Ville est fort agreable ; la plûpart des rues sont droites, larges & embellies de grandes Places & de beaux Palais, particulierement dans les rues de la Chaussée S. Leu, des Dominiquains, de Sainte Marie, & de S. Denis.

L'Eglise Cathédrale, dédiée à Notre-Dame, est une des plus belles, des plus grandes, & des mieux ornées du Royaume.

On y voit des Tableaux à chaque pillier, dont trois dans la Nef, qui représentent le Triomphe de la Sainte Vierge, sont eu marbre blanc & d'un travail excellent. La Nef de cette Eglise est la plus grande & la mieux pavée de toute la France; elle a 215 pas de longueur, celle de N^e Dame de Paris n'en a que 170. On conserve dans cette Cathédrale le Chef de S. Jean-Baptiste qui fut trouvé à la prise de Constantinople en 1204, par Valon de Sarton Gentilhomme Picard, qui en fit present à cette Eglise. Il y a plusieurs autres Eglises considérables dans Amiens, & un grand nombre de Couvens & de Maisons Religieuses.

La Citadelle d'Amiens bâtie par Henry IV. passe pour une des meilleures & des plus regulieres de l'Europe. Le Palais du Bailliage, & l'Hôtel de Ville sont à voir; de même que la Place des Fleurs, & celle du grand Marché, pour leur vaste étendue.

On ne compte dans Amiens que cinq Portes qui ferment; celle de S. Pierre est proche de la Citadelle, où elle ouvre le chemin de Dourlens. De là jusqu'à celle de Noyon, les remparts font une Promenade agreable, à cause des Allées d'Ormes qui les couvrent; c'est de ce côté-là que la Riviere de Somme entre dans Amiens par trois canaux differens sous autant de Ponts, qui sont ceux des Celestins, de Barabat, & des Changes. Ces Canaux, après avoir arrosé la Ville en plusieurs endroits, où l'on s'en sert pour différentes Manufactures, se rassemblent à l'autre bout au Pont S. Michel, où est le Quai des Batteaux qui viennent d'Abbeville, chargez de marchandises qu'on y apporte par Mer. Il y a à la Porte de Noyon, un Faubourg où l'on voit l'Abbaye de S. Acheu. Après cette Porte on trouve celle de Paris, où est un Mail des plus longs entre deux allées d'arbres.

D'Amiens on va à Hebecourt, poste: d'Hebecourt à Flers, poste: de Flers à Breteuil, poste & demie: de Breteuil à Vavigni, poste & demie: de Vavigni à S. Just, poste: de S. Just à Clermont, poste & demie: de Clermont à Rousseloy, poste: de Rousseloy à S. Leu de Céran, poste: de S. Leu à Lusarches, poste & demie.

Lusarches est un Bourg considerable à deux lieues de Senlis & à sept & demie de Paris.

On va de Lusarches à Ecouen, poste & demie.

Ecouen est un Bourg de l'Isle de France à quatre lieues de Paris, dont le Château a des beautez qui doivent engager à le voir.

On continue d'Ecouen à S. Denis, poste: & de S. Denis à Paris, poste Royale.

VOITURES DE DUNQUERQUE,
& de Calais à Paris.

LEs Carosses & Messagers de Dunquerque à Paris, logent à Dunquerque, près les Capucins. Ils partent tous les Mercredis & Samedis. Le Carosse est sept jours en chemin pour aller à Calais, & huit jours pour Dunquerque. On paye 50 sols par Place de Dunquerque à Calais, & 10 livres de Calais à Paris ; & 3 sols par livre pour le port des hardes & paquets.

VOITURES DE PARIS,
à Dunquerque, & à Calais.

LEs Carosses & Messagers de Paris à Dunquerque & à Calais, se trouvent à Paris, rue S. Denis, au Grand Cerf. Ils partent tous les Lundis & Vendredis. Les prix sont de même que ci dessus : c'est à-dire 30 livres de Paris à Calais, & 50 sols de Calais à Dunquerque.

Les Lettres de Dunquerque arrivent tous les jours. Elles partent de Paris tous les matins à 8 heures. On paye sept sols pour la simple Lettre, 8 sols avec enveloppe, 10 sols la Lettre double, & 28 sols l'once des paquets.

Les Couriers d'Angleterre, d'Ecosse & d'Irlande, partent les Mercredis & Samedis à huit heures du matin. Les Lettres payent dix sols la simple, onze sols avec envelope, 18 sols la Lettre double, & 40 sols l'once des paquets, tant pour aller que pour le retour.

ROUTE DE PARIS A CALAIS & à Dunquerque.

lieues.

Sortant de Paris on va à Moisette.	dîner.	4
De Moisette, à Beaumont.	coucher.	4
De Beaumont, à Tillard.	D.	3 l.
De Tillard, à Beauvais.	C.	5 l.
De Beauvais, à Oudeuil.	D.	4 l.
D'Oudeuil, à Poix.	C.	6 l.
De Poix, à Airennes.	D.	4 l.
D'Airennes, à Abbeville.	C.	4 l.
D'Abbeville, à Bernay.	D.	4 l.
De Bernay, à Montreuil.	C.	4 l.
De Montreuil, à Franc.	D.	4 l.
De Franc, à Boulogne.	C.	6 l.
De Boulogne, à Marquise.	D.	5 l.
De Marquise, à Calais.	C.	4 l.
De Calais on va dîner à Gravelines.	C.	10 l.
Et de Gravelines, à Dunquerque.	C.	

71 lieues.

Ceux qui voudront aller par Lille en suivront la Route ci-devant marquée, page 409. & ensuite ils iront de Lille à Varneton, de Varneton à Ypres, d'Ypres à Berg S. Vinox, & de Berg à Dunquerque.

VOYAGE

VOYAGE
DE LUXEMBOURG
A PARIS,

PAR SEDAN, RETHEL, REIMS, SOISSONS, &c.

Ceux qui arrivent en France par le Duché de Luxembourg, se rendent à Sedan, pour continuer leur Route jusqu'à Paris. Il y a soixante & quatorze lieues de Luxembourg à Paris.

53 *l.* SEDAN, Ville Capitale de Champagne, située au bord de la Meuse, est à deux lieues de Bouillon, à quatre de Mouzon, & à cinq de Charleville. La Principauté de Sedan n'a que cinq lieues de long & quatre de large, entre le Luxembourg & l'Evêché de Liége; elle est extrêmement peuplée, & appartenoit anciennement aux Archevêques de Reims.

Sedan est une clef de la France, & par conséquent une Ville très importante, étant frontiere des Etats de Liége, de Namur & de Limbourg; aussi est elle des mieux fortifiée du Royaume, par différens Baſtions; pluſieurs Ouvrages a corne & a tenaille, dont le plus beau eſt celui nommé *la Corne de Floin.* Ses foſſez ſont taillez dans le roc; ils ſont ſi larges & ſi profonds, qu'il eſt impoſſible de les combler, ou d'y ouvrir une mine. La Citadelle eſt un Chef-d'œuvre de l'Art Militaire.

La grande Egliſe eſt proche de la Halle au bled; celle des Jeſuites eſt vers la grande Place. Le Château de Sedan eſt très-fort, élevé ſur un rocher avec de groſſes tours & de fortes murailles. Le Palais du Gouverneur fait face a l'entrée du vieux Château; l'un & l'autre ont leur entrée par la grande Place, où eſt la Fontaine Dauphine.

Les remparts de cette Ville ont une vûe très-agréable ſur la Meuſe, qui paſſe ſous le pont du rivage. Quoique Sedan ne ſoit pas grand, il eſt extrêmement rempli d'Ouvriers, comme Tanneurs, Drapiers, Teinturiers & autres; y ayant une Manufacture de draps très-fins, qui imitent beaucoup ceux d'Hollande & d'Angleterre.

De Sedan il faut aller à Don, une poſte: de Don à Poix, poſte: de Poix à Puyſeu, poſte: de Puyſeu à Rhetel, poſte & demie.

43 *l.* RHETEL eſt une Ville de Champagne, Capitale du Rhetelois, ſituée ſur le

riviere d'Aisne. Cette Ville est assez mal bâtie ; elle n'a qu'une Paroisse & un Couvent de Capucins : le Château paroît fort ancien par ses dehors. Rhetel n'étoit autrefois qu'un Fort bâti par les Romains pour s'assurer du passage de la Riviere d'Aisne ; on y voit encore une grosse Tour fort élevée.

On va de Rhetel à Chesne le Pouilleux, poste : de Chesne le Pouilleux à l'Isle, poste : de l'Isle à Reims, deux postes.

35 l. REIMS est une Ville de Champagne, située au milieu d'une belle Plaine, sur la Riviere de Vesle, qui lave une partie de ses murailles. Elle a une grande lieue de tour, & renferme quantité de belles Places, de grandes rues, des maisons bien bâties, & de magnifiques Eglises. On ne peut douter que Reims ne soit une Ville très-ancienne ; plusieurs Antiquitez qu'on y a découvertes depuis quelques années & divers Monumens que les tems ont épargnez, le prouvent suffisamment. Jules César fait mention de Reims en plusieurs endroits de ses Commentaires, comme d'une Cité des plus puissantes dans les Gaules.

L'Eglise Métropolitaine, dédiée à Notre-Dame, est considérable par la grandeur & la magnificence de son bâtiment, & par la beauté de son Portail représenté en la figure ci à côté. La délicatesse de son architecture, remplie de figures & de reliefs, le fait passer pour un Edifice achevé. L'on dit en France que pour faire une Eglise parfaite, il faudroit le Chœur d'Angers, la Nef d'Amiens, *le Portail de Reims*, les Clochers de Chartres, & les Tours de Paris. Le Chœur de cette Eglise est fort long, le grand Autel est au milieu.

Les Archevêques de Reims, premiers Ducs & Pairs de France, ont le privilege de sacrer nos Rois; quoiqu'ils le prétendent depuis le tems que Clovis se fit baptiser dans cette Eglise, & qu'ils disent que celui qui a apporté le Saint Chrême ne pouvant fendre la presse, on vit un Ange descendre du Ciel en forme de Colombe, tenant en son bec une Ampoule pleine d'huile, qu'il offrit à Saint Remy Archevêque de Reims; cependant ils ne possedent incontestablement ce droit que depuis le Sacre de Louis le Jeune, qui en fit une Loi irrévocable lorsqu'il eut reçû la Couronne des mains du Pape Innocent II. qui avoit assemblé un Concile dans cette Ville contre l'Anti-Pape Anaclet. Cette Ordonnance a été exactement observée par ses successeurs, à l'exception d'Henry IV. qui n'étant pas Maître de Reims, lorsqu'il parvint à la Couronne, se fit sacrer à Chartres.

PORTAIL DE L'EGLISE DE RHEIMS

Saint Nicaise est une célébre Abbaye de l'Ordre de S. Benoist, & la plus grande de la Ville après la Cathédrale: son Portail & ses deux Clochers sont à remarquer. Au bas de l'Eglise il y a un ancien Tombeau élevé sur des pilliers, avec des figures du Paganisme autour.

L'Abbaye de S. Remy est aussi de l'Ordre de S. Benoist, & de la Congregation de S. Maur. L'Eglise quoique Gotique est grande & belle ; c'est où l'on conserve *la Sainte Ampoule* dont on se sert aux Sacres de nos Rois.

La Sainte Ampoule est une petite phiole en forme de poire, pleine d'une liqueur congelée, rougeâtre, tirant un peu sur le noir: elle est enchassée dans un petit vaisseau quarré sur lequel il y a un cristal épais d'environ un doigt. On la renferme dans le Tombeau de Saint Remy, qui est dans le Chœur, derriere le grand Autel. La porte de ce Tombeau est enrichie de Perles, de Rubis, d'Emeraudes & autres Pierres précieuses. Un Anneau d'or donné par François I. sert de boucle pour la tirer. Ce Tombeau de S. Remy est accompagné des figures des douze anciens Pairs de France, qui y sont représentez en habits de cérémonie.

Le premier est l'Archevêque de Reims, comme il est écrit sur la base qui en soutient la figure. Le 2. L'Evêque & Duc de Laon. Le 3. L'Evêque & Duc de Langres. Le 4. L'Evêque & Comte de Beauvais. Le 5. L'Evêque & Comte de Noyon. Le 6. L'Evêque & Comte de Chaalons. A la face adossée, ce sont 1. Le Duc de Bourgogne. 2. Le Duc de Normandie. 3. Le Duc de Guyenne. 4. Le Comte de Champagne. 5. Le Comte de Flandres. 6. Le Comte de Toulouse. La face de ce Tombeau, du côté qu'on l'ouvre, est éclairée de plusieurs lampes, à la faveur desquelles on voit une grille de fer qui enferme l'entrée. A l'oposite il y a un Evêque assis qui parle à une Princesse agenouillée devant lui, un Diacre tient un Livre ouvert en leur presence. Il faut remarquer les Colonnes qui distinguent toutes les figures des Ducs & Comtes Pairs de France; & les bas reliefs d'argent qui représentent les belles Cérémonies qui s'obfervent aux Sacres des Rois depuis plus d'onze cens ans. A côté sur la gauche, contre le mur du Chœur, on voit en un grand Tableau la repréfentation du Sacre.

Au deſſus du grand Autel ſont les Reliques de S. Remy & de S. Leon Pape, qui a confacré cet Autel à S. Remy, comme on le peut connoître par ce qui eſt écrit au-deſſous du Jubé du côté de la Nef.

Il y a quelques Tombeaux remarquables dans le Chœur : entr'autres, celui de Louis IV. qui est au côté gauche du grand Autel. Du côté de l'Evangile, ceux de Lothaire, & de Louis V. assez proche de celui d'un Abbé, qui est enrichi de colonnes & de belles figures.

Il y a dans Reims plusieurs belles Places, entr'autres celle où est le magnifique Hôtel de Ville. Les Cordeliers, les Dominiquains, les Capucins & plusieurs autres Monasteres sont à voir. L'Université de Reims a été fondée sous Paul III. & Henry II. en 1547, par le Cardinal Charles de Lorraine, Archevêque de cette Ville.

La Compagnie des Arquebusiers de Reims est fort considérable. Ils s'exercent dans le Jardin de l'Arquebuse, partagé en differentes allées. Ces Chevaliers de l'Arquebuse y ont fait ériger en 1687, un Statue Pedestre de Louis XIV. Elle est posée dans le fond de la grande allée du Jardin, sur un Pied d'estal à quatre faces. Sur la premiere est un Hercule avec cette Devise : *Hereseon Domitori.* La seconde est Minerve avec, *Consilium Præsidi.* La troisiéme Mars, *Hostium Debellatori.* Dans la quatriéme on lit sur un marbre : *In hac armorum Palestra, Ædilibus liberaliter applaudentibus, ad splendidiorem præmii generalis pompam exercere Catapultarii Remenses. Anno Domini M. DC. LXXXVII. die 15 mensis Junii.*

L'*Arc de Triomphe* qui est auprès de la Porte de Mars, est un des plus considérables Monumens antique qu'il y ait à Reims, & même en France. Il est composé de trois Arcades d'Architecture d'ordre Corinthien, accompagnées de huit grandes colonnes du même ordre & autres ornemens. L'Arcade du milieu a 35 pieds de hauteur sur 15 de largeur. Les deux autres ont 30 pieds de hauteur sur 12 de largeur : & toute la façade 110 pieds d'étendue sur 45 d'élévation. On n'en peut pas souhaitter une explication plus certaine que la copie de ce que Messieurs de Reims ont fait graver sous cet Arc pour faire connoître ce qu'ils en pensent. Voici les termes dont ils s'expliquent.

„ Ce Monument étoit autrefois la Porte
„ Septentrionale de la Ville de Reims, &
„ s'appelloit la Porte de Mars. Cette Porte
„ fut comblée de terre & cachée sous le
„ rempart jusqu'en 1544, & l'on en bâtit
„ à côté une autre du même nom. En 1595,
„ l'Arcade de Romulus & de Remus fut
„ déterrée ; les deux autres ont été décou-
„ vertes en 1677, par les soins de M. Dal-
„ lier Lieutenant des Habitans, & de Mes-
„ sieurs les Gens du Conseil & Echevins de
„ la Ville.

„ Il y en a qui prétendent que cet Edifice

» fice est un Arc de Triomphe qui a été
» érigé en l'honneur de Jules César,
» lorsque sous l'Empire d'Auguste, on fit
» les grands chemins des Gaules, dont l'un
» aboutissoit à cette Porte. L'opinion com-
» mune est que César l'a fait bâtir.

» D'autres estimant que cette architecture
» n'est pas des premiers siécles, ont attribué
» cet Edifice à Julien, qui l'avoit pû faire
» construire passant par Reims, lorsqu'il
» s'en vint à Paris au retour de ses Con-
» quêtes d'Allemagne ; mais il est difficile
» d'assurer sous quel Empereur ce Monu-
» ment a été bâti, puisque non-seulement
» les têtes qui paroissent dans le frontispice
» sont cassées, mais que le lieu même où
» l'on mettoit anciennement les inscriptions
» est entierement ruiné, avec tout ce qui
» étoit au-dessus de la corniche. On peut
» assurer cependant que c'est un Arc de
» Triomphe qui a été élevé en l'honneur
» de l'Empereur qui regnoit alors, & à la
» gloire de la Ville de Reims, & que cela
» s'est fait après quelques victoires dont
» on voit des marques au-dehors & au-
» dedans de cet Ouvrage, & à l'occasion
» du grand chemin qui passoit par Reims.

On a eu de fortes raisons pour croire
que cet Arc de Triomphe avoit été bâti
par l'ordre de Jules César, ou du moins en

l'honneur de cet Empereur. Il est certain que César avoit une affection particuliere pour les Remois; & que ce fut par sa faveur qu'ils succederent aux Bourguignons, nommez alors les Séquanois, dans la Principauté d'une bonne partie des Gaules. Ainsi il est assez vrai-semblable qu'ils lui éleverent cet Arc de Triomphe par reconnoissance; mais ce qui détermine entierement à suivre cette opinion, ce sont les figures dont on l'a trouvé embelli. Elles ont toutes du rapport à Jules Cesar. L'Arcade droite représente la Louve Romaine avec Romulus & Remus dans le plafond de la voute; & les quadrangles qui en occupent les pendans, font voir le Berger *Faustulus*, & *Acca Laurentia* sa femme, qui ayant dérobé ces deux enfans à la Louve, les nourrirent jusqu'à l'âge de 18 ans. On voit les douze Mois de l'année dans la voute du milieu, & des Cignes dans la derniere.

Explication de la Voute de l'Arcade de Romulus & de Remus.

„ Ceux qui veulent que ce Monument ait
„ été érigé en l'honneur de Jules Cesar,
„ assurent que cette Emblême a été mise ici
pour honorer l'origine de cet Empereur;

» mais peut-être aussi que ç'a été pour
» montrer que Reims a été soumise, ou
» plûtôt alliée à Rome, puisque c'étoit le
» symbole ordinaire des Villes qui étoient
» sous la domination ou sous la protection
» des Romains : ce que l'on dit que Saint
» Sixte, & Saint Sinice furent les premiers
» qui s'arrêterent à Reims pour y prêcher
» la Foi, après qu'ils eurent vû sur la
» Porte Mars cette histoire de leur nation,
» fait assez voir l'antiquité de cet Edifice.
» Ces Victoires & ces Armes sont pour
» éterniser la memoire des Conquêtes de
» ce tems-là ; mais ces figures qu'on voit
» distinctement en quelques Boucliers, ne
» ressemblent à des Fleurs de Lys que par
» hazard.

Explication de la Voute de l'Arcade du milieu, appellée l'Arcade des quatre Saisons, ou des 12 Mois.

» Les figures qui paroissent dans la clef
» de la voute de cet Arcade, font connoî-
» tre combien la Ville de Reims s'estimoit
» heureuse d'être soumise à l'Empereur qui
» vivoit alors. Les quatre enfans & ce qu'ils
» tiennent representent les quatre Saisons
» de l'année, tout de même que dans une
» Médaille de Commode, qui a pour De-

» vise, *Temporum felicitas;* la femme assise
» porte dans ses mains de quoi marquer
» l'abondance de toutes choses. Les douze
» mois de l'année se voyent dans les douze
» Tableaux, dont il ne nous en reste que
» sept, les autres ayant été ruinez avec
» toute la face de la Porte qui regardoit le
» dedans de la Ville. L'ingénuité de ce
» tems ne paroît que trop dans l'une
» de ces figures. Ceux qui rapportent ce
» Monument à Jules César, se contentent
» de dire que cette Arcade fait connoître
» qu'il a reformé le Calendrier.

Explication de l'Arcade de Léda, qui représente la Ville de Reims.

» La Ville de Reims est ici représentée
» sous la figure d'une Femme, selon l'an-
» cienne Coutume. Le Cigne qui accom-
» pagne cette Femme, la fait reconnoître
» pour Léda; & l'on peut dire que comme
» Léda étoit mere de Castor & de Pollux,
» qui étoient les Divinitez qui présidoient
» aux Loix & aux Jugemens, ainsi que Ci-
» ceron nous l'apprend : de même la Ville
» de Reims tenoit à gloire d'être mere
» des Juges dont le Conseil étoit com-
» posé, étant recommandables par leur
» merite, & par leur intégrité. Le Flam-

» beau, que tient l'Amour, fait connoître
» que pour bien pénétrer l'obscurité du
» Droit, il ne faut manquer ni de lumiere,
» ni d'affection pour l'équité. C'est ainsi
» qu'autrefois les Villes prenoient soin de
» marquer par quelque Emblême les avan-
» tages dont elles se faisoient honneur,
» comme on le pourroit justifier par de
» semblables Monumens, aussi bien que
» par les Médailles. Tout le monde sçait
la Fable de Léda, qui embrasse Jupiter
métamorphosé en Cigne, tandis qu'un
Amour les éclaire de son Flambeau ; c'est
le sujet des reliefs de la voute de cette derniere Arcade.

Il y auroit trop à dire s'il faloit entrer dans
tout ce qui regarde la Ville de Reims. Son
antiquité est connue, & les marques de con-
sidération qu'elle a reçûe de Jules Cesar,
justifient l'estime particuliere qu'on faisoit autrefois de ses Habitans. Mais on ne
doit pas oublier de dire, que ce qui fait
croire que les figures de Remus & de Romulus, de la premiere Arcade, marquent
le dessein qu'on a eu d'honorer par ce Monument l'origine de Jules Cesar, qui prétendoit être issu de *Julus* ; c'est qu'au Midi
de la Ville de Reims, il y avoit un autre
Arc de Triomphe où *Venus* étoit représentée:
& il n'y a personne qui ne sçache que cet

Empereur tiroit sa plus grande gloire d'être de la race de cette Déesse, par Julus fils d'Enée. Ce second Arc est encore en vûe; mais plus qu'à demi ruiné. Il ne reste plus que la voute du milieu des trois Arcades qui le composoient, avec quelques vestiges des deux autres sur les deux aîles : on l'appelle Porte Basée. Cette Arcade est ornée par le dehors & dans sa rondeur, de grandes feuilles d'Achante sculptées dans les bords. Au-dessous de la voute il y a un plafond quarré, dans lequel on voit un Triton dont la partie qui finit en Poisson fait plusieurs tours en forme de roulots, sur l'un desquels est assise une Venus toute nue qui tient le Triton embrassé. On ne peut la méconnoître, puisque sur le bout de la queue du Triton, relevée en haut, il y a un Cupidon qui étend ses aîles. Il est certain que Jules-Cesar faisoit tellement vanité d'être sorti de Venus, qu'il lui donnoit le nom de *Venus genitrix*.

Le principal commerce de Reims consiste en Vins, qui sont des plus excellens, en differentes sortes d'Etoffes de laines, & d'autres mêlées de soye, & de laine. Le Pain d'épice de Reims est en grande réputation.

De Reims à Jonchery, il y a deux postes : & de Jonchery à Fismes, une poste.

FISMES est une Ville de Champagne dans le Rémois, située un peu au-dessous du confluant de la Nore & de la Vesle. Il y a une Eglise de Sainte Maire Martyre, où l'on a tenu deux Conciles.

De Fismes, à Brayne, poste & demie: & de Brayne à Soissons, deux postes.

22 l. SOISSONS, Ville de l'Isle de France, Capitale du Soissonnois, est située sur la Riviere d'Aisne, qui porte de très-gros batteaux. Cette Ville est belle, grande, & placée dans une Vallée très-agreable: elle est aussi des plus anciennes Villes du Royaume.

L'Eglise Cathédrale, dédiée à S. Gervais, & S. Protais, a un Chapitre des plus considérables du Royaume : l'Evéque a droit, en l'absence de l'Archevêque de Reims, de sacrer nos Rois ; comme il est arrivé à S. Louis, à Philippe le Hardi, & à Louis XIV. Il y a 12 Paroisses & 6 Abbayes dans Soissons ; celle de Notre-Dame, Religieuses de l'Ordre de S. Benoist ; & celle de S. Medard, Religieux du même Ordre, sont à voir.

Soissons est illustrée d'un Bailliage, d'un Présidial, d'un Bureau des Finances, d'une Election, &c. & particulierement d'une Academie de Belles Lettres, qui fut érigée en 1674. C'est la premiere après l'Academie Françoise, qui l'a reçûe dans son alliance. Cette Academie n'a pas peu contribué à polir les esprits dans cette Ville, & à rendre le Peuple aussi honnête & civil qu'il est.

De Soissons on va à Vertefeuille, poste & demie : de Vertefeuille à Villers-Cotterets, poste & demie.

16 *l.* VILLERS-COTTERETS est un Bourg du Duché de Valois, à cinq lieues de Compiégne, situé dans la Forest de Rets, ce qui fait qu'on l'appelle aussi *Villers-Cost.-de Rets*. Ce lieu n'est considérable que par son Château : la Paroisse est desservie par les Prémontrez qui y ont une Abbaye en Régle. Cette Abbaye a été transferée de Clairefontaine, qui est sur les confins du Diocèse de Laon. Il y a aussi un Monastére hors du Bourg : & à deux lieues de là, au sortir de la Forest, on trouve l'Abbaye de Valsery, Ordre de Prémontrez, aussi en Régle.

De Villers-Cotterets à Crespy, il y a une poste & demie.

13 *l.* CRESPY est la Ville Capitale du Duché de Valois, dans l'Isle de France. Les ruines & les masures que l'on voit aux environs, font connoître qu'elle a été autrefois plus spacieuse qu'elle n'est presentement. Aussi, semble-t-il que ce qui est aujourd'hui

jourd'hui environné de murailles, construit & amassé au tour du Château, n'étoit que la clôture & la basse-cour, lorsque ce Château étoit en bon état, & bien bâti sur le haut d'une colline. Il n'en reste plus que quelques masses de pierres ouvragées par endroits, en certains pans de murailles & au Donjon, avec apparence d'une Chapelle toute détruite, & d'une autre plus entiére. La Conciergerie, & le corps d'Hôtel où se tient l'Audience de la Ville, sont des dépendances logeables de ce Château, qu'on croit avoir été bâti par Dagobert. Les bâtimens de cette Ville sont assez beaux : dans les dehors il y a beaucoup de maisons & de jardins de Plaisance.

De Crespy à Nanteuil, il y a une poste & demie.

NANTEUIL, dit le Hautdouin, a pris son nom de celui qui a bâti le Château qui fait la principale beauté de ce lieu. Il y a un Couvent de Bénédictins de la Congrégation de S. Maur.

De Nanteuil on passe à Dammartin, poste & demie : de Dammartin, au Mesnil, poste : du Mesnil, au Bourget, deux postes : & du Bourget, à Paris, poste Royale.

PRIVILEGE DU ROY.

LOUIS par la grace de Dieu, Roy de France & de Navarre : A nos amez & feaux Conseillers, les Gens tenant nos Cours de Parlement, Maîtres des Requêtes ordinaires de notre Hôtel, Grand Conseil, Prevôt de Paris, Baillis, Sénéchaux, leurs Lieutenans Civils, & autres nos Justiciers qu'il appartiendra, Salut. Notre bien amé le Sieur DUMAS, Nous ayant fait remontrer qu'il souhaitteroit faire imprimer & donner au Public un Livre qui a pour titre : *Nouveau Voyage de France, Géografique, Historique, & Curieux ; Ouvrage enrichi de Figures en taille douce*, s'il Nous plaisoit lui accorder nos Lettres de Privilege sur ce necessaires. A CES CAUSES, voulant favorablement traiter l'Exposant, Nous lui avons permis & permettons par ces Presentes de faire imprimer ledit Livre cy-dessus énoncé, en telle forme, marge, caractere, & Langue, conjointement ou separément, & autant de fois que bon lui semblera, & de le faire vendre & débiter par tout notre Royaume, pendant le tems de neuf années consécutives, à compter du jour de la date desdites Presentes. Faisons défenses à toutes sortes de Personnes de quelque qualité & condition qu'elles soient, d'en introduire d'impression étrangere dans aucun lieu de notre obéissance ; comme aussi à tous Libraires-Imprimeurs, & autres, d'imprimer, faire imprimer, vendre, faire vendre, débiter ni contrefaire ledit Livre ci-dessus expliqué en tout, ni en partie, ni d'en faire aucuns Extraits sous quelque prétexte que ce soit, d'augmentation, correction, changement de titre, de Langue, d'impression étrangere ou autrement, & à tous Graveurs, Marchands de taille douce & autres, de copier, faire copier aucunes des Planches ou figures qui l'accompagnent, sans la permission expresse & par écrit dudit Sieur Exposant, ou de ceux qui auront droit de lui, à peine de confiscation des Exemplaires contrefaits, de trois mille livres d'amende contre chacun des Contrevenans, dont un tiers à Nous, un tiers à l'Hôtel-Dieu de Paris, l'autre tiers audit Sieur Exposant ; & de tous dépens, dommages & intérêts ; à la charge que ces Présentes seront enregistrées tout au long sur le Registre de la Communauté des Libraires & Imprimeurs de Paris, & ce dans trois mois de la datte d'icelles ; que l'impression de ce Livre sera faite dans notre Royaume, & non ailleurs, en bon papier & en beaux caractères, conformément aux Reglemens de la Librairie ; & qu'avant de l'exposer en vente, le Manuscrit ou Imprimé qui aura servi de copie à l'impression dudit Livre, sera remis dans le même état où l'Approbation y aura été donnée, és mains de notre très cher & féal Chevalier Garde des Sceaux de France, le Sieur de Voyer de Paulmy, Marquis d'Argenson, & qu'il en sera ensuite remis deux Exemplaires dans notre Bibliotheque publique, un dans celle de notre Château du Louvre, & un dans celle de notre très-cher & féal Chevalier, Garde des Sceaux de France, le Sieur de Voyer de Paulmy Marquis d'Argenson, le tout à peine de nullité des Présentes ; du contenu desquelles vous mandons & enjoignons de faire jouir ledit Sieur Exposant ou ses ayans cause, pleinement & paisiblement, sans souffrir qu'il leur soit fait aucun trouble ou empêchemens. Voulons que la copie desdites Présentes qui sera imprimée tout au long au commencement ou à la fin dudit Livre, soit tenue pour dûement signifiée, & qu'aux copies collationnées par l'un de nos amez & féaux Conseillers &

Secretaires, foi-foit ajoûtée comme à l'Original: Commandons au premier notre Huissier ou Sergent de faire pour l'execution d'icelles tous Actes requis & necessaires sans demander autre permission, & nonobstant Clameur de Haro, Charte Normande & Lettres à ce contraires : Car tel est notre plaisir. DONNE' à Paris le vingt-deuxiéme jour du mois de Decembre l'an de grace mil sept cens dix-huit, & de notre Regne le quatriéme. Par le Roy en son Conseil, DE S. HILAIRE. avec paraphe.

Je soussigné, declare avoir cedé pour toujours le present Privilege au Sieur Saugrain Libraire. A Paris ce 24 Decembre 1718. DUMAS.

Regiftré le present Privilege, ensemble la Cession ci-dessus, sur le Regiftre IVe de la Communauté des Libraires & Imprimeurs de Paris, page 419. n° 456. conformément aux Reglemens, & notamment à l'Arrest du Conseil du 13 Août 1703. A Paris le 29 Decembre 1718. DE LAULNE, Syndic.

TABLE ALPHABETIQUE

Des Noms des Villes, Bourgs, & autres Lieux dont il est parlé dans cet Ouvrage.

A

Abbeville,	page 418.
Agde,	284.
Aix,	34.
Alby,	263.
Allençon,	353.
Amboise,	226.
Ambrun,	122.
Amiens,	419.
Ancenis,	327.
Angers,	327.
Antibes,	21.
Argenton,	280.
Arras,	393.
Arles,	48.
Avignon,	56.
Aurillac,	271.

Avranches, 372.
Auxerre, 155.
Auxonne, 206.

B

Bagnols, 305.
Bapaume, 396.
Barbéfieux, 219.
Bar-sur-Aube, 163.
Basle, 198.
Bayeux, 369.
Bayonne, 212.
Beaucaire, 303.
Beaune, 138.
Beffort, 198.
Besançon, 200.
Béfiers, 283.
Blavet ou Port-Loüis, 322.
Blaye, 315.
Blois, 227.
Boulogne, 416.
Bordeaux, 214.
Bourges, 282.
Bourgoin, 134.
Brest, 319.
Briançon, 123.
Briarre, 114.
Brie Comte-Robert, 168.
Brioude, 272.
Brisac, 176.
Brives, 267.

C

Caën, 369.
Cahors, 265.
Calais, 415.
Cambrai, 397.
Carcaſſonne, 245.
Carentan, 368.
Caſtelnaudari, 246.
Caſtres, 259.
Châalons en Champagne, 192.
Châlons-ſur-Saone, 137.
Chartres, 341.
La grande Chartreuſe, 131.
Châteauroux, 280.
Château-Thierry, 193.
Chatellerault, 223.
Chaumont en Baſſigni, 162.
Chaumont en Sologne. 182.
Clermont, 191.
Clermont en Auvergne, 273.
Clery, 229.
Cherbourg, 367.
Citeaux, 139.
Colmar, 176.
Coſne, 114.
Creſpy, 440.

D

Dax, 239.
Dieppe, 387.
Dijon, 141.
Dinant, 347.

Dole, 205.
Doinbes, 135.
Douai, 393.
Dreux, 365.
Dunquerque, 411.

E

ECouen, 422.
Epernoi, 193.
Estampes. 234.

F

FIsmes, 439.
Fontainebleau, 117.
Fontarabie, 211.
Fréjus, 21.

G

GAnnat, 277.
Gravelines, 414.
Grenoble, 124.

H

HEnnebon 322.
Hunningue, 198.
Houdan, 366.

I

INgrande, 223.
Joigny, 156.
Issoire, 273.
Les Isles d'If, de Ratoneau, & de Pomégues, 33.
Issigni, 368.

L

L'Abbaye de la Trappe, 354.
La Ferté, 194.

La Ferté-Bernard, 341.
La Ferté Sénecterre 282.
La Roche-Bernard, 324.
Lens, 393.
La Charité, 113.
La Fléche, 337.
La Haye, 223.
Langres, 160.
Langés, 337.
Laval, 352.
Le Mans, 340.
Lavaur, 259.
Lille, 390.
Limoges, 268.
Loches, 224.
Louvres, 407.
Luçon, 308.
Lunel, 289.
Luneville, 187.
Lusignan, 310.
Lusarches, 422.
Luxembourg, 424.
Luynes, 333.
Lyon, 72.

M

Magni, 385.
Maintenon, 344.
Marseille, 26.
Mâcon, 135.
Mayenne, 352.

Meaux,	194.
Mets,	187.
Montreuil,	418.
Montargis,	115.
Montauban,	263.
Montbéliart,	199.
Mont-Dauphin,	122.
Mont-l'héri,	234.
Montlimart,	65.
Mont-Loüis,	240.
Montpellier,	285.
Le Mont S. Michel,	366. & 372.
Moret,	159.
Mortagne,	354.
Moulins,	108.

N

Nancy,	187.
Nantes,	324.
Narbonne,	242.
Nemours,	116.
Nevers,	111.
Nice,	20.
Niort,	309.
Nismes,	290.
Nogent le Rotrou,	341.
Nogent sur Seine,	167.
Noyers,	154.
Nuits,	140.

O

Orange,	63.
Orléans,	230.
Orognes,	211.

P

Peronne,	404.
Perpignan,	240.
Pezenas,	284.
Péquigny,	419.
Phalzbourg,	186.
Pignerol,	122.
Poitiers,	220.
Pont-de-Beauvoisin,	121.
Pontoise,	385.
Pont Sainte Maixence,	405.
Pont Saint Esprit,	64.
Pont du Gard,	301.
Port-Loüis,	322.
Provins,	167.

Q

Quimper.	321.

R

Rambouillet,	344.
Rennes,	348.
Rheims,	426.
Rethel,	425.
Riom,	276.
La Rochelle,	306.
Rochefort,	311.
Roye,	405.

Romorentin,	281.	Strasbourg,	177.
Rouanne,	107.	**T**	
Roüen,	376.	Tarare,	107.
Royan,	315.	Tarascon,	304.
S		Thiers,	275.
LA Sainte Baume,	43.	Toulouse,	247.
		Toul,	187.
Saint Flour,	272.	Toulon,	23.
S. Jean de Lutz,	211.	Tours,	334.
S. Malo,	245.	Tournai,	137.
S. Maximin,	40.	Tournon,	67.
Ste. Ménehoud,	191.	Trevoux,	134.
S. Mesmin,	229.	Troyes,	165.
S. Maixant,	309.	Tulles,	271.
S. Poursain,	277.	**V**	
S. Seine,	154.	Valence,	66.
S. Denis,	386.	Valogne,	368.
S. Pierre le Montiers,	110.	Vannes,	323.
		Verdun,	189.
Saintes,	312.	Vivonne,	219.
Salon,	46.	Vic,	187.
Sarbourg,	187.	Villeneuve-le-Roi,	156.
Saverne,	186.		
Saumur,	332.	Ville-Franche,	134.
Schelestat,	177.	Vienne,	68.
Sédan,	424.	Villers-Coterês,	440.
Sens,	157.	Uses,	305.
Senlis,	406.	Userches,	270.
Soissons,	439.		

Fin de la Table.

CATALOGUE

Des Livres qui se vendent à Paris, chez SAUGRAIN l'aîné, Libraire-Juré de l'Université, Quai des Augustins, à la Fleur de Lys.

OEUVRES DE M. L'ABBE' FLEURY, Confesseur du Roy.

Histoire Ecclésiastique, 10 volumes, *in quarto*, 120 liv.
On continue d'imprimer la suite, & chaque tome se vend séparément, six liv.
La même Histoire, en 10 volumes, *in douze*, 50 l.
Discours sur l'Histoire Ecclésiastique, *in douze*, 2 vol. 4 l. 10 s.
Catéchisme Historique, contenant en abregé l'Histoire Sainte, & la Doctrine Chrétienne, nouvelle édition, avec figures, 2. vol. *in douze*, 4 l.
Abregé dudit Catéchisme, *in seize*, en veau, 15 s.
Le même, *in seize*, en parchemin. 6 s.
Le même en Latin, *in douze*, 15 s.
Les Mœurs des Israëlites, *in douze*, 1 l. 15 s.

Les Mœurs des Chrétiens, *in douze*, 2 l.
Institution au Droit Ecclesiastique, 2. vol. *in douze*, 3 l. 10 f.
Traité du choix & de la méthode des Etudes, *in douze*, 2 l.
Les devoirs des Maîtres & des Domestiques, *in douze*, 1 l. 10 f.
La Vie de la vénérable Mere d'Arbouze, Fondatrice du Val-de-grace, *in octavo*, 2 l. 10 f.

COMMENTAIRE LITTERAL sur tous les Livres de l'ancien & du nouveau Testament, par le R.P. Dom AUGUSTIN CALMET, *Abbé de saint Leopold de Nancy, & Visiteur de la Congrégation de S. Vanne & de Saint Hidulphe*, 23. vol. in quarto, 213 l. 10 f.

Tous les Volumes se vendent séparément.

La Génése, 9 l. 10 f.
L'Exode, & le Lévitique, 9 l. 10 f.
Les Nombres, & le Deutéronome, 9 l. 10 f.
Josué, les Juges, & Ruth, 9 l. 10 f.
Les trois premiers Livres des Rois, 9. l. 10 f.
Le quatriéme Livre des Rois, & les Paralipomenes, 9 l. 10 f.
Esdras, Tobie, Judith, & Esther 9 l. 10 f.
Job & les Macchabées, 9 l. 10 f.

Les Pseaumes, 2. volumes, 19 l.
Les Proverbes, l'Ecclesiaste, le Cantique des Cantiques, & la Sagesse de Salomon, 9 l. 10 s.
L'Ecclesiastique, 9 l. 10 s.
Isaïe. 9 l. 10 s.
Jérémie, & Baruch, 9 l. 10 s.
Ezéchiel, & Daniel. 9 l. 10 s.
Les douze petits Prophetes, 9 l. 10 s.
Saint Matthieu, 9 l. 10 s.
Saint Marc, & Saint Luc, 9 l. 10 s.
Saint Jean, & les Actes des Apôtres, 13 l.
Les Epîtres de S. Paul, 2. vol. 19 l.
Les Epîtres Canoniques, & l'Apocalypse, 10 l. 10 s.
Histoire de la Bible & des Juifs, pour servir d'introduction à l'Histoire Ecclesiastique de M. l'Abbé Fleury, 2. vol. *in quarto*, par le même Auteur, 10 l.
Histoire de la Vie, & des Miracles de Jesus-Christ, extraite de l'Histoire de la Bible, par le R. P. Calmet, *in douze*, avec 24 figures en taille douce.
Dictionaire Historique, Critique, Chronologique, Geographique, & Litteral de la Bible, *in folio*, du même Auteur, *sous presse*.
Dissertations qui peuvent servir de Prolegomenes à l'Ecriture Sainte. 3. volumes

in quarto, du même Auteur. 30 l.

De l'Education des Filles, par Monseigneur l'Archevêque de Cambray, *in douze*, nouvelle édition augmentée,
1 l. 15 f.

Catechisme des Fêtes, & autres solemnitez de l'Eglise, *in seize*, augmenté.

Histoire Chronologique de la Grande Chancellerie de France, & des autres Chancelleries du Royaume, ci-devant composée par le Sieur Tessereau, revûe de nouveau, & considérablement augmentée de Titres, Privileges, Declarations, & autres Piéces très necessaires, par Messieurs les Procureurs-Syndics de la Compagnie des Secretaires du Roy, 2 vol. *in folio*. 50 l.

Le parfait Maréchal, qui enseigne à connoître la bonté, & les défauts des chevaux, par M. de Soleysel, *in quarto*,
7 l. 10 f.

Le Maréchal Méthodique, *in octavo*.
2 l. 10 f.

Droit Canonique de France: ou Recueil des Décisions sur les matieres Bénéficiales, accommodées à l'usage present, soit pour les fonctions des Ordres, ou pour la possession des Bénéfices, *in quarto*. 6 l.

Recueil des Arrêts les plus remarquables, donnez en la Cour de Parlement de Paris, mis au jour par Monsieur Claude Henrys ; augmenté dans cette nouvelle édition de plusieurs Questions trouvées dans les Manuscrits dudit sieur Henrys; & revû, corrigé, & augmenté de plusieurs Observations & Questions nouvelles, par M. Bretonnier, Avocat en Parlement, 2. vol. *in folio*, 40 l.

Institution au Droit François, par Monsieur Argou ; nouvelle édition, corrigée & augmentée, 2. vol. *in douze*, 4 l.

Recueil par ordre Alphabétique des principales questions de Droit qui se jugent diversement dans les différens Tribunaux du Royaume ; avec des Reflexions pour concilier la diversité de la Jurisprudence, & la rendre uniforme dans tous les Tribunaux, *in douze*, 2 l.

Réponse de M. Pastel Docteur de Sorbonne, à la Dénonciation de la Theologie de M. Habert, *in douze*, 2 l.

Essais sur l'Idée du parfait Magistrat, *in douze*, 2 l. 10 s.

Les Qualitez necessaires au Juge, *in douze*, 1 l.

Idée generale de l'Histoire universelle, par demandes & réponses, *in douze*, 2 l.

Histoire Poëtique de M. de Callieres, *in douze*, 2 l. 10 s.

Paraphrases sur les Epîtres de S. Paul, avec des Explications & des Notes sur les endroits les plus difficiles, par le R. P. Dom Louis Riclot, Religieux Benedictin, 3. vol. in douze, 7 l. 10 f.

F. Sylvii Commentaria in D. Thomam, nova Editio, 4. vol. in folio, 50 l.

— Idem complectens varia Opuscula & Pentateuchum, in folio, 6. vol. 75 l.

Dictionnaire de Cas de Conscience, ou Décisions des plus considerables difficultez touchant la Morale & la Discipline Ecclesiastique, tirées de l'Ecriture, des Conciles, des Decretales des Papes, & des plus célébres Theologiens, & Canonistes; dédié à Monseigneur le Cardinal de Noailles, Archevêque de Paris, par Messire Jean Pontas, Prêtre, Docteur en Droit Canon de la Faculté de Paris, & Sous-Penitencier de l'Eglise de Paris, 3. vol. in folio, 46 l.

Apologie de la Morale des Peres de l'Eglise contre les injustes accusations du Sieur Jean Barbeyrac, Professeur en Droit & en Histoire à Lausanne, par le R. P. D. Remy Ceillier, Religieux Benedictin, in quarto, 6 l.

La Magdeleine au desert de la Sainte Baume en Provence, Poëme spirituel & Chrétien, par le P. Pierre de S. Loüis, Religieux Carme de la Province de Provence, *in octavo*, 2 l. 10 f.

La vie des Riches & des Pauvres, par M. de Villethiery, *in douze*, 2 l.

Nouvelle Histoire du Concile de Constance, avec des nouvelles preuves qui n'ont point encore paru jusqu'à présent, *in quarto*, 8 l.

Recueil de Pieces choisies, tant en Prose qu'en Vers, rassemblées en deux volumes *in octavo*, 6 l.

Jugemens des Sçavans sur les Auteurs qui ont traité de la Rhétorique, avec un précis de la doctrine de ces Auteurs, 3 vol. *in douze*, 6 l. 15 f.

Pseautier de David, Latin & François, disposé pour tous les jours de la Semaine, à l'usage de ceux qui assistent aux Offices de l'Eglise; avec les Hymnes, les Cantiques & l'Ordinaire de la Messe: Traduction nouvelle, *in douze*, 2 l.

Nouveaux Reglemens pour l'Administration de la Justice; avec les Tarifs des droits dûs aux Officiers, pour leurs frais & salaires, & la Taxe des dépens de tous les Procès. Ouvrage necessaire à tous les Juges, Commissaires, Notaires, Greffiers, Procureurs, Huissiers & autres Gens de Justice, & à toutes les

Parties. Nouvelle édition, augmentée de moitié, *in douze*, 2 vol. 5. l.

Le Praticien des Juges & Consuls, ou Traité du Commerce de Terre & de Mer, à l'usage des Marchands, Banquiers, Agens de Change, & Gens d'Affaires ; avec la pratique suivie dans les Jurisdictions Consulaires, & dans les autres Tribunaux où les contestations pour le fait du Commerce sont portées, *in douze*, 2 vol. 4 l. 10 s.

Le Code des Commensaux, contenant tous les Edits, Declarations & Reglemens concernant les Privileges, Franchises, Libertez, Immunitez, Exemptions, Rangs, Préséances, Droits honorifiques, & autres Prérogatives des Officiers, Domestiques & Commensaux de la Maison du Roy, & des Maisons Royales, *in douze*, 3 l.

Conférence de l'Ordonnance de Louis XIV. du mois d'Août 1669. pour les Eaux & Forêts de France, avec les anciennes Ordonnances, & les Edits, Déclarations, Arrêts & Reglemens rendus en interpretation jusqu'à present, contenant la Jurisprudence & les Loix Forestieres du Royaume, *in quarto*, 2. vol. *sous presse*.

Les Mille & une Faveur, ou les Avantures

de Zéloïde & d'Amanzarifdine, Contes Indiens; où les caracteres de l'esprit & du cœur des Dames sont peints au naturel, *in douze*, 35 s.

Histoire des Campagnes de Monseigneur le Duc de Vendôme, contenant les mémorables actions de ce grand Heros, *in douze*, 45 l.

La Vie de Dom Pierre le Nain, Religieux, ancien Sous Prieur de l'Abbaye de la Trappe, où il est décedé dans l'odeur de toutes les vertus, après quarante-cinq années de la plus austere pénitence; avec deux Traitez qu'il a composez. 1. Sur l'état du monde après le Jugement dernier. 2. Sur le scandale qui peut arriver, même dans les Monasteres les mieux reglez; & la liste des Religieux morts à la Trappe depuis la Reforme jusqu'à present, *in 12*. 45 s.

Le Code des Chasses, ou nouveau Traité du droit des Chasses, suivant la Jurisprudence de l'Ordonnance de Louis XIV. du mois d'Août 1669, mise en conference avec les anciennes Ordonnances, Edits, Déclarations, Arrêts, Reglemens & autres Jugemens rendus sur le fait desdites Chasses; où l'on a joint les notes des meilleurs Auteurs, & des nouvelles remarques pour l'intelligence de cette Jurisprudence, *in douze*, 2. vol.

Nouvelle Edition augmentée, 4 l. 10 f.

Nouveau Dénombrement du Royaume, par Généralitez, Elections, Paroisses & Feux; où l'on trouvera sur chaque lieu tout ce qu'il renferme, & toutes les Justices, *in quarto*, Seconde édition, augmentée d'un tiers, sur de nouveaux Etats très-exacts & très-corrects, 10 l.

La Généralité de Paris, divisée dans ses vingt-deux Elections, avec un détail exact de tout ce qui y est renfermé, *in douze*, 2 l.

Les Soirées Bretonnes, nouveaux Contes des Fées, dédiez à Monseigneur le Dauphin, *in douze*, 2 l.

Le Traité de la Memoire & de ses effets, *in douze*, 1 l. 10 f.

L'Ordonnance des Eaux & Forests, augmentée des Edits, Declarations & Arrêts rendus en interpretation jusqu'à present, *in vingt-quatre*, 2 l.

Les Illustres Françoises, Histoires veritables & galantes, *in douze*, 2 vol. 4 l.

Les Institutes du Droit Consulaire, ou les Elémens de la Jurisprudence des Marchands, *in quarto*, 7 l. 10 f.

Passe temps joyeux, Contes à rire & gasconades nouvelles, *in douze*, 1 l. 10 f.

La Concordance des Propheties de Nostradamus avec l'Histoire, depuis Henry II.

jusqu'à Louis le Grand, & des Explications de ses Prédictions, tant sur le present que sur l'avenir, Nouvelle édition, augmentée par M. Guinaud, *in douze*, 2 l.

Les Curiositez de Paris, de Versailles, de Marly, de Vincennes, de S. Cloud, & des environs ; avec les Antiquitez justes & précises sur chaque sujet; & les adresses pour trouver facilement tout ce qu'ils renferment d'agréable & d'utile. Ouvrage enrichi d'un grand nombre de figures en taille douce, & dédié au Roy Louis XV. Seconde édition, revûe, corrigée & augmentée par M. L. R. *in douze*, 2 vol. 5 l. 10 s.

Nouveau Voyage de France, Geographique, Historique, & Curieux, disposé par differentes routes, à l'usage des Etrangers & des François ; contenant une exacte explication de tout ce qu'il y a de singulier & de rare à voir dans ce Royaume. Avec les adresses pour trouver facilement les routes, les voitures, & autres utilitez necessaires aux Voyageurs. Ouvrage enrichi d'une grande Carte de la France, de figures en taille douce, *in douze*, 3 l. 10 s.

www.ingramcontent.com/pod-product-compliance
Lightning Source LLC
Chambersburg PA
CBHW060225230426
43664CB00011B/1557